AF360872

PIERRE DE NOLHAC

DE L'ACADÉMIE FRANÇAISE

VERSAILLES ET LA COUR DE FRANCE

II

VERSAILLES

RÉSIDENCE DE LOUIS XIV

PARIS

LOUIS CONARD, LIBRAIRE-ÉDITEUR

6, PLACE DE LA MADELEINE, 6

MCMXXV

VERSAILLES

RÉSIDENCE DE LOUIS XIV

LA CHAPELLE ROYALE

PIERRE DE NOLHAC

DE L'ACADÉMIE FRANÇAISE

VERSAILLES ET LA COUR DE FRANCE

II

VERSAILLES

RÉSIDENCE DE LOUIS XIV

PARIS

LOUIS CONARD, LIBRAIRE-ÉDITEUR

6, PLACE DE LA MADELEINE, 6

MCMXXV

VERSAILLES
RÉSIDENCE DE LOUIS XIV

CHAPITRE PREMIER

LE VERSAILLES DE MANSART

VERSAILLES avait préparé lentement pour la royauté française cette demeure magnifique où la Révolution devait la trouver. Mais la décision de Louis XIV ne laissa pas de surprendre beaucoup de gens et d'en irriter quelques autres. On connaît les paroles amères de Saint-Simon sur Versailles qu'il détesta toujours et dont il a beaucoup médit : « Saint-Germain, lieu unique pour rassembler les merveilles de la vue, l'immense plain-pied d'une forêt toute joignante, unique encore par la beauté de ses arbres, de son terrain, de sa situation, l'avantage et la facilité des eaux de source sur cette élévation, les agréments admirables des jardins, des hauteurs et des terrasses, les charmes et les commodités de la Seine, enfin une ville toute faite et que sa position entretenait par elle-même, Louis XIV l'abandonna il en substitua donc aux véritables d'idéales, par la jalousie, les petites préférences, qui se trouvaient presque tous les jours et pour ainsi dire à tous moments par son art. Les espérances que ces petites préférences faisaient naître et la considération qui s'en tirait, personne ne fut plus ingénieux que lui à inventer sans cesse ces sortes de choses. Marly, dans la suite, lui fut en cela d'un plus grand usage et Trianon, où tout le monde, à la vérité, pouvait lui aller faire sa cour, mais où les dames avaient l'honneur de manger avec lui et où à chaque repas elles étaient choisies.... Les différentes adresses de cette nature qui se succédèrent les unes aux autres, à mesure que le Roi avança en âge et que les fêtes changeaient ou diminuaient, et les attentions qu'il marquait pour avoir toujours une cour nombreuse, on ne finirait point à les expliquer.

On n'a pas à juger ici la cour de Louis XIV, ni à appuyer d'exemples ce que ces lignes malveillantes, mais d'observation directe, font si bien deviner. Elles suffisent pour expliquer les travaux qui vont faire de Versailles transformé la principale résidence de la Monarchie. Louis XIV a voulu tenir auprès de lui sa noblesse, afin de ne point la voir échapper à son autorité. Il a cherché le moyen de la surveiller, de la discipliner et, en somme, de la corrompre ; les habitudes de luxe qu'il fit prendre aux grands seigneurs, la vie de cour devenue agréable à leur existence et nécessaire à leur fortune, devaient rendre impossible le retour de ces soulévements de la Fronde, qui avaient effrayé son adolescence et dont le souvenir pesa longtemps sur son esprit. Le système de son gouvernement s'est trouvé d'accord en cela avec ses goûts de faste, de pompe et d'adulation.

Il vit dans l'agrandissement de Versailles la plus

sûre façon de jouir de ce qu'il aimait et de subjuguer ce qu'il redoutait le plus. Sa création de la ville fut moins affaire d'orgueil que de politique. Il octroya libéralement les terrains de la ville nouvelle à quiconque y voulut bâtir, et il donna au Château même des proportions assez vastes pour y loger dignement les princes du sang, avec leur service, et toutes les charges de la Cour. La parole du maître fut si impérieuse, ses faveurs se révélèrent si profitables et ses disgrâces si cruelles, que personne ou presque personne ne se déroba à la brillante servitude. Versailles devint ainsi, entre les mains du prince qui l'avait conçu, un admirable instrument de règne.

L'histoire des constructions et des décorations de Versailles se rattache à l'histoire générale du règne de Louis XIV, et l'on peut toujours indiquer dans quelle mesure elle en dépend. Les deux grandes séries de travaux accomplis pour constituer le Versailles antérieur à Mansart se rapportent à deux périodes différentes dans le développement de la puissance royale, et la seconde correspond à l'expansion imprévue donnée à la monarchie française par le traité d'Aix-la-Chapelle. Il en va de même de la troisième transformation, qui est sûrement la plus importante et qui achève de préparer les lieux pour leur nouvelle destination.

A l'époque de la paix de Nimègue (août 1678), les bâtiments du Versailles royal comportent trois parties distinctes : le Petit Château primitif, qui remonte au temps de Louis XIII, complètement remanié par Le Vau et mêlant agréablement la brique et la pierre; les constructions continuées dans la même pensée architecturale, qui forment la cour Royale et les quatre pavillons de l'avant-cour; enfin, « l'enveloppe » du côté des jardins, conçue dans un sentiment tout différent et à une échelle beaucoup plus grande que les bâtiments du côté des cours. Ces deux derniers ensembles de constructions, qu'ennoblit une fort belle décoration sculpturale, sont contemporains l'un de l'autre; ils se sont élevés de 1669 à 1671, sous la direction de Le Vau. C'est du château de Le Vau que va partir Jules Hardouin-Mansart, lorsqu'on lui confie le soin et l'honneur d'une métamorphose nouvelle.

Au moment même où les desseins de Louis XIV sur sa résidence favorite arrivent à se préciser, il rencontre pour les réaliser l'artiste le plus apte à en comprendre toute la grandeur. Né en 1646 à Paris, petit-neveu d'un architecte célèbre, François Mansart, élève de ce maître et de Libéral Bruand, Jules Hardouin-Mansart a été présenté au Roi sur le chantier de l'hôtel de Vendôme, que Bruand construisait avec lui, et Colbert l'a employé à diverses reprises dans le service des Bâtiments. Les ouvrages qui déjà l'ont fait remarquer ne sont point sans analogie avec ceux qu'il fera dans la suite. Il a été chargé d'agrandir le Château neuf de Saint-Germain, auquel Le Vau avait collaboré; il a fourni ses preuves en des travaux que Louis XIV a eus à cœur, ceux du château de Clagny, élevé à deux pas de Versailles pour Mme de Montespan et dont on admire le grand salon et la galerie. Il y a pu montrer des qualités de puissance et de noblesse et son goût dans la magnificence, qui sont pour plaire particulièrement au créateur de Versailles. La faveur de Mme de Montespan, satisfaite de son architecte, et l'appui de Colbert, habile à juger de la valeur des hommes, achèvent de le désigner au choix du Roi. C'est alors que commence cette brillante carrière qui élèvera Mansart d'abord à la charge déjà très honorable de Premier Architecte, puis à la Surintendance des Bâtiments. Si l'on met à part la place Louis-le-Grand et l'Hôtel royal des Invalides, la plus grande activité de Mansart s'est exercée à Versailles et c'est là qu'il faut chercher ses principaux ouvrages.

A quelle date Louis XIV décida-t-il en sa pensée de transporter la Cour et le gouvernement dans le séjour où, jusqu'alors, le plaisir seul et les fêtes l'avaient entouré? Il n'est pas aisé de le savoir. Le Roi faisait peu de confidences; d'autre part, ses desseins se mûrissaient sans hâte et venaient de loin. C'est peut-être la succession des travaux qui permet les inductions les plus sûres. Nous ne croyons point que la première réfection du Châ-teau, due à Le Vau, et l'importance qu'il prit à ce moment dans la vie royale puissent établir autre chose qu'une présomption. Mais la consti-tution postérieure des Grands Appartements et les dimensions données au nouvel escalier, appelé plus tard Escalier des Ambassadeurs, indiquent déjà chez le Roi la volonté de faire de Versailles le plus somptueux de ses palais.

L'idée d'y fixer un jour sa résidence définitive s'arrête peut-être en son esprit dès l'année 1668; mais l'hostilité de Colbert contre Versailles est appuyée par le sentiment du chancelier Séguier, pour qui le Roi a une grande déférence et qui ne meurt qu'en 1672. La distribution des terrains de Versailles, commencée en 1670, en vue de la création d'une ville, indique que le projet se précise; de même voit-on la construction de Clagny rendre voisine du Roi Mme de Montespan, puisque ce nouveau château lui est destiné comme habitation. Cependant, la certitude n'est possible qu'en 1677. A ce moment les grandes lignes se dessinent, avec l'intention, officiellement déclarée, d'assurer dans le Château de Versailles les logements complets de la Cour. Enfin, en 1680, le plan se montre absolument définitif : tous les bâtiments importants, les deux ailes, les deux écuries, le Grand Commun, sont marqués exactement et par avance sur la médaille frappée cette année-là, avec la légende : REGIA VERSA-LIARUM.

Puisque, dans cette histoire d'œuvres d'art, les rapprochements s'imposent à chaque instant avec les grands événements du règne, il est aisé de constater que la réalisation des derniers projets sur Versailles et l'achèvement définitif de cette maison royale correspondent à la période de paix et de gloire encore intacte, qui suit immédiatement les traités de Nimègue. Cette période est, en somme, assez courte, car la guerre ne tarde pas à reprendre, rallumée, à la suite de la révocation de l'Édit de Nantes, par la formation de la ligue d'Augsbourg; mais ces quelques années ont suffi pour conduire à leur perfection les principaux desseins de Louis XIV.

Les prévisions de dépenses que le Trésorier général des Bâtiments du Roi, Arts et Manufactures, enregistre pour l'année 1678, à la date du 1ᵉʳ février et d'après les ordres de Colbert, marquent, sur l'ensemble du domaine de Versailles, la somme de 2.371.346 livres, qui fait beaucoup plus que doubler la dépense de l'année précédente. Les plus forts chiffres, sans doute, sont réservés au service des eaux et à la continuation des aqueducs de Satory et de Rocquencourt; on y trouve aussi mention des nouveaux bosquets; cependant la simple maçonnerie des « nouveaux bâtiments » entre dans les prévisions pour 355.000 livres. Ce travail de 1678 porte surtout sur les fondations et les soubassements des constructions qu'on projette au midi du Château; mais déjà s'indiquent la destruction de la grande terrasse du premier étage, dominant le Parterre d'eau, et des salons sur la même façade, et leur remplacement par une galerie, du dessin de Mansart, qui sera la fameuse Galerie des Glaces.

C'est en 1679 que les prévisions des Bâtiments du Roi deviennent intéressantes à lire[1]. On se dis-

---

1. En les contrôlant, pour le détail des dépenses faites, par les indications de paiement, nous trouvons presque partout qu'elles

pose à commencer en face du Château la Grande et la Petite Écurie, qui deviennent nécessaires pour l'installation de la Cour. On va rehausser les pavillons construits par Le Vau de chaque côté de l'avant-cour et les réunir deux à deux par de longs corps de logis, où se feront les logements des secrétaires d'État et qui garderont le nom d'« ailes des Ministres »; enfin, on veut remanier à nouveau le Petit Château et élever jusqu'au premier étage l'aile du Midi[1].

ont été modifiées, ajournées ou dépassées au cours des travaux; mais ces prévisions ont l'avantage de marquer nettement les ordres du Roi et l'état d'avancement des ouvrages, au moment où les ordres sont donnés.

1. Voici un extrait de l'état des sommes que le garde du Trésor royal met à la disposition du trésorier des Bâtiments, le 24 décembre 1678 :

« Pour les ouvrages à faire aux bâtiments de la Grande Écurie, suivant l'estimation qui en a été faite, 297.554 livres. Pour les ouvrages à faire aux bâtiments de la Petite Écurie, pareille somme de 297.554 livres. Pour les ouvrages à faire aux deux corps de logis, entre les pavillons de l'anti-cour dudit Château de Versailles, 324.273 livres. Pour le rehaussement des deux pavillons, au bout des dits corps de logis, 30.000 livres. Pour le bâtiment d'une aile de 82 toises d'étendue du côté de l'Orangerie, jusqu'au premier étage, 154.378 livres. Pour la maçonnerie et les grilles nécessaires pour la fermeture de la cour, 15.000 livres.... Pour les amortissements du comble de face, les ornements au-dessus du faîte, les lucarnes de la cour de la Fontaine [cour de Marbre], achever les figures et y en mettre deux nouvelles, par estimation 30.000 livres. Pour la dorure des balcons des croisées, le rétablissement du grand balcon du milieu, et pour mettre des balcons sur les neuf avant-corps du côté du jardin, y compris la dorure, 15.000 livres. Pour achever l'attique et les figures du corps de logis, en face, et y faire un cadran, 4.500 livres. Pour le rétablissement du pavé de marbre de la cour, et y ajouter ce qui sera nécessaire pour le rendre parfait, 6.000 livres. Pour les ouvrages de stuc, de menuiserie et de serrurerie pour les appartements du Petit Château 15.000 livres. Pour rétablir le vestibule dudit Château, et y mettre des colonnes de marbre, 10.000 livres.... »

Ces articles de dépenses se précisent et s'augmentent dans les prévisions de 1680 : il y a 800.000 livres, « pour les ouvrages à faire au bâtiment de la grande aile du côté de l'Orangerie et les bâtiments qui y sont adossés », c'est-à-dire ceux qui vont se trouver sur la rue; 500.000 livres, pour chacune des deux écuries; 90.000, « pour achever les deux ailes de l'avant-cour, les pavillons et corps de garde, les murs de terrasse avec les balustrades de pierre au-dessus et sur le mur circulaire qui ferme ladite avant-cour ». Pour cette année 1680, qui voit aussi pousser activement la création de la pièce des Suisses et du bassin de Neptune, les dépenses qui sont exigées par le domaine de Versailles comptent pour près de cinq millions ; elles monteront, en fait, à 5.640.804 livres; c'est jusqu'à présent l'année des plus fortes dépenses et le chiffre n'en sera dépassé que plus tard, par celui de 1685.

L'aspect du Château change singulièrement au cours de ces campagnes de travaux de 1679 à 1680. Laissons de côté la grande aile au midi, qui mettra quatre ans à se construire, et voyons ce qui se transforme dans le château de Le Vau et de Dorbay. Les corps de logis qui réunissent les gros pavillons, les balustrades qui règnent des deux côtés de l'avant-cour, donnent enfin à l'ensemble des bâtiments, vus de l'arrivée, leur forme définitive. A ce moment, le comble des pavillons, qui ont été exhaussés d'un étage, est revêtu d'ornements de plomb, qui sont dorés et dont l'entreprise est confiée à un maître sculpteur tel que

Coyzevox[1]. L'avant-cour est donc entièrement transformée, suivant les élévations et plans présentés à Colbert et approuvés par lui le 26 janvier 1679[2]. Dangeau appelle quelquefois cette avant-cour « la cour des secrétaires d'État », parce que ceux-ci y sont logés dans les quatre pavillons. La cour proprement dite, close d'une nouvelle grille de fer en demi-lune, se nommera, selon un vieil usage, quand le Roi habitera Versailles, la « cour du Louvre »; on dira aussi la cour Royale, appellation destinée à prévaloir. Les seuls carrosses qui y auront accès seront ceux qui ont « les honneurs du Louvre »; les autres se tiendront dans les cours latérales de la Chapelle et des Princes. A l'entrée de la grille est un grand soleil d'or surmontant un

1. Archives Nationales, O¹ 1787. Il y a de grands dessins de Mansart, lavés en couleur, dont l'un présente l'inscription suivante : *Élévation de l'aisle et des deux pavillons de l'avantcourt de Versailles du côté du dehors à main droite en y arrivant.* Le second et le troisième montrent le côté gauche, en dehors et en dedans. Les trois dessins portent la transcription de l'ordre de Colbert : *Arresté par nous à Paris, le xxvj⁰ janvier 1679. Signé :* COLBERT. Les projets dont il est question plus loin sont à la Direction des Beaux-Arts (Archives des Bâtiments civils. Registres de plans de Versailles).

2. Voir dans les *Comptes des Bâtiments du Roi*, éd. Guiffrey, t. I, 1285, les paiements faits à Coyzevox pour l'année 1680, et notamment celui du 15 décembre, « sur les ornements de plomb qu'il fait pour les quatre pavillons de l'avant-cour », et le parfait paiement du 13 juillet 1681, « de 12.893 livres pour ouvrages aux quatre pavillons de l'avant-cour, en 1678, 1679 et 1680 ». Le 30 mai 1682, Coyzevox a encore son parfait paiement « de 13.000 livres pour ouvrages faits pour les quatre pavillons de l'avant-cour ». Le 3 avril 1682, il obtient son parfait paiement de 2.832 livres, « pour le groupe de l'*Abondance*, à l'entrée du Château », et le 17 juillet 1683, Tubi a le sien de 2.847 livres, « pour le groupe de la *Paix*, de pierre de Saint-Leu, à l'entrée de la cour du Château de Versailles » (T. II, 165, 168, 315).

trophée d'armes. Sur les deux piédestaux de pierre qui l'avoisinent vont être mis les beaux groupes en pierre de Saint-Leu qui reposent aujourd'hui sur les massifs de la Place d'Armes, la *Paix* de Tubi et l'*Abondance* de Coyzevox; ces deux groupes ne seront achevés qu'au moment de l'installation royale, ainsi que ceux qui sont commandés à Girardon et à Gaspard Marsy pour les massifs du devant de l'avant-cour.

Les bâtiments de la cour Royale se modifient à leur tour. Faut-il rapporter à cette époque certains grands dessins de Mansart, où est indiquée une transformation radicale du Petit Château? C'est tout un étage exhaussant la construction de Philbert Le Roy et de Le Vau, le premier étage de celle-ci devenant un simple entresol au-dessus du rez-de-chaussée, et l'ensemble se trouvant relié et soutenu par des pilastres et des colonnes. Ces projets montrent à quel point le disparate entre les deux parties du Château choquait déjà les esprits. C'était bien ce que Saint-Simon appelle « le vaste et l'étranglé cousus ensemble ». Mansart, comme plus tard Gabriel, cherchait à corriger ce défaut, qui semblait insupportable à l'esthétique ordonnée du temps. Ses propositions ne furent pas écoutées; Louis XIV s'obstina à conserver son cher Petit Château et par suite les ailes et les pavillons qui le complétaient; mais il y permit des embellissements nouveaux, qui ne laissèrent pas d'être considérables.

Des combles terminés par des lanternes couronnèrent les deux pavillons à colonnade, sur la balustrade desquels douze statues accueillaient le visiteur. Mazeline, Houzeau, Jouvenet, Le Hongre travaillèrent aux ornements de ces lanternes. La petite cour de Marbre fut refaite encore une fois. Ses volières disparurent; toutes ses croisées et les voisines, dont l'appui était de maçonnerie, reçurent des balcons de fer forgé et doré, et le grand balcon, dont un modèle fait par Houzeau fut présenté au Roi, fut changé et prit la forme définitive à cette occasion[1]. Tous ces ouvrages de ferronnerie de Delobel, et la dorure de toutes les grilles, y compris les portes des vestibules, apportèrent dans ce charmant ensemble une nouvelle note de gaieté, qui y chante encore. Cette dorure correspondait alors à celle des combles, qui était fort remarquée des contemporains; le narrateur des illuminations pour la naissance du duc de Bourgogne observe, dans le *Mercure galant*, qu'elles donnaient « un nouvel éclat à l'or dont le Château est couvert ». Les lucarnes de la cour de Marbre et le faîte du comble furent munis de plombs ornés, et une décoration sculpturale importante fut posée sur la balustrade. Enfin, la façade du fond fut refaite de la manière la plus complète : les grandes volières disparurent, et sur le salon central s'éleva un attique, que domina, au milieu d'ornements, un cadran d'horloge en-

---

1. Le modèle de Houzeau est payé le 9 juillet 1682. Les balcons de Delobel paraissent dans les Comptes dès 1678; le 14 mai 1679, il a son parfait paiement de 10.000 livres, « pour les vingt-six balcons de fer des croisées du Château »; il reçoit un acompte, le 2 juin 1680, « sur ses ouvrages pour le balcon du fond de la cour » (Comptes, t. I, 1046, 1152, 1274; t. II, 173).

touré des deux figures à demi couchées de Mars et d'Hercule. Le comble fut couronné par une crête en bronze doré portant les attributs de la royauté. C'est à ce moment en somme, et non, comme on l'a répété, à l'époque de Louis XIII, que cette cour prit l'aspect qui est demeuré jusqu'à nous et qu'on a, sauf le fâcheux niveau du pavé, convenablement restauré de nos jours[1]. Quoi qu'il en puisse coûter à nos habitudes, mettons au compte de l'an 1679 la véritable création de la cour de Marbre.

Dans le décor sculptural de la nouvelle cour et des parties avoisinantes, les belles figures de pierre assises sur la balustrade des combles forment un élément essentiel. Elles n'ont été posées qu'en 1679. C'est à cette date, en effet, que se rapportent les paiements faits sur des « figures de pierre pour la balustrade » à plusieurs sculpteurs, Girardon, Regnaudin, Coyzevox, Le Hongre[2]; les autres commandes se confondent sans doute parmi les « ouvrages faits en divers endroits du Château de Versailles ». Voici l'état actuel de ces intéressantes

1. Lors de la création du Musée, le roi Louis-Philippe a fait baisser le niveau de la cour de Marbre, élevé de plusieurs degrés au-dessus de la cour Royale, afin de le faire concorder avec les niveaux intérieurs du rez-de-chaussée. Les parties basses des façades et le soubassement des colonnes du centre ont été défigurés dans ce changement, maintenu fâcheusement lors de la restauration de cette cour achevée en 1889. Mais on va rétablir l'ancien niveau et rendre à l'ensemble ses véritables proportions.

2. Comptes, t. I, 1156 et suiv., 1288, 1289. Les auteurs des vases sont Le Conte, Houzeau, Aubry, Arcis. La flamme qui les surmonte aujourd'hui paraît remplacer la fleur de lis que montrent les estampes et d'anciens dessins. Les deux figures de l'horloge, *Hercule et Mars*, ont été restaurées par Chapu.

figures trop peu regardées, avec les attributions qu'elles portent dans les anciennes descriptions[1]. Le visiteur arrivant trouve, à droite, la *Magnificence* par Marsy, la *Justice* par Coyzevox, la *Sagesse* par Girardon, la *Prudence* par Massou, la *Diligence* par Raon, la *Paix* par Regnaudin, l'*Europe* par Le Gros, l'*Asie* par Massou, la *Renommée* par Le Conte; à gauche, l'*Abondance* par Marsy, la *Force* par Coyzevox, la *Générosité* par Le Gros, la *Richesse* et l'*Autorité* par Le Hongre, la *Gloire* et l'*Amérique* par Regnaudin, l'*Afrique* par Le Hongre, la *Victoire* par Lespingola. Des vases, d'un large dessin décoratif, séparent ces statues. Les plus rapprochées de la chambre du Roi sont la *Renommée* et la *Victoire*, posées aux angles de la cour de Marbre. Le symbolisme de ces figures est donc aisé à reconnaître : les unes représentent les vertus et les prérogatives royales, les autres les quatres parties du Monde, qui semblent, par leur présence, rendre hommage au Roi dont elles ornent le palais.

Les attributs sont quelquefois assez curieux : la *Magnificence* présente d'une main quelques objets précieux, de l'autre un plan de bâtiment; la *Prudence* est caractérisée par le serpent s'enroulant autour d'une flèche; la *Diligence*, par l'abeille posée sur la branche de thym qu'elle tient à la main. Deux des plus belles figures qui se font face, à deux angles symétriques sur la cour Royale, sont celles de Coyzevox : à droite, la *Justice* avec

1. On y soupçonne au moins une erreur, car deux figures, au lieu d'une, devraient s'y trouver sous le nom de Girardon.

ses balances; à gauche, une puissante image féminine de la *Force*, casquée d'une tête de lion et
portant d'une main un rameau de chêne, de
l'autre soutenant la base d'une colonne. Ces
nobles statues, campées par un si hardi caprice sur
les massifs de la balustrade, les jambes pendant
en dehors, conduisent l'œil au motif du fond de la
cour : le *Mars* de Marsy et l'*Hercule* de Girardon
soutenant le cadran de l'horloge. C'est un des
meilleurs ensembles de la décoration extérieure du
Château.

Les appartements donnant sur la cour ont été
remaniés en même temps que l'extérieur, car il se
trouve que toute la partie de gauche et du centre
dans le Petit Château passe, comme l'est déjà
celle de droite, au service exclusif du Roi. C'est à
ce moment que le nouvel escalier de la Reine est
construit par Mansart; on déplace la chapelle qui
en rétrécissait l'espace et on l'établit sur l'emplacement où il est demeuré. Ce somptueux escalier
de marbre va servir à l'usage quotidien de la
Cour et, dans la disposition définitive, il donnera
un accès commun aux appartements de la Reine
et du Roi. Ces derniers sont alors entièrement
changés. Les grandes pièces du château de Le
Vau, sur la façade du Nord, deviennent un appartement d'apparat, proprement le « Grand Appartement », et celui qu'habitera réellement
Louis XIV est transporté dans le Petit Château,
prenant ses jours sur la cour de Marbre. Il faut
constater ces détails; ils expliquent l'importance
donnée au récent escalier de la Reine, auprès

duquel va se placer la nouvelle Salle des gardes du Roi; ce sera la véritable entrée du Château, et le grand escalier du Roi, dit plus souvent désormais Escalier des Ambassadeurs, ne sera ouvert qu'aux circonstances solennelles.

C'est alors qu'est constitué, dans ses lignes essentielles, pour demeurer au même endroit jusqu'en 1789, l'appartement du roi de France, où Louis XIV s'installera définitivement, sinon en 1682, du moins en 1684. Le vestibule de marbre donne sur la Salle des Gardes (salle 120). Cette salle est suivie d'une antichambre (salle 121), ayant vue également sur la cour de Marbre, d'une deuxième antichambre éclairée sur la petite cour intérieure ou cour du Dauphin, enfin de la Chambre à coucher du Roi, qu'éclairent les deux premières fenêtres en retour sur la cour de Marbre (ces deux dernières pièces dans l'emplacement actuel de l'Œil-de-Bœuf). Communiquant avec la Chambre du Roi et la séparant de son appartement particulier conservé de l'autre côté de la cour, on a fait un salon magnifique, placé dans l'axe du Château et des cours, au-dessus du vestibule de marbre, et dont les trois fenêtres, surmontées de trois autres baies dans l'attique, ouvrent sur le balcon extérieur de la cour. Ce salon, dit alors le Salon du Roi ou le Grand Cabinet et décoré tout entier de boiseries, deviendra, une vingtaine d'années plus tard, la chambre de Louis XIV. Il communique par trois arcades avec la Grande Galerie, qui s'étend maintenant sur le côté des jardins, à la place de l'ancienne terrasse, et qui est

le plus magnifique ouvrage conçu pour les intérieurs de Versailles.

« Je reviens de Versailles. J'ai vu les beaux
appartements ; j'en suis charmée. Si j'avais lu cela
dans quelque roman, je me ferais un château en
Espagne d'en voir la vérité. Je l'ai vue et maniée ;
c'est un enchantement, c'est une véritable liberté,
ce n'est point une illusion comme je le pensais.
Tout est grand, tout est magnifique, et la musique
et la danse sont dans leur perfection.... Mais ce qui
plaît souverainement, c'est de vivre quatre heures
entières avec le souverain, être dans ses plaisirs et
lui dans les nôtres ; c'est assez pour contenter tout
un royaume qui aime passionnément à voir son
maître. Je ne sais à qui cette pensée est venue ;
mais Dieu la bénisse, cette personne ! En vérité,
je vous y souhaitai. J'étais nouvelle venue ; on se
fit un plaisir de me montrer toutes les raretés et
de me mener partout ; je ne me suis point repentie
de ce petit voyage. »

Ainsi parle la marquise de Sévigné, dans une
lettre au comte de Guitaut, du 12 février 1683.
L'état de Versailles qu'elle décrit est postérieur de
dix mois à l'installation de Louis XIV. Depuis
les premiers travaux commencés par Mansart, la
transformation des intérieurs a été presque complète. Le gros morceau, il est vrai, reste à finir. La
Grande Galerie, qui a fait disparaître la terrasse
de Le Vau sur la principale façade des jardins, a
été en partie ouverte au mois d'août, pendant une
semaine, et l'on a pu mettre sous les yeux du Roi

et de la Cour un fragment de l'œuvre de Mansart
et de Le Brun. Mais les Salons de la Guerre et de
la Paix sont fort peu avancés et ce vaste ensemble
ne sera achevé qu'à l'automne de 1686. L'admiration de Mme de Sévigné porte surtout sur les
Grands Appartements, dont l'ameublement et la
tenture viennent d'être somptueusement renouvelés. La disposition même en a été changée, et il
convient de dire en quelle mesure l'œuvre de
Mansart a modifié ici celle de Le Vau.

Les cinq pièces anciennes, auxquelles aboutis-
sait le Grand Escalier, désormais dénommé Escalier des Ambassadeurs, avaient vu terminer tous
leurs plafonds, tels qu'ils se présentent encore
aujourd'hui dans leur magnificence un peu lourde.
Philippe Caffiéri y avait sculpté les portes à deux
vantaux de bois doré, dont l'une, au Salon
d'Apollon, a dans ses ornements la date *1681*
en relief sur le bois. A côté du Salon de Vénus
(salle 107), le dernier en date des Appartements,
Mansart construisit une nouvelle pièce, qui s'appela le Salon de l'Abondance, pour l'allégorie de
son plafond, peint comme le précédent par
Houasse. Ce petit salon, alors pavé de marbre,
était considéré comme un vestibule. Les vases,
nefs, aiguières et objets de matière précieuse décor-
rant la voussure rappellent qu'il donnait accès au
Cabinet des Curiosités du Roi, fait à la même
date et détruit sous Louis XV. Le Salon de l'Abondance s'ouvrait aussi sur la tribune d'une chapelle,
sur l'emplacement de laquelle s'élève aujourd'hui
le Salon d'Hercule.

La chapelle que Mansart commença de bâtir en juillet 1681, et qui fut terminée pour l'arrivée du Roi, occupa l'espace qui séparait alors le château de Le Vau du petit bâtiment de la « Grotte de Théthys ». C'était la quatrième chapelle faite pour le Roi à Versailles[1]. La rapidité de l'exécution, pour une partie du Château où la décoration était aussi importante, s'explique par ce fait que beaucoup de morceaux de l'ornementation se trouvèrent prêts, ayant été commandés dès 1678 pour la chapelle précédente. Les peintures en étaient naturellement confiées à Le Brun. Il projeta pour le plafond une vaste composition qu'il intitulait *Le Triomphe de la Croix*, ouvrage destiné à célébrer « la prudence de Louis le Grand et l'anéantissement de l'hérésie », c'est-à-dire, pour être précis, la révocation de l'Édit de Nantes. Ce projet ne fut pas exécuté[2]. Le tableau du maître-autel devait être également de Le Brun; l'on songea plus tard à y transporter la belle *Descente de Croix* qu'il avait peinte, sur le désir du maréchal de Villeroy, pour une communauté de Carmélites, et dont Louvois tint à garder l'original pour le cabinet du Roi. Les aménagements achevés au printemps, Colbert écrivait à Le Brun, de sa maison de Sceaux, le 28 août 1682 : « Le Roi veut faire ôter le brocart qui est dans le cadre du tableau qui est sur l'autel de Versailles, et M. Bontemps a

---

1. Voir *La Création de Versailles*, éd. Conard, p. 226.
2. Ce renseignement vient de Nivelon. Il existe au Musée de Quimper une grande esquisse de Le Brun, *La chute des Anges rebelles*, principal groupe d'un projet pour le même plafond.

dit à sa Majesté que vous lui aviez dit qu'il y avait une copie d'une Vierge du Corrège qui pourrait servir. En cas que cela soit, il est nécessaire que vous envoyiez cette Vierge à Versailles et que vous la fassiez mettre dans le cadre de l'autel. » La copie du Corrège succéda donc sur cet autel au brocart posé à la hâte, au moment où il avait fallu livrer la chapelle au service religieux, et l'on ne peut savoir si la *Descente de la Croix* s'y trouva jamais placée. Il est remarquable, en effet, qu'aucune des chapelles de Versailles n'a été l'objet de la moindre description, avant celle qui nous est restée. Cette lacune tient sans doute à ce qu'elles furent toujours considérées comme provisoires.

Au mois de mai 1682, l'archevêque de Paris vint bénir avec la plus grande solennité la chapelle bâtie par Mansart et en fit la dédicace à saint Louis, roi de France. Son caractère provisoire est indiqué par le compte rendu de la cérémonie, destiné à mettre en lumière la piété de Louis XIV : « Le dessein de ce monarque a toujours été que la Chapelle de Versailles fût le lieu le plus magnifique de ce somptueux et brillant palais ; et, comme un ouvrage d'une pareille beauté ne peut s'achever en peu d'années, et qu'il a toujours fait voir que rien ne lui coûte lorsqu'il s'agit de faire éclater sa piété, il a bien voulu en faire construire une autre, qui passera toujours pour très belle, et qui cependant ne sera que la nef de celle à laquelle il a ordonné qu'on travaillât.... Quelle différence de Versailles à la plupart des palais des grands !

Rien ne fait souvenir de Dieu dans ces palais, et l'on peut dire qu'il y est presque inconnu ; mais dans cette maison royale, on l'aura toujours devant les yeux. Ceux qui sont touchés d'une véritable dévotion le prieront souvent, et leur exemple pourra toucher les plus endurcis. Ainsi, au milieu de la Cour, où la vertu des plus humbles dégénérait en orgueil, où l'on sacrifiait tout à ses intérêts et à la fortune, où l'emportement pour les plaisirs ne laissait point de religion, et où les meilleurs suivaient les méchants exemples, enfin dans la Cour, où l'on ne trouvait qu'occasions de se perdre, on en trouvera de se convertir. » Il est aisé de sentir, dans l'état d'esprit marqué ici par le *Mercure galant*, l'influence, dominant désormais sans réserve, de Mme de Maintenon.

Cette chapelle n'était évidemment pas digne du nouveau Versailles et Louis XIV avait déjà en mains les plans de Mansart pour la chapelle définitive[1]. Le local improvisé fut pourtant celui dont Louis XIV se servit le plus longtemps, pendant presque toute la fin de son règne, puisque la grande Chapelle n'a été terminée qu'en 1710. On y célébra le baptême du duc de Bourgogne (18 janvier 1687) et son mariage (7 décembre 1697). La première cérémonie solennelle y avait été le

---

1. M. Louis Hautecœur a fort bien démontré que le grand projet gravé, attribué à tort à Le Mercier, reproduit dans la *Gazette des Beaux-Arts* de 1902, t. 1, p. 213, appartient à Jules-Hardouin Mansart et se rattache à ses projets d'ensemble de 1678-1679 (*L'origine du Dôme des Invalides*, extrait de l'*Architecture* du 25 déc. 1924).

service funèbre de la reine Marie-Thérèse, morte à Versailles le 30 juillet 1683. Un récit peu connu montre le Roi, au moment où la Reine est à toute extrémité, oubliant sous le coup de l'émotion les prescriptions de l'étiquette royale et courant précipitamment à la Chapelle pour demander lui-même le Saint-Viatique : « Poussé d'un zèle véritablement chrétien, il rentra chez lui accompagné de Monseigneur le Dauphin, de Monsieur et de l'aumônier de la Reine, qui était de quartier en ce temps-là. *Il traversa tous ses Grands Appartements* avec beaucoup de précipitation et sans pouvoir retenir ses larmes, et descendit *par le Grand Escalier qui donne au pied de la Chapelle.* Sa présence sans suite troubla tous ceux qui priaient alors dans cette chapelle pour la santé de la Reine : ils jugèrent aussitôt de l'extrémité où il fallait qu'elle fût.... »

Toutes les prédications célèbres prononcées devant le Grand Roi l'ont été dans ce modeste sanctuaire, consacré en 1682, et c'est là que la Cour a entendu, parmi un grand nombre d'orateurs sacrés, Bourdaloue, Massillon et Fléchier. La première station fut prêchée par ce dernier, ainsi que nous l'apprend la *Gazette* : « Le 29 novembre, premier dimanche de l'Avent, le Roi et la Reine, accompagnés de toute la Cour, entendirent, dans la Chapelle du Château, le sermon de l'abbé Fléchier, qui doit prêcher durant l'Avent devant Leurs Majestés. » L'aspect intérieur de l'édifice, reproduit dans plusieurs estampes du temps, l'est aussi dans le grand carton de tapisserie d'Antoine Dieu représentant le mariage du duc de Bourgogne ; mais il est surtout conservé en ses moindres détails par un intéressant tableau d'Antoine Pezay, gravé par Sébastien Le Clerc, qui met sous nos yeux la cérémonie du serment de fidélité prêté entre les mains du Roi par le marquis de Dangeau, comme grand-maître de l'ordre de Notre-Dame du Mont-Carmel et de Saint-Lazare, le 18 décembre 1695. Louis XIV est assis devant une petite table au pied de l'autel, qui s'adosse au mur du nord. Le côté faisant face à l'autel est percé d'une large ouverture grillée, derrière laquelle se presse une foule de curieux. La salle est à peu près carrée et prend jour sur les jardins, du côté du couchant, par trois grandes baies à la hauteur des tribunes et par deux fenêtres cintrées au-dessous. Des deux côtés de la tribune royale sont deux oratoires fermés d'un treillage doré, l'un pour le Roi, l'autre pour la Reine, dans l'un desquels le tableau et l'estampe laissent reconnaître le jeune duc de Bourgogne. D'assez beaux anges en forme de cariatides, le buste drapé, les ailes éployées, soutiennent les corniches et font le principal motif ornemental. La Chapelle compte six de ces figures, qui ont sans doute été transportées de la chapelle précédente. Au pilastre entre les fenêtres est adossée une petite chaire de bois doré, très simple, celle où, dès l'Avent de 1684, fut prononcé tel sermon du Père Bourdaloue dont le Roi disait, en sortant, « qu'il n'en avait jamais entendu un si beau », et tel sermon de Noël, où l'austère Jésuite, « dans son compliment d'adieu au Roi, attaqua un vice qu'il conseilla fort à Sa Majesté d'exterminer dans sa Cour »; Dangeau n'est pas plus explicite. On peut rappeler, en passant, que Bourdaloue, dont les sermons forment un tableau si sévère des désordres des courtisans, a prêché à Versailles, de 1669 à 1697, six Carêmes et sept Avents, et que Bossuet, qui y a vécu assez longtemps comme précepteur du Dauphin, n'y est jamais monté en chaire devant le Roi.

Le déplacement de la Chapelle avait été nécessité par la transformation de l'Escalier de la Reine; il s'élargissait aux dépens de l'ancienne et devenait l'escalier de principal usage de tout le Château. Des indications détaillées ne seront pas jugées superflues au sujet de cette construction, qui n'est pas détruite. Trois portes de fer doré en fermaient les arcades, ouvertes en symétrie avec celles de l'Escalier du Roi ou des Ambassadeurs, et donnaient accès dans le vestibule, aujourd'hui défiguré, qui conduisait aussi à l'appartement du Dauphin. J.-Fr. Félibien fournit de cet escalier la description la plus exacte : « Il n'y en a pas de plus fréquenté et qu'on connaisse davantage dans Versailles. Trois arcades donnent d'abord entrée par la grande cour dans un vestibule fait en forme d'une double galerie, voùtée de pierres et pavée de carreaux de marbre blanc et de marbre noir. C'est de là qu'on va à l'escalier, proche duquel une des portes de l'appartement de Monseigneur est ouverte vers le midi.... Tout l'escalier est pavé de marbre[1]. Les appuis des rampes et des paliers sont de marbre noir avec des balustres, et les quatre faces des murs aux côtés des rampes, et jusqu'au dernier palier, sont revêtues de compartiments de marbre de différentes couleurs[2]. » Félibien parle aussi de deux faces en longueur, qui, de son temps, sont l'une et l'autre ornées de peintures. Ce sont des perspectives « où l'on voit dans le lointain, à travers une colonnade feinte, les arbres d'un grand jardin, et sur le devant, proche une balustrade. plusieurs gens de la livrée du Roi peints au naturel et qui semblent apporter de grands bassins remplis de fleurs et de fruits[3]. » L'ornementation picturale était, d'ailleurs, de peu d'importance au regard de la beauté du marbre, rehaussé par d'abondantes sculptures de plomb doré, qui sont encore en place telles qu'elles ont été posées.

On avait commencé l'Escalier de la Reine au moment où l'on achevait celui du Roi. Les travaux prévus aux dépenses de 1679 occupèrent les deux années suivantes. De fortes sommes, chaque

1. Cela doit-il s'entendre des marches? On en peut douter, si l'on s'en réfère au paiement du 28 janvier 1680; « pour la voiture du port de Marly à Versailles de vingt-cinq blots de liais de Senlis, pour servir aux marches de l'Escalier de la Reine ». De même, au Grand Escalier, les marches étaient « de pierre de de Senlis », posées en 1674. (Comptes, t. I, 723, 731, 1314.)

2. Tous les plans et dessins de ces revêtements sont conservés aux Archives nationales, O¹ 1768, I. Ils sont datés de 1680 et signés des marbriers Nic. Mesnard, Desaigres, Pasquier, P. Mesnard et Cuvillier entre lesquels la fourniture est partagée. Les Comptes indiquent l'ouvrage exécuté par les sieurs Chausson, Misson et Dorbois (t. I, 1290, 1291).

3. On verra ouvrir seulement en 1701 la grande baie cintrée qui éclaire l'escalier par le nord.

année, étaient réservées aux marbres. Tubi, comme d'ordinaire, fournissait les bases de bronze doré; Le Gros et Massou faisaient en association les bas-reliefs en métal au-dessus des portes, qui représentent les uns des enfants assis sur des cornes d'abondance, les autres un motif de sphinx, assez souvent employé dans le Versailles d'alors. C'est Massou qui plaçait dans la niche, pour 1.200 livres, ce joli groupe d'Amours soutenant un bouclier, où le chiffre de la reine Marie-Thérèse se mêlait autrefois aux *L* enlacés, et que surmontent encore des emblèmes du mariage, les colombes et les torches.

L'escalier royal a conservé son magnifique revêtement de marbre, mais l'aspect primitif s'est trouvé modifié par l'ouverture de la loggia intérieure sur le petit vestibule du Roi, qui fut ordonnée par Louis XIV en 1701. La peinture de perspective qu'on voit aujourd'hui, qui est de Philippe Meusnier et, pour les fleurs, de Belin de Fontenay, fut exécutée à ce moment, comme pendant à l'arcade à balustres. En 1681, l'escalier avait reçu quatre compositions d'architecture[1]. La création de la loggia, qui en amena la disparition, fut encore l'œuvre de Mansart et ajouta de la grâce et de la lumière à tout l'ensemble architectural.

---

1. Ces tableaux disparus de Viviani et Houasse furent payés 3.850 livres; celui de Meusnier, en 1705, 1.175 livres, « à quoi monte un tableau d'architecture et de perspective qu'il a peint pour l'Escalier du Roi au Château de Versailles ». Belin de Fontenay recevait, le 11 décembre 1701, 100 livres « acompte des fleurs qu'il a peintes sur le tableau posé à l'escalier de marbre » (Comptes, t. II, 174; t. IV, 733, 850, 1183).

Les ordres du Roi, notés par Mansart dans son journal, méritent d'être intégralement cités, afin que le lecteur sache exactement, pour cet escalier qui fut toujours l'accès principal du Château, à quelle époque en ont été créées les diverses parties :

Le 4 août 1701, Sa Majesté a ordonné de percer une arcade surbaissée dans le mur de refend qui sépare le Grand Escalier de la Reine et le passage joignant l'appartement de Mme de Maintenon, ladite arcade entre les pilastres de la décoration dudit Grand Escalier, revêtue de marbre et ornements de bronze suivant le dessin qui en a été réglé, avec une balustrade dans le vide semblable à celle de l'escalier, et, pour donner l'élévation convenable à ladite arcade, d'abattre la corniche de pourtour dudit passage pour la relever de ce qu'il conviendra pour être au-dessus de la fermeture de ladite arcade, et de rétablir les lambris de menuiserie dudit passage, suivant les décorations qui seront réglées au sujet dudit changement. — Le 18 août 1701, Sa Majesté a ordonné de faire une arcade feinte dans le mur de refend du Grand Escalier de la Reine, opposée à l'arcade que l'on perce de l'autre côté, pour lui faire symétrie, de renforcer cette arcade d'environ 9 pouces, de la décorer de marbre, avec une balustrade dans l'intervalle, et de faire faire un beau tableau de perspective qui occupe tout le renfoncement de cette arcade feinte. — Le même jour, Sa Majesté a ordonné de faire les deux croisées du vestibule du haut de cet escalier en arrière-voussure par le dedans et de décorer toutes les quatre faces de ce vestibule de compartiment de marbre en forme de lambris, depuis le pavé jusque dessous la corniche[1].

En même temps que l'escalier, s'achevait en 1681 le « Salon de marbre », qui faisait la pre-

---

1. Archives nationales, O¹ 1809.

mière pièce de l'appartement de la Reine. Il en devint plus tard la Salle des Gardes; mais la Salle des Gardes de la reine Marie-Thérèse était la longue pièce suivante, où les plafonds étaient peints par Paillet et par Vignon et qui fut par la suite Antichambre de la Reine. Le premier salon est encore intact, avec ses compartiments de marbre de diverses couleurs et son plafond octogone de Noël Coypel; autour de l'allégorie centrale (Jupiter accompagné de la Justice et de la Piété) et des quatre tableaux historiques des voussures, règne une balustrade peinte, au-dessus de laquelle se penchent des personnages au naturel, gentilshommes et dames de la Cour[1]. Ce salon, conçu et exécuté en même temps que l'Escalier de Marbre, en continue très exactement l'idée décorative.

Le plus énorme travail de construction, celui qui changeait les proportions mêmes du Château, était celui de la grande Aile du Midi. Mansart l'élevait le long de l'ancien Parterre de l'Amour, d'où descendait un double degré à l'orangerie de Le Vau et qui bientôt allait disparaître avec celle-ci.

---

1. La conservation du Musée y a fait rétablir dans les bordures de marbre les toiles du même Coypel, la *Naissance de Jupiter* et un *Sacrifice à Jupiter sur le Mont Ida*. On voit quelle unité de direction picturale règne dans ce beau salon, orné de bas-reliefs de métal de Le Gros et Massou. Blondel, qui le décrit avec admiration, ajoute cette indication : « Toutes les peintures sont de Noël Coypel, qui les avait destinées pour le cabinet du Conseil; mais les changements qu'on fit à ce château en bâtissant la Grande Galerie de Versailles les fit placer dans l'appartement dont nous parlons. »

Cette aile rendait nécessaire et faisait prévoir pour plus tard une autre semblable du côté du Nord. Doublée d'un bâtiment sur la rue, auquel la réunissaient quatre pavillons formant trois cours intérieures, l'Aile du Midi était destinée à l'habitation des princes et aux plus grands logements de la Cour. On en a vu commencer la construction dès 1678. Les sculpteurs, dont l'apparition sur les travaux marque toujours l'achèvement de tout le gros œuvre, sont à la besogne en 1681.

Outre les trophées et ornements aux cintres des croisées et les mascarons, qui n'ont pas l'intérêt de ceux du château de Le Vau, on donne à l'aile une décoration de statues analogue à celle qui se trouve déjà placée sur les anciens avant-corps. Le nombre en est même plus considérable, puisque les avant-corps y sont beaucoup plus larges, qu'ils comportent huit statues au lieu de quatre, et qu'il y a un quatrième avant-corps de ce genre en retour au-dessus du pavillon de la Surintendance, sur la petite façade du bout, orientée au Midi. Cela fait en tout trente-deux nouvelles statues de pierre. qui sont encore en place aujourd'hui, en original ou en copies récentes, mais sur lesquelles n'existe aucun ensemble de renseignements contemporains, ni pour les sujets, ni pour les auteurs[1]. Presque

---

1. Les statues de l'Aile du Midi sont désignées aux Comptes t. II, 11, 136, 137, 169, 181, 182, 209. Il faut peut-être joindre « une figure de pierre commencée par feu Le Conte, représentant Mercure », qui fut terminée par Legeret (t. I, 1288; t. II, 197, 310). Le nom de Coyzevox n'est pas formellement attaché à une des statues de pierre de cette série, mais la façon dont il est placé dans les listes autorise à le mentionner. Pour les tro-

toutes sont des figures féminines, des Muses, des
Arts, des Sciences, des Vertus. Parmi les sculpteurs qui y ont travaillé, on trouve Regnaudin,
qui a fait trois statues, Girardon et Cornu, qui en
ont fait deux chacun, puis les artistes suivants,
nommés aux Comptes pour une seule : Coyzevox,
Clérion, Prou, Tubi, Raon, Collignon, Mazière,
Le Hongre, Arcis, Le Gros, Massou, Buirette,
Lespingola, Mazeline, Flament, André, Granier,
Le Conte, Legeret. Quelques mentions éparses
permettent de désigner plusieurs sujets; il y a une
Thalie de Tubi, une *Clio* de Clérion, une *Poésie*
de Granier, une *Cosmographie* de Mazière, une
Démocratie de Buirette.

A l'intérieur, l'Aile du Midi se composa d'une
série de beaux appartements, cinq à chaque étage,
donnant sur le jardin à fleurs et l'Orangerie, et
dont le principal, au premier étage, fut d'abord
l'appartement double de Monseigneur et de la
Dauphine de Bavière. Deux grands salons, pavés
de marbre et décorés de pilastres et de niches de
pierre, occupaient le milieu de l'aile, l'un d'ordre
dorique au rez-de-chaussée, l'autre d'ordre corinthien au premier étage. Dans l'attique furent faits
quatorze appartements complets, destinés à se
subdiviser par la suite. Ceux du rez-de-chaussée et
du premier étage furent desservis, sur le derrière,

phées, on relève les noms de Roger, Garnier ou Granier, Collignon, Martin, André, peut-être Le Conte (Comptes, t. II, 137,
181); pour les masques, ceux de Regnaudin, Buirette, Granier,
Lespingola (t. II, 181, 209, 310); pour les trophées et ornements
aux cintres des croisées, d'après les modèles de Girardon, on
trouve Grenoble et Brune (t. II, 10).

par deux longues galeries, ouvertes au levant par des arcades cintrées à balustrade qui donnaient sur des cours intérieures. Ces galeries, qui seront des passages publics, joueront toujours un rôle important dans la vie ordinaire de Versailles. Colbert s'en préoccupe le 13 mars 1682, au moment où s'achèvent les aménagements : « Résoudre aujourd'hui avec le sieur Mansart si nous mettrons dans les galeries et vestibules des pavés de marbre ordinaire, c'est-à-dire d'un pouce, ou si nous y en mettrons d'un pouce et demi, comme à la Chapella. Cela est de conséquence, parce que tous les laquais seront continuellement dans ces galeries, et il faut en faire les marchés sans aucun retardement. » Les galeries ouvraient sur plusieurs escaliers, sans parler du degré extérieur qui montait de la cour du milieu à la galerie du rez-de-chaussée[1]; deux grands escaliers desservaient l'aile à ses deux extrémités. Celui du bout le plus éloigné montait de fond en comble; l'autre, qui s'arrêtait au premier étage et qui fut plus tard l'Escalier des Princes, est dit « proche la Salle des Comédies ».

Cette salle de spectacle, fort petite, était installée au rez-de-chaussée, dans le bâtiment assez étroit qui rattachait l'aile à l'ancien château, et qui fait aujourd'hui le fond de la cour des Princes, ouverte en forme de vestibule. Le projet primitif n'avait prévu en cet endroit qu'une petite galerie

---

1. Cette cour a disparu pour faire place à la salle de la Chambre des députés construite en 1875.

« composée de trois arcades pour le passage des carrosses ». Mais on fut obligé, dès 1682, d'en faire la Salle de Comédie. Elle resta toujours incommode par ses petites proportions et ne se prêtait point à l'opéra, dont il fallut se priver au Château[1]. Dans cette salle qui n'eut jamais qu'un caractère provisoire, la scène était située au nord, et l'accès de la loge royale paraît avoir été ménagé au palier du milieu de l'escalier. Au-dessus de la Salle de Comédie, la galerie qui faisait communiquer l'ancien Château et l'Aile du Midi devint la Salle des Cent-Suisses.

1. La « Salle des Comédies » est de 1682 (Comptes, t. II, 175, 298, 303). Le devis de 1679, cité dans la note suivante, prévoyait le passage à trois arcades, sur les jardins, analogue à celui qui existe aujourd'hui et qui semble avoir été occupé presque aussitôt, et jusque sous Louis XVI, par la Salle de Comédie (Nolhac, *Versailles au temps de Marie-Antoinette*, p. 89). Un dessin lavé du Cabinet des Estampes donne un « profil de la Salle de Comédie », avec la loge royale et des ornements Louis XIV, qui paraît être la petite salle de la Cour des Princes. On doit remarquer un passage de Dangeau, au 23 novembre 1685 : « On fait accommoder la petite salle des Comédies, pour y pouvoir représenter le petit opéra de Fontainebleau » (T. I. p. 256). Mais on ne donne plus le grand opéra au Château sous Louis XIV. L'opéra de *Persée*, en juillet 1682, est joué au manège des Ecuries : « L'opéra de *Persée* a été représenté à Versailles en présence de Leurs Majestés.... Ce prince avait dit que, quand il voudrait voir cet opéra, il en ferait avertir quelques jours auparavant, afin qu'on eût le temps de s'y préparer et de dresser un théâtre dans le fond de la cour du Château, qui était le lieu destiné pour ce spectacle.... » Il eut lieu sur un théâtre dressé en huit heures dans le manège ; gradins, orchestre, haut-dais, rien n'y manquait. « Un très grand nombre d'orangers, d'une grosseur extraordinaire, très difficiles à remuer et encore plus à faire monter sur le théâtre, s'y trouvèrent placés. Tout le fond était une feuillée composée de véritables branches de verdure coupées dans la forêt. Il y avait dans le fond, et parmi ces orangers, quantité de figures de faunes et de divinités et un fort grand nombre de girandoles... » (*Mercure galant*, juillet 1682, p. 353).

L'escalier fut un des plus importants accès du Château. On l'appela bientôt l'Escalier des Princes. à cause des appartements qu'il desservait. C'est là que s'établirent les petites boutiques si nombreuses, qui rendaient un grand service pour la vie ordinaire des habitants de la maison royale, mais nuisaient singulièrement à la majesté de ses abords. Le vaisseau était de belles proportions et bien décoré. Des ornements considérables en stuc, pierre et plâtre, furent payés, en 1682, à une association de sculpteurs composée de Tubi, Coyzevox, Prou, Legeret et Caffiéri[1]. L'escalier, malheureusement, s'est trouvé en partie modernisé à l'époque où a été transformé tout l'intérieur de l'Aile du Midi pour créer la Galerie des Batailles. La voûte ancienne, par exemple, a été abaissée sous Louis-Philippe et remplacée par un plafond à caissons, d'un effet lourd et disgracieux. Nous savons, du moins, la date des trophées anciens et des magnifiques bas-reliefs de pierre où jouent des enfants entourés d'attributs militaires; ces sculptures, du meilleur style du grand siècle, remontent à la décoration primitive.

Le moment approchait où Louis XIV pourrait venir habiter Versailles. Mansart et ses collaborateurs avaient travaillé sans répit. Les deux grandes constructions des Écuries, indispensables pour

---

1. Les Comptes les disent faits « à l'escalier et salon d'en haut de la grande aile », c'est-à-dire dans l'Escalier des Princes et dans le salon pavé de marbre dépendant de l'appartement du Dauphin.

l'installation d'une cour, s'achevaient en face du Château, et la royale maison se parait pour recevoir le maître. Pendant tout l'hiver et le printemps de 1682, dans les appartements, dans les jardins, dans les bâtiments anciens et nouveaux, règne une activité générale. Ainsi qu'il arrive en face de tant de détails et si divers, on est en retard à peu près sur tous les points, et c'est le grand souci de Colbert. Il va souvent à Versailles, en dehors même des visites du Roi, et se fait adresser par son fils, le jeune marquis d'Ormoy, un rapport quotidien sur l'avancement des travaux, qu'il lui retourne chargé en marge d'ordres directs ou d'invitations à s'entendre « avec le sieur Mansart », pour décider des questions restées en suspens et qu'il est temps de résoudre. Le ministre commence à se montrer inquiet, parce qu'il ne trouve pas chez son fils, d'ailleurs bien jeune pour la charge difficile qu'il lui impose, cette conscience et surtout cette précision d'esprit, qui seraient fort nécessaires en un pareil moment.

Colbert a obtenu du Roi, quelques années auparavant, pour son fils encore enfant, la survivance de sa charge de surintendant des Bâtiments ; il cherche à former le jeune homme aux fonctions dont il espère pouvoir se décharger sur lui ; mais il redoute sérieusement de voir échouer leur ambition commune dans cette installation de Versailles, où n'ont point manqué les retards, les maladresses et, par suite, les mécontentements d'un maître qui voit tout : « Je t'ai déjà dit, écrit-il à D'Ormoy, le 25 mars 1682, que le Roi ne me

donnait qu'un mois ou deux pour voir si tu chan-
gerais; en sorte que tu es perdu, si tu ne t'appli-
ques à exciter ta fainéantise et ta paresse et ton
inapplication. Si tu veux bien faire, il faut tous les
jours te lever entre cinq et six heures du matin,
aller visiter aussitôt tous les ateliers, voir si les
maîtres des ouvrages y sont, compter le nombre
de leurs ouvriers et voir s'ils sont bons, employer
deux heures à cette visite, entendre tous les
ouvriers, voir ce dont ils ont besoin, leur faire
donner sur-le-champ et, ensuite, aller dans ton
cabinet travailler deux ou trois heures à revoir
tous les mémoires de tout ce qu'il y a à faire,
donner ordre à tout, voir, vérifier, régler les prix
et arrêter des parties. Après le dîner, il faut
encore faire une autre visite, voir les ouvrages et
compter de même les ouvriers. Le soir, voir tous
les plans, y faire travailler, revoir tes portefeuilles
et les mettre en l'état que je t'ai dit. Je t'avais dit
avant-hier qu'il fallait faire mettre les trophées et
vases dès hier matin, et que le Roi les vît:
hier, à quatre heures du soir, l'engin, qui est une
chose de rien, n'était pas monté.... Il n'y a point
de jour où cela n'arrive et où le Roi ne le voie. Je
te dis que tu es un homme perdu, si cela ne change
du blanc au noir.... Il faut que tu t'attendes que, si
le Roi m'oblige de me défaire de cette charge, au
lieu de onze mille livres que je te donne, je ne
pourrai plus te donner que mille livres, et ainsi je
congédierai tes chevaux, ton carrosse et tes valets,
et tu t'apercevras alors de la différence qu'il y a
entre un homme qui fait son devoir et celui qui

ne le fait point. » On peut penser qu'aussitôt après la mort du ministre, le Roi s'empressa de débarrasser Versailles d'un jeune homme qu'il avait supporté par égard pour le père.

Armand Colbert, qui n'avait d'ailleurs que vingt ans, était beaucoup mieux fait pour le métier des armes ; il y porta honorablement le nom de marquis de Blainville, fut aimé de Fénelon, loué par Saint-Simon, et mourut vaillamment à l'ennemi comme ses deux frères. Le grand ministre s'était donc trompé sur les talents véritables de son fils, à qui il avait donné trop tôt une très lourde charge. Il dut peut-être à cette erreur une partie des déboires qui attristèrent la fin de sa vie, et qui le firent mourir « malcontent », à la veille d'une visible disgrâce. Son rival Louvois, qui depuis longtemps minait son crédit, ne cessait d'attirer l'attention du Roi sur des négligences dans les travaux et sur certains marchés dispendieux, que l'inexpérience de D'Ormoy rend fort croyables[1].

1. La fin de la surintendance de Colbert est marquée par un changement assez important dans la direction des travaux de Versailles, et c'est à ceux qui viennent d'être racontés que s'applique une page curieuse des *Souvenirs* de Charles Perrault, dont on va lire ici le texte original (Bibliothèque nationale, *Fonds français*, 23991 ; édition Paul Bonnefon, p. 130-133). L'excellent Perrault, qui a travaillé pendant près de vingt ans dans les Bâtiments et dirigé toute la comptabilité de Versailles, n'a pas été récompensé comme il le souhaitait, au moment de sa retraite ; de là peut-être l'amertume du morceau suivant :

« En l'année 167 (*sic*), le Roi alla visiter les fortifications que M. de Louvois avait fait faire à diverses places du royaume. Le Roi en revint très satisfait, mais surtout du peu qu'elles avaient coûté par rapport à la grandeur et à l'étendue des ouvrages que M. de Louvois n'avait pas manqué de lui exagérer. Au retour, il dit à M. Colbert : « Je viens de voir les plus belles fortifica-

Racine cite, dans une lettre où il parle de la mort de Colbert, survenue le 6 septembre 1683, un témoignage très sûr de Mansart : « M. Mansart

tions du monde et les mieux entendues ; mais ce qui m'a le plus étonné, c'est le peu de dépenses qu'on y a faites. D'où vient qu'ici à Versailles nous faisons des dépenses effroyables et nous ne voyons presque rien de fait ? Il y a quelque chose à cela que je ne comprends point. » M. Colbert fut vivement vexé de ce reproche ; et, quoiqu'il rendît au Roi de très bonnes raisons de la différence qu'il y avait entre les ateliers d'armée, où les soldats ne reçoivent qu'une très petite paye, et les ateliers comme ceux de Versailles, où l'on paye de fortes journées aux paysans qui y travaillent, que les ouvrages des fortifications se voient d'un coup d'œil, et sont tous d'une même espèce, mais que ceux de Versailles sont répandus en mille endroits, et presque tous d'espèces différentes, il crut que le Roi avait été mal prévenu sur cet article, et qu'assurément on lui avait fait entendre qu'on payait trop cher tout ce qui se faisait à Versailles. Pour ôter au Roi cette pensée très fausse et très mal fondée, il ordonna qu'on donnât à l'avenir tous les ouvrages des Bâtiments au rabais ; et, afin que la chose se fît avec éclat, il voulut qu'on mît des affiches au coin des rues de tous ces ouvrages, pour recevoir les offres de tous les ouvriers. Ce fut pour moi un surcroit de travail effroyable que de dresser toutes ces affiches, qui furent en très grand nombre, et toutes d'un détail incroyable, car toutes les sortes d'ouvrages de chaque métier y étaient spécifiées. Cela n'aboutit à rien d'utile ; au contraire, cela causa un très grand mal, car les plus méchants ouvriers chassèrent, par leurs rabais, les meilleurs et les plus en état de rendre de bons services. Il y eut des menuisiers qui, n'ayant que de méchants bois dans leurs chantiers, firent de si mauvais ouvrage pour Versailles, que, quand les pièces dont ils avaient fait les croisées étaient fermées, on y voyait presque aussi clair que quand elles étaient ouvertes.

« Il y eut de bons ouvriers qui continuèrent à travailler comme ils avaient accoutumé, et, quand on leur disait que, si on les payait sur le pied des affiches et des marchés faits avec leurs confrères, ils seraient ruinés : « Nous ne nous soucions point des affiches [disaient-ils] ; nous ferons toujours de bon ouvrage, et nous somme sûrs que M. Colbert est trop juste pour ne nous le payer pas ce qu'il vaut » ; et, en effet, cela arriva ainsi. Ils furent payés à l'ordinaire, et l'on n'eut point d'égards aux marchés faits avec les autres ouvriers. C'est une méchante chose que d'avoir quoi que ce soit à trop bon marché. Il faut qu'un surintendant ou les contrôleurs sous son autorité mettent prétend qu'il y a trois mois que M. Colbert était à charge au Roi pour les Bâtiments, jusque-là que le Roi lui dit une fois : « Mansart, on me donne trop de dégoûts; je ne veux plus songer à bâtir. » Il n'est pas douteux que Versailles ne fût particulièrement visé par les ennemis du ministre. L'ambassadeur vénitien Foscarini el le conseiller Philibert de la Mare l'assurent en propres termes; le premier parle des reproches que Colbert reçut du Roi « per la minacciata ruina d'alcune fabriche in Versaglia », et le second les mentionne également : « M. Colbert mourut presque comme un désespéré. Quelque temps avant sa maladie, le Roi avait conçu du chagrin contre lui et lui reprocha qu'il ne songeait qu'à enrichir sa famille, et qu'une partie des bâtiments de Versailles tombait en ruine par la faute des ouvriers. La fièvre le chargea là-dessus, et il ne voulut point prendre

les prix aux ouvrages, mais des prix raisonnables, et qu'ensuite ils les donnent aux meilleurs ouvriers. Cette proposition peut paraître un peu paradoxe, mais elle est très véritable, et l'on ne peut être bien et fidèlement servi qu'en la suivant.

« Ce changement me rendit le travail si onéreux, et M. Colbert devint si difficile et si chagrin, qu'il n'y avait plus moyen d'y suffire ni d'y résister. Dans ce même temps, il voulut que M. de Blainville, son fils, que l'on appelait alors M. D'Ormoy, travaillât sous lui dans les Bâtiments et fît presque tout mon emploi. Cela me fit souhaiter de le lui abandonner tout entier, jugeant bien d'ailleurs que M. Colbert n'en serait pas fâché, afin que son fils eût l'honneur tout entier, après lui, de ce qui se ferait dans les Bâtiments.... Il était bien aise de faire paraître son fils, ce qui n'arriva point, car, comme il était fort jeune et aimant son plaisir, il n'était pas possible qu'il fournît à la moitié d'un si vaste et si pénible emploi, dont M. Colbert n'avait jamais compris ni la difficulté ni l'étendue.... J'ai su depuis que M. Colbert disait : « C'est un abîme que les Batiments; plus j'y travaille et plus j'y trouve de difficultés. Les finances ne m'ont point donné de peine en comparaison. »

de nourriture. » Versailles, que Colbert avait si bien servi sans jamais l'aimer, avait fini par lui porter malheur.

Les instructions du surintendant pour son fils, à la date où nous sommes encore, sont pleines jusqu'au bout d'indications utiles et d'ordres précis destinés à soutenir une mémoire souvent défaillante. Le lecteur y reconnaîtra aisément les travaux de Mansart, qui tous à ce moment touchent à leur terme : « Faire achever la Chapelle ; poser la grille de séparation ; presser les grilles des arcades, la menuiserie de la chapelle haute, les cariatides, les confessionnaux, les portes et faire en sorte que tous les ouvriers soient dehors mercredi au soir et que les doreurs puissent travailler jeudi. Faire prendre toutes les mesures du Cabinet des Curiosités au menuisier, et le presser. Presser extrêmement toute la menuiserie, la serrurerie, peinture et vitres de la Grande Aile et des offices, les escaliers, les balustrades des deux galeries, le grand vestibule.... » Voici encore, quelques jours plus tard, le 10 avril, ce mémoire laissé à D'Ormoy : « Qu'il prenne soin particulier de tout ce qui regarde l'appartement bas, depuis l'escalier jusqu'au vestibule : qu'il prenne soin de presser l'escalier et le vestibule, la Salle de Comédie, la chambre du billard, les balcons, l'appartement de Mme de Maintenon, le passage du petit appartement au grand, le salon au bout du grand appartement du Roi, les fontaines des Sources et de la Salle du Bal, les fermetures des jardins, la pièce au-dessous du Dragon. » Et toujours cette recommandation, qui revient sous diverses formes : « Prends bien garde que le Roi connaisse que tu fais bien ton devoir. »

Nous avons quelques-uns de ces mémoires qu'exige Colbert pour chaque jour et qu'il retourne annotés[1]. Celui du 14 avril fait prévoir l'achèvement des appartements du Roi; il mentionne aussi le parquetage de la partie livrée de la Grande Galerie et le travail de Le Brun : « J'ai été déjà deux fois aujourd'hui dans l'Aile et principalement dans le corps de logis des offices.... J'écris à Paris à Prou le père de venir ici lui-même, d'amener avec lui des compagnons menuisiers, avec la menuiserie qui est nécessaire pour les entresols du grand étage ; et de faire venir en même temps la porte de la salle du billard et le parquet du Salon du Roi et de la Galerie.... M. Le Brun est ici, qui travaille à achever la Galerie. Il dit ne point trouver à Paris de tableaux pour mettre à la place de ceux que le Roi fait ôter aux deux côtés de son lit. Coyzevox travaille continuellement pour achever la sculpture du Salon du Roi, et promet que tout. sera déchafaudé dans la fin de cette semaine. »

1. P. Clément, *Lettres, instructions et mémoires de Colbert,* t. VII, p. xxxv et suiv., p. cix et cic. L'anecdote connue sur la grille du Château, pour le marché de laquelle l'ennemi de Colbert, Louvois, aurait parlé de « friponnerie », n'est peut-être qu'une broderie sur un fond de vérité. Sur la fâcheuse administration de M. d'Ormoy, on consultera les pièces publiées par Pierre Margry, *Un fils de Colbert,* Paris, 1873 (extrait de la publication de Clément). Dans un billet énergique d'avril 1682, Colbert reproche à son fils son « horrible paresse » : « Cela joint à l'envie que tu as de vouloir toujours répondre au Roi sans savoir jamais ce que tu dis, en sorte qu'il faut que tu mentes

Aux appartements royaux, comme à l'aile nouvelle, où se décorent et se meublent en hâte les logements donnés par le Roi, rien n'est prêt qu'au dernier moment, presque à la dernière minute. La veille même de l'arrivée de Sa Majesté, les voitures des Gobelins apportent des meubles, des tentures, des bronzes à fixer aux portes et aux fenêtres; et les principaux corps de métier, menuisiers, serruriers, peintres, doreurs, leurs équipes doublées, occupent encore les diverses parties du Château. Au Grand Escalier même, Tubi vient à peine de poser les sculptures de sa fontaine. Cependant le décor est en place à Versailles et la France s'intéresse au spectacle qui va s'y donner.

Le 6 mai 1682, avec un peu plus de solennité que de coutume, Louis XIV, venant de Saint-Cloud, fait son entrée au Château de Versailles. Toute la Cour l'accompagne dans ses carrosses. Le cortège traverse les lignes des gardes françaises et des gardes suisses rangées comme toujours dans l'avant-cour, étendards déployés, fifres sonnants, tambours battants. Mais, cette fois, les habitants de la ville nouvelle l'acclament au passage avec plus d'enthousiasme; ils savent que le séjour se prolongera de longues années; car ce n'est plus seulement le Roi qui se transporte à Versailles, c'est la Royauté.

continuellement, ne me fait que trop connaître la vérité de mon pronostic que tu ne feras jamais rien. » Il est certain que l'insuffisance du fils fut exploitée contre le père.

CHAPITRE DEUXIÈME

BOSQUÈTS ET PIÈCES D'EAU

L'IMAGINATION des peuples donnait à Versailles une place de plus en plus grande. Elle était frappée fortement par cette accumulation si prompte de merveilles, aux lieux mèmes où il n'y avait guère, quelques années plus tôt, que des garennes et des marais. Ce n'était pas sans raison que Louis XIV attachait tant de prix à une telle maison royale, qui ajoutait le prestige le plus raffiné des arts à la supériorité désormais incontestée de ses armées. Il se montrait attentif à en faire apprécier les beautés aux étrangers et n'arrètait jamais les travaux, même en temps de guerre. Il lui plaisait, d'autre part, qu'on pùt dire qu'il y avait tout créé de rien, participant ainsi, dans la plus grande mesure humaine, au privilège de la divinité ; et ce còté un peu puéril de sa pensée s'accorde mal avec les préoccupations vraiment hautes qui le guidaient d'ordinaire.

Ses motifs d'orgueil à Versailles étaient moins d'élever un palais élégant ou surpassant les plus beaux de l'Italie, que d'avoir amené les eaux les plus abondantes là où la nature les avait tout justement refusées. Le premier ambassadeur moscovite qui voyait jouer ces eaux déjà fameuses et qui demandait à ses guides, pour témoigner son étonnement, « si toutes les eaux de la mer étaient à Versailles », adressait à Louis XIV, sans le savoir, la flatterie la plus délicate[1]. On peut douter même que les meilleures louanges d'un Boileau ou d'un Racine lui aient été plus agréables à lire que ce sonnet d'abbé, où se trouve si clairement exprimée l'idée dominante de son œuvre :

> Grand Roi, dont la valeur, la force et la prudence
> Charment également nos esprits et nos yeux,
> C'est dans ce beau séjour où l'art victorieux
> Découvre avec éclat votre magnificence.
>
> Ces eaux qu'on voit partout couler en abondance
> Et qu'un secret effort élève jusqu'aux cieux,
> Comme au divin Moïse, en ces superbes lieux
> Au premier des Héros rendent obéissance.
>
> Ce chef-d'œuvre pompeux que produit votre main
> Semble vous approcher du Pouvoir souverain,
> Qui tira du néant le Ciel, la Terre et l'Onde,
>
> Lorsqu'étalant ici tant de charmes divers,
> Du lieu le plus ingrat qui fut dans l'univers
> Vous faites aujourd'hui la merveille du monde[2].

Le *Mercure galant*, qui présente un fidèle reflet de l'esprit du temps et qui était fort répandu dans les provinces et dans les cours étrangères, tenait ses lecteurs au courant des ouvrages ininterrompus de Versailles. Le gazetier, ou plutôt son corres-

---

1. *Mercure galant*, mai 1681, p. 3o5.
2. *Mercure galant*, mai 168o, p. 10, *Sonnet de l'abbé Cotherel sur Versailles*, 1679.

pondant bénévole, saisissait toutes les occasions, fêtes, voyages de la Cour, visites de grands personnages, pour fournir quelques détails d'actualité, devenus précieux pour nous par les dates qu'ils permettent de fixer. C'était toujours par les formules les plus excessives que ces nouvelles étaient introduites : « Il ne se peut que vous n'ayez entendu parler de ce qu'on fait à Versailles pour le rendre une des merveilles du monde. On avance fort. Il n'y a pas lieu de s'en étonner : nous sommes dans un règne de miracles…. Le Roi ordonne et aussitôt tout se trouve exécuté[1]. »

Hors des frontières, le souvenir de ces grandes choses soutenait l'amour-propre des sujets du roi de France en face des beautés des autres pays. Un Français doué d'esprit et de lettres, vivant en Italie et visitant Tivoli, ses villas et ses cascatelles, songeait à Versailles au milieu des splendeurs de la Villa d'Este, qu'il décrivait avec admiration : « Je regardais attentivement ces bois, ces fontaines, ces jardins qui m'environnaient, et engagé insensiblement d'en faire la comparaison avec les bois, le Canal, la Grotte et toutes les ingénieuses et magnifiques fontaines de Versailles, j'avoue que je ne fus plus si touché des beautés de Tivoli, et qu'après avoir opposé l'un à l'autre, je préférai ce qui était peint dans ma mémoire à ce qui frappait mes yeux avec tant d'avantages. Je considérai que la seule puissance du Roi avait plus fait pour Versailles que la nature la plus favorable n'avait

1. *Mercure galant,* octobre 1679, p. 328.

pu faire pour Tivoli. » Et à ce propos, notre écrivain, qui fait célébrer lyriquement la gloire de Louis XIV par Horace et par Mécène, hôtes anciens de Tibur, développe à loisir en sa prose ses observations enthousiastes sur « la grandeur où le Roi élève la France[1] ».

Sous les formes les plus diverses reparaît dans la littérature du temps ce rappel de l'Italie. Chacun fait allusion au désir qu'ont la France et son monarque d'enlever à ce pays, fût-ce en lui empruntant des hommes, le sceptre de l'art, qu'il a gardé jusqu'à présent sans conteste. Versailles est le principal champ d'expérience de ces efforts de la nation, si intelligemment soutenus par le Roi, et l'achèvement de ce beau domaine doit fournir aux yeux du monde la preuve de la réussite. Nulle part on ne trouve ces préoccupations exprimées avec plus de force que dans une sorte de petit guide artistique de Versailles et de Saint-Cloud, celui du sieur Combes, imprimé en 1680, avec deux approbations autorisées, l'une de Coypel et Paillette, peintres du Roi, l'autre de Regnaudin et Coyzevox, sculpteurs du Roi[2]. La première page mérite d'être rapportée :

1. *Mercure galant*, septembre 1680, p. 21. L'auteur de la description de Tivoli est un sieur Genest, qui écrivait « dans le temps que Mme la duchesse de Nevers était en Italie avec Mme la duchesse Sforze, sa sœur ». L'opuscule est dédié à Mme de Thianges, leur mère, « qui a donné à l'Italie ce qu'on y voit maintenant de plus beau ». Colbert écrivait à Errard, le 27 janvier 1679, que Le Nôtre allait partir « dans peu de jours, avec Mme la duchesse Sforze, pour aller à Rome » (*Correspondance des directeurs de l'Académie de France à Rome*, t. I, p. 76).

2. *Explication historique de ce qu'il y a de plus remarquable

L'Italie doit céder présentement à la France le prix et la couronne qu'elle a remportée jusques aujourd'hui sur toutes les Nations du monde, en ce qui regarde l'excellence de l'Architecture, la beauté de la Sculpture, la magnificence de la Peinture, l'Art du jardinage, la structure des fontaines et l'invention des aqueducs. Versailles seul suffit pour assurer à jamais à la France la gloire qu'elle a à présent de surpasser tous les autres royaumes dans la science des Bâtiments. Aussi est-elle redevable de cette haute estime à la grandeur et à la magnificence de LOUIS LE GRAND, son invincible Monarque.

Ce prince magnanime a chéri les Arts jusqu'à un si haut point, et a su si bien les cultiver parmi le bruit des armes, que la Paix, qui est la mère et des Sciences et des Arts, pour en témoigner sa gratitude, lui a édifié le plus superbe Palais du monde, afin qu'elle l'y pût recevoir comme dans son sein, lorsqu'il revient de chez ses ennemis, chargé de lauriers et de trophées. C'est dans cette Maison royale et charmante que vous êtes invités à venir, Peuples de la Terre, Curieux et Savants. Vous y verrez l'ancienne et la nouvelle France ; vous y verrez tout ce que le monde a jamais eu de beau et de surprenant. Admirez-y l'habileté. le savoir, la conduite et la délicatesse des ouvriers. Admirez-y la grandeur, la somptuosité, la magnificence et la libéralité du Prince ; et avouez que Versailles efface tous les palais enchantés de l'Histoire et de la Fable.

Comme ces divers témoignages sont antérieurs à l'installation définitive du Roi et à peine contemporains des premiers travaux de Mansart, on doit conclure que le Château y tient moins de place que les jardins. Les jardins suffisent, en effet, à renouveler l'admiration, car ils sont eux-mêmes

dans la maison royale de Versailles et en celle de Monsieur à Saint-Cloud, par le sieur Combes, Paris, 1681. Ce petit guide a 219 pages, dont 147 sur Versailles. Les approbations des peintres et sculpteurs du Roi et le privilège sont du mois de novembre 1680.

constamment renouvelés. Il y a eu, depuis la création du Parterre d'eau, une série nouvelle de travaux qui ont porté spécialement sur les bosquets. Tant qu'il est resté dans le petit parc des massifs à utiliser, Le Nôtre a eu des projets à présenter au Roi, et bientôt même, comme on va le voir, quand toutes les places ont paru prises, on s'est mis à démolir les anciennes fontaines pour les remplacer par d'autres plus considérables et plus ornées.

Dans le bas du parc, auprès du Char d'Apollon, étaient encore deux petits bois à droite et à gauche de l'Allée Royale, divisés chacun en deux parties par une allée en diagonale. Dans le bois de gauche, au point où allait être la Colonnade, était disposé, pour l'utilisation des eaux de ce quartier demeuré toujours marécageux, un ensemble de ruisseaux enchevêtrés qu'on voit sur les anciens plans et qu'on appelait le *Bosquet des Sources*. Une estampe unique y montre un arrangement de bassins, de statues et de goulettes. L'autre partie du massif, celle qui avoisinait la grande pièce d'eau qu'on achevait de creuser sous le nom d'Ile Royale, fut constituée en bosquet; le terme de *Galerie d'eau*, qui le désigne, apparaît à partir de 1680 et s'applique à un espace en longueur orné peut-être de goulettes, d'où sortaient de place en place des jets d'eau; à chaque bout, deux fontaines jaillissaient dans un bassin rond. L'aspect de l'une de ces fontaines est dans une estampe de Pierre Le Pautre, portant la date de 1679 et représentant une Vénus de bronze « élevée sur un bassin de marbre blanc, faisant un des ornements de la fontaine appelée la Galerie d'eau ». La présence de ce bronze va peut-être donner l'idée de placer à la Galerie d'eau la belle série d'antiques ou de copies d'antiques, qu'on y verra bientôt.

Du côté droit de l'Allée Royale, où le terrain paraît avoir été plus sec que du côté gauche, Louis XIV ordonna en 1675 deux bosquets nouveaux, l'*Encelade* et la *Renommée*. Le premier était beaucoup plus simple à réaliser que le second; et comme, dès la première année, 54.000 livres furent réservées pour le faire, on put le présenter au Roi l'année suivante. Le *Mercure galant* fournit la première description la plus voisine de la création de ce bosquet : « On voit le géant accablé sous les rochers qu'il avait entassés les uns sur les autres pour escalader le ciel. Ce qui paraît d'Encelade est quatre fois plus grand que nature. Il sort de sa bouche un jet d'eau plus gros que le bras et haut de vingt-quatre pieds, et il en sort un nombre infini de petits d'entre les cailloux qui l'accablent. Outre ces jets d'eau, on en voit sortir encore de beaucoup plus gros de douze monceaux de cailloux qui sont à quelque distance de l'Encelade et qui entourent le bassin. Entre ce bassin et les berceaux de treillage, on voit encore plusieurs petits bassins de rocaille, qui sont sur un gazon en glacis et dans chacun desquels est un jet d'eau[1]. » Nous avons aujourd'hui le bosquet d'En-

1. *Mercure galant*, novembre 1686, p. 169. Les « huit bassins de l'Encelade » sont mentionnés par les Comptes. La figure colossale de Marsy lui est payée 1.600 livres. Sur l'aspect ancien de ce bosquet et de tous les suivants on sera renseigné, mieux encore que par les gravures, en feuilletant les plans coloriés

celade dans un état bien différent. Les berceaux de treillage dont Colinot l'avait entouré ont disparu dès le commencement du dix-huitième siècle. Quant au géant, écrasé sous la masse des rochers et dont n'apparaissent que la tête et le bras droit, il se confond fâcheusement avec l'ensemble, dont le distinguait autrefois sa dorure. Ce plomb de proportions colossales, doré en 1676, est de Marsy. Il détonne parmi les œuvres de Versailles; il semble y introduire le goût sans mesure de certaines villas d'Italie, où la fin de la Renaissance a multiplié cette sorte de compositions[1]. Mais la tentative ne sera pas renouvelée; le génie français veille attentivement sur le beau domaine fait à son image.

L'année 1675 vit commencer, tout à côté de l'Encelade, un des plus importants de nos bosquets et l'un de ceux dont l'histoire offre le plus de curieuses complications. C'est celui qui s'est appelé d'abord *Fontaine de la Renommée*, puis *Fontaine des Bains d'Apollon*, enfin *Bosquet des Dômes*. Malgré tous les changements que laissent deviner ces désignations différentes, la forme actuelle fut donnée à ce bosquet dès l'origine, et la partie centrale, qui a été restaurée de nos jours, faisait déjà partie de la fontaine primitive. Le tra-

du Cabinet des Estampes et ceux de la Bibliothèque de l'Institut (*Mss.* 1307). M. Henri Bouché-Leclerq, qui a inventorié cette dernière série, y reconnaît souvent la main de Le Nôtre.

1. Rappelons seulement le groupe de Bartolommeo Ammanati, à la villa de Castello, *Hercule étouffant Antée*, où la bouche du géant lâche un jet d'eau d'une énorme hauteur.

vail d'art fut immense ici et l'un des plus considérables qui s'accomplirent dans le parc, de ceux
par conséquent qu'il est le plus regrettable de
n'avoir pas conservés. Les Comptes permettent de
le suivre, période par période, et d'en connaître
l'énorme dépense.

Pendant la première année, il s'agit surtout des
travaux du bassin, des conduites et de la marbrerie.
En vue de la seconde, Colbert inscrit, aux prévisions de Versailles, 60.000 livres pour les balustrades et autant pour les pavillons de marbre,
décorés de plomb et de bronze dorés, qui seront
placés de chaque côté de la fontaine dans deux
enfoncements des palissades. Ces sommes ne vont
point être dépensées aussi vite; cependant les
balustrades de métal doré s'avancent, confiées à
l'excellent serrurier Delobel, celui-là même qui
fait au Château les balcons de la cour de Marbre.
et la sculpture apparaît dans un premier acompte
à Gaspard Marsy, pour sa Renommée. C'est une
figure de plomb doré, qui sera au centre du bassin,
debout sur une sphère et soufflant verticalement
dans une trompette d'où sortira un jet d'eau. Le
commencement de paiement « à Girardon et
consorts, acompte de la balustrade de la fontaine de
la renommée », se rapporte aux admirables trophées
d'armes en bas-relief, qui sont encore au pourtour
de l'exèdre et pour l'exécution desquels le maître
n'a pas travaillé seul[1]. L'œuvre compte quarante-
quatre motifs, « où sont représentées les armes

---

1. Il employa Mazeline et peut-être Guérin, et reçut pour le
tout 10.600 livres.

dont toutes les nations se servent dans les combats ». Malgré la monotonie des sujets, c'est un des meilleurs ensembles décoratifs de Versailles, et le temps ni les nettoyages n'ont pas altéré trop gravement les reliefs délicats du marbre blanc.

Mansart écrit à Colbert, en septembre 1677, de Clagny où il travaille pour le Roi : « J'ai donné depuis peu le reste de toutes les mesures pour les cabinets de marbre que vous faites faire dans le parc de Versailles, au cabinet de la Renommée, ainsi que vous me l'avez commandé. » C'est donc Mansart qui est l'architecte des pavillons, son premier travail dans ce Versailles qu'il va remplir de ses ouvrages. Le sculpteur Buirette a fait un petit modèle d'un de ces cabinets, car Louis XIV aime toujours à voir en relief les constructions qu'il ordonne. Les marbriers réunissent leurs marbres de couleur les plus fins pour les compartiments du pavé. Au bassin, la « balustrade de fer » est posée et dorée en 1677 et, peu après, huit figures sont placées le long des palissades du bosquet, sur des piédestaux, faisant cercle autour de la Renommée qu'on vient d'installer. Ce sont des modèles en plâtre, par lesquels un groupe d'excellents artistes a réalisé rapidement, pour contenter le Roi, quelque « pensée » de Le Brun[1].

Les premières figures de marbre n'arrivent qu'en 1683[2]. Quant aux deux balustrades, la rela-

1. Chaque modèle est payé 150 livres; les sculpteurs sont Buyster, Le Gros, Mazeline, Regnaudin, Jouvenet, Drouilly, Massou et Raon.
2. Un modeste paiement de voiturier, qui marque l'installation des statues et se rapporte aussi à celles du Parterre d'eau, peut

tion de l'ambassade de Siam, dans le *Mercure* de 1686, dit la plus élevée de marbre blanc, avec les balustres de bronze doré, et la seconde toute entière de métal : « Le bassin est entouré d'une balustrade de bronze doré d'un autre dessin que celui de la terrasse. Sur chacun des piédestaux, que l'on y voit d'espace en espace, s'élève un jet en bouillon d'eau qui fait une rigole autour de la balustrade, dont l'eau en se répandant forme tout autour une nappe d'eau[1]. » Un tableau de Cotelle est le plus précieux document pour l'état de cette époque. Le bronze s'y trouve indiqué pour les balustres de la première clôture et pour l'ensemble de la seconde; il disparut en 1705. A la fin du règne de Louis XIV, les descriptions nous assurent « que « la balustrade circulaire et celle qui est octogone sont de marbre de Languedoc et de marbre blanc ». La première a les appuis de marbre blanc et les balustres de marbre rouge et la disposition est inverse dans la seconde : « L'allée circulaire, dit expressément La Martinière, est bornée d'une balustrade, dont les pilastres, les appuis et les socles sont de marbre

être extrait du nombre considérable des mentions des Comptes qui nous ont permis de faire l'histoire du Bosquet des Dômes : Du 5 août 1683. A Richon, voiturier, parfait paiement de 1.860 livres pour voiture de Paris à Versailles de dix-sept figures de marbre posées au Parterre d'eau et à la Renommée. » Le premier paiement, ne mentionnant que des statues de Parterre d'eau, est du 7 mai 1682 (Comptes, t. II, 191, 316).

1. *Mercure galant*, novembre 1686, p. 175. Description du lieu « que l'on appelait la *Renommée*, et auquel on a donné le nom de *Bains d'Apollon*, depuis qu'on y a transporté les figures qui le représentent et qu'on les a ôtées de la Grotte, qu'on a abattue à cause de la Grande Aile qu'on bâtit en cet endroit ».

blanc; les balustres sont de marbre de Languedoc.... Au-dessous est le bassin octogone de la fontaine entouré d'une balustrade; le socle et l'appui sont de marbre de Languedoc, les pilastres et les balustrades sont de marbre blanc[1]. »

Le travail des pavillons continue plusieurs années et de très bons artistes y sont appelés. Voici Le Hongre et Mazeline, qui modèlent des ornements de plomb et d'étain au comble de l'un de ces édicules; voici Buirette et Lespingola, qui en font autant pour l'autre et fournissent, en outre, pour 21.430 livres de trophées de plomb et d'étain; voici enfin Ladoireau, l'orfèvre fameux, qui reçoit 15.089 livres « pour les huit trophées des deux salons de la Renommée ». Les modèles de ces trophées extérieurs ont été donnés par Lespingola et Buirette. Ils représentent ce que le langage du temps appelle assez singulièrement « les armes » des quatre Parties du Monde. Le marché relatif aux quatre premiers modèles, signé de l'orfèvre et de Colbert, est du 24 aout 1679; l'artiste s'engage à « rendre lesdits quatre panneaux de bronze, fournir les creux de plâtre, les

---

1. Les effets d'eau du Bosquet des Dômes ont été restaurés très heureusement. On a refait aussi la balustrade inférieure, qui avait entièrement disparu dans la ruine générale du bosquet; mais on a imaginé une disposition de balustres de plomb doré mêlé au marbre rouge, qui ne s'accorde point chronologiquement, comme on va le voir, avec la décoration sculpturale du bosquet et qui n'y a, au surplus, jamais existé. On ne devait pas non plus rappeler, par l'introduction du métal doré, l'état primitif d'une des balustrades, tout en conservant pour l'autre l'état postérieur. Il eût été facile d'éviter toutes ces contradictions en rétablissant simplement le dernier état Louis XIV de cet ensemble.

cires, les matières, le moule, et réparer, ciseler juste suivant les modèles comme des ouvrages d'orfèvrerie, les dorer d'or moulu, fournir l'or qu'il conviendra pour lesdits ouvrages et mettre en couleur vermeille, brunir et poser en place, et généralement tous les frais qu'il conviendra pour rendre lesdits ouvrages faits et parfaits, dans le même degré de beauté et de perfection que la balustrade de l'Escalier de Versailles, tant pour la netteté de la ciselure que pour la force et le brillant de la dorure[1].... » Ladoireau, qui reçoit le titre d' « orfèvre et fondeur ordinaire de la garde-robe du Roi », travaillera bientôt aux grands trophées et chutes d'armes de la Galerie des Glaces et des Salons de la Guerre et de la Paix; c'est par ces spécimens admirables d'un art parvenu à la perfection qu'on peut se rendre compte de la beauté de ceux du bosquet.

On a toujours célébré la richesse de ces deux pavillons carrés appelés aussi les « Dômes ». Un des Lemoyne a décoré de peintures la voûte inté-

---

1. Toute la question des pavillons, de leur décoration, de leur destruction, se trouve traitée en détail dans *La Création de Versailles,* éd. de 1901 (avec des extraits des rapports de Nepveu), et dans la *Gazette des Beaux-Arts,* 3ᵉ pér., t. XXII. p. 265 et suiv. Le lecteur aura intérêt à s'y reporter. Ajouter l'avis du 29 mars 1677 sur les modèles présentés par Mansart, dans les *Procès-verbaux de l'Académie royale d'Architecture* publiés par H. Lemonnier, t. I, p. 136. Quelques fragments de ces pavillons, si malheureusement démolis dans la première partie du dix-neuvième siècle, existent en magasin, notamment des groupes d'enfants formant le faîte; tout l'ensemble a trouvé place dans un savant projet de restauration, exposé au Salon par M. Armand Guéritte. Mais la restauration réelle de ces magnifiques ensembles décoratifs, qu'on a plus d'une fois envisagée, ne donnerait évidemment qu'une déception.

rieure. Ces pavillons « aussi riches que galants »,
dit le *Mercure*, « ont chacun huit pans et 14 à
15 pieds de largeur sur environ 20 pieds de hauteur. Ils sont de marbre blanc et ornés chacun de
huit colonnes de marbre de couleur et de pilastres
taillés dans le marbre blanc. Les montants des
petits pans dans les encoignures sont remplis de
trophées de bronze, qui représentent les armes
dont se servent plusieurs nations. Il y a aussi de
semblables trophées en dehors, entre les pilastres.
Les dômes sont enrichis de plusieurs ornements
de métal et terminés par un vase. » On remplaça
ce vase par des enfants élevant la couronne royale.

L'état primitif du Bosquet de la Renommée est
représenté par l'estampe très connue d'Israël
Silvestre, datée de 1682[1]. La figure de Marsy va
disparaître dans l'été de 1684, sur l'ordre donné
par Louis XIV au cours d'une promenade[2]. Mais
cet ordre se rattache à tout un ensemble de changements dans Versailles, qu'il est nécessaire de
rappeler.

1. On a au Louvre le dessin fait sur les lieux mêmes par le
graveur. Pérelle, qui est ici comme partout moins exact que
Silvestre, peut cependant être aussi consulté. La gravure de *La
Création de Versailles*, éd. Conard, p. 225, s'inspire de celle de
L. Simonneau (1688).

2. « Le Roi... se promena à ses fontaines et ordonna qu'on
ôterait celle de la Renommée, voulant dans cet endroit-là faire
encore quelque chose de plus magnifique » (*Journal de Dangeau*,
t. I, p. 34, 16 juillet 1684). La mention de Dangeau se complète
par ce paiement fait le 31 décembre 1684 : « A François Girardon, sculpteur, pour son payement des soins qu'il a pris à faire
transporter, de la Grotte à la Renommée, le groupe d'Apollon,
et des restaurations qu'il y a faites, et 300 livres par gratification, 1.800 livres » (Comptes, t. II, 619). Le dessin d'Israël
Silvestre représente l'état primitif du Bosquet des Dômes.

Lorsqu'on eut démoli la Grotte de Théthys au moment de la construction de l'Aile du Nord, les marbres en furent attribués au Bosquet de la Renommée, y compris l'*Acis* et la *Galatée* de Tubi, et Girardon fut chargé de veiller lui-même au transport et à la réinstallation de son œuvre. Les chevaux du Soleil prirent place sur de riches piédestaux, que sculpta Drouilly, aux côtés d'*Apollon servi par les Nymphes*. Quand on entrait dans le bosquet, la Renommée dorée se trouva gêner la vue qu'on avait sur le groupe central ; elle fut aussitôt supprimée et remplacée par un simple jet d'eau sortant d'une coquille soutenue par des enfants. C'est cette disposition que Simonneau le jeune a gravée, avec la date de 1688, d'après le dessin de Cotelle. Louis XIV voulait faire alors de ce bosquet, si l'on en croit Dangeau, « quelque chose de plus magnifique » ; la beauté du lieu le désignait déjà pour les divertissements les plus rares, tel que celui du 15 mai 1685, qui suivit un grand souper de dames chez Monseigneur : « Le Roi alla avec les dames dans les jardins, et nous trouvâmes les Bains d'Apollon allumés, et dans les pavillons il y avait les hautbois ; on y dansa même ; et Mlle de Nantes finit le bal par y danser une dame gigonne, le plus joliment du monde. »

On ne voit pas ce qui aurait pu s'ajouter à la somptuosité du bosquet, tel qu'il était alors, sinon des statues nouvelles, faites pour accompagner les figures et les groupes de la Grotte. Nous savons justement qu'on avait commandé une figure de jeune homme tenant un flambeau, où il est facile de reconnaître le *Point du Jour* de Le Gros; une figure de femme tenant un aviron, due à Rayol et nommée *Leucothée*, puis *Ino*; une *Amphitrite*, « d'après le modèle d'Anguier », ayant un dauphin à ses pieds et une écrevisse sur la main; enfin un *Arion*, qui est indiqué sans nom d'auteur[1]. De très beaux socles, qu'on voit encore, ornés de coquilles et de glaçons d'un bon style, furent faits à cette époque par Caffiéri le fils[2]. La décoration du bosquet à ce moment de son histoire est connue par le tableau de Cotelle. Les deux anciennes figures de Tubi étant comptées, on en trouve six en tout, au temps où y demeurent placés les groupes de la Grotte de Théthys.

Quand ces groupes sont retirés, en 1704, peut-être parce qu'ils se détériorent sous les feuillages et qu'on désire les abriter ailleurs, il s'ensuit une troisième disposition du bosquet. On ajoute deux figures sur de nouveaux socles identiques aux anciens : l'*Aurore* jetant des fleurs, de Magnier, une des plus parfaites statues de nos jardins, datée de 1704, et une *Nymphe de Diane (Caliston)*, qui porte l'inscription : *Fait par Anselme Flamen natif de Saint-Omer*. L'ensemble est disposé de la ma-

---

1. On peut se demander si plusieurs de ces statues n'ont pas été mises en place sous forme de modèles, ou si plus d'une ne fut pas refaite à nouveau par son auteur, quelques années plus tard. L'*Amphitrite* de Michel Anguier, qui est au Louvre, est bien de 1680; mais les dates que portent deux autres marbres donnent à penser : le *Point du Jour* est signé : *P. Le Gros, 1696*, et au bas de l'*Arion*, on lit : *Ioannes Raon Parisiensis, 1695*. On verra plus loin que les modèles de ces derniers sont de Girardon.

2. Nous avons vu ces ornements dans leur beauté; la restauration de nos jours les a cruellement amincis.

nière qu'indiquent l'estampe du recueil de Demortain et celle de J. Rigaud. On trouve alors, à
droite, en entrant par le côté du Tapis vert : le
Point du Jour, Ino, la *Nymphe de Diane, Arion,
Amphitrite, Galatée,* l'*Aurore* (appelée aussi *Flore*)
et *Acis.*

Les huit statues, restées en place jusqu'en 1844,
furent alors transportées autour du bassin en fer-
à-cheval de Saint-Cloud, que restaurait Louis-
Philippe. Il était souhaitable de les rendre au
bosquet pour lequel elles avaient été faites. Sauf
l'*Amphitrite* demeurée au Louvre, nous les avons
remises, en 1897, sur les socles de Caffiéri le fils ;
bien qu'elles ne concordent point tout à fait, pour
la date, avec le rétablissement partiel des balustres
dorés, on peut dire qu'elles complètent par leur
présence la résurrection du Bosquet des Dômes.

Les deux bosquets de l'*Arc de Triomphe* et des
Trois Fontaines, créés à la même époque que
celui de la Renommée, devaient en partager la
fâcheuse destinée et souffrir même un désastre
plus complet. Ils naissaient déjà d'une destruction,
celle des bosquets antérieurs du Pavillon et du
Berceau, de chaque côté de l'Allée d'eau. Le
double projet qui les concerne paraît, au milieu
des recettes de l'année 1677, avec un chiffre de pré-
vision assez élevé : « 300.000 livres pour employer
au paiement des dépenses à faire pour la maçonnerie, fouilles et transports de terre, plomberie,
sculpture, peinture, cuivre, marbre, bronze doré et
autres ornements des deux fontaines que S. M. fait

faire dans les jardins de Versailles, l'une appelée la fontaine de l'Arc de Triomphe et l'autre les Trois Fontaines. » Les Trois Fontaines n'exigent pas de travaux artistiques ; tout le mérite de ce bosquet, dont les architectes laissent l'honneur au Roi[1], est dans la ligne élégante des pentes, degrés et bassins superposés, et dans l'heureux aménagement des eaux savamment conduites à des hauteurs différentes et disposées pour plaire aux yeux : « Ce bosquet est dans un lieu bas ; de sorte que les élévations qui sont autour, étant remplies de vases de porcelaine sur quantité de manières de piédestaux, qui sont au-devant des treillages, produisent un fort agréable effet. Toutes les eaux de ce lieu consistent en trois bassins de diverses figures et dont les jets sortent de différentes manières. Il y en a de si gros qu'on ne les peut voir qu'avec surprise. Cet endroit a l'air grand, et c'est un de ceux que l'on estime le plus. » La grosse gerbe s'élève à 22 pieds et les lances du bassin octogone jusqu'à 78 pieds. Mais ce sont là seulement, comme dit le langage du temps, « des beautés champêtres et naturelles » et qui reposent l'esprit du promeneur, après qu'il a contemplé tant d'œuvres d'art assemblées dans le reste des jardins.

Nulle part la profusion décorative n'est plus grande qu'au bosquet de l'Arc de Triomphe. On y voit accumulés, par contraste avec la simplicité

---

1. Le recueil de l'Institut (*Mss.* 1307, n° 134) en présente la vue avec cette indication exceptionnelle : « Plan des Trois Fontaines de la pensée du Roy, exécuté par M. Le Nostre ».

des Trois-Fontaines, les ouvrages les plus raffinés : « Ce lieu, dit le *Mercure galant*, est du dessin de M. Le Nôtre, dont le merveilleux génie pour tout ce qui regarde le jardinage a beaucoup contribué aux embellissements de la plupart des bosquets de Versailles. » Les sculpteurs Houzeau et Mazeline ont confectionné les modèles des édicules dessinés par Le Nôtre. Le morceau principal est un arc de fer, doré à l'huile, dont la disposition et la matière sont également nouvelles. On le considère comme élevé à la gloire de Louis XIV, et c'est une sorte de réduction, dans le parc, de la triomphale Porte Saint-Antoine de Paris. Il flatte l'orgueil du monarque plus encore que cette autre fontaine, où la Renommée sonne la louange de ses victoires. Le bosquet a la même pente que l'Allée d'eau; l'arc occupe le fond le plus élevé, où il fait aux eaux jaillissantes un encadrement de marbre et d'or.

Il y a trois portiques. Au-dessus de ces portiques sont sept bassins d'où s'élèvent autant de jets d'eau. Ces bassins étant remplis de l'eau que leur fournissent ces jets, cette eau retombe dans plusieurs autres bassins qui sont des deux côtés, ce qui forme plusieurs nappes d'eau. Dans le milieu des trois portiques sont trois jets qui, étant dans des bassins élevés, forment encore autant de nappes. On monte à ces portiques par plusieurs degrés, et ces degrés sont tous remplis de jets, dont l'eau retombe dans un grand bassin qui est au bas. Aux deux côtés de cet Arc de Triomphe, il y a deux obélisques entre deux piédestaux en manière de scabellons, et sur ces scabellons sont des bassins d'où sortent des jets d'eau. On voit ensuite, en retour et de chaque côté, deux manières de pyramides élevées d'un grand nombre de degrés, et au-dessus un carré d'eau d'où plusieurs jets sortent. Aux deux côtés de ces pyramides sont encore deux scabellons avec des bassins et des jets d'eau. Ensuite, on voit deux autres obélisques, savoir un de chaque côté, lesquels se trouvent encore chacun entre deux scabellons avec des ornements, des bassins et des jets pareils à ceux des autres. Voilà ce qui occupe le fond et les deux ailes de ce bosquet. Quant à la quatrième face, qui est celle qui regarde l'Arc de Triomphe, elle ne laisse pas d'être aussi remplie de beaucoup d'ornements, quoiqu'une partie en soit occupée pour servir d'entrée à ce lieu. Il y a des deux côtés des piédestaux avec des bassins, des cascades et des figures qui marquent les triomphes de la France.... Outre les marbres fort délicatement travaillés, qui portent tant de différents morceaux, la plupart de ces morceaux, comme les obélisques et autres ouvrages semblables, sont faits de bronze doré; mais il n'y entre de cette matière que ce qu'il en faut pour former le corps de ce qu'on veut qu'elle représente, de sorte qu'il y reste beaucoup d'endroits vides, lesquels étant remplis par l'eau qui en s'élevant vient occuper la place de ces vides, paraissent comme autant d'ouvrages de cristal, enrichis de quantité d'ornements où l'or n'est pas épargné.

A cette description du *Mercure*, les Comptes ajoutent ces quelques précisions. L'Arc de Triomphe est construit en 1678 et 1679, et doré en 1680[1]. Delobel fait la ferronnerie; Le Gros, Benoist et Massou, les ornements. Aux pyramides latérales, Mazeline et Houzeau exécutent les ouvrages de marbre et de métal[2]. Ils en font d'autres,

---

1. D'assez fortes sommes sont réservées pour les divers ouvrages : 20.000 livres pour les ouvrages de fer, 15.000 pour les coquilles de cuivre à mettre sur les frontons et les côtés, 22.000 livres pour les ouvrages des quatre aiguilles, quatre guéridons et quatre piédestaux portant des bassins. Le marché des ouvrages est publié dans les *Nouvelles archives de l'Art Français,* t. VIII, p. 153.

2. Ils montent, en 1681, à une dépense de 53.337 livres.

en 1683, à la fontaine de la Gloire et à celle de la
Victoire. Tubi, qui travaille aux ornements de
celle-ci, s'occupe surtout des figures « qui marquent les triomphes de la France[1]. C'est le groupe
de plomb de la *France triomphante*, qui donne
quelquefois son nom au bosquet et s'y trouve
encore à son ancienne place.

Ce beau groupe, restauré de nos jours, est le
seul reste de l'ancien Bosquet de l'Arc de
Triomphe. La dorure y manque, il est vrai,
pour y rappeler cet éclat, qui le faisait désigner
dans les guides, avec tous les plombs semblables
du parc, comme étant de bronze doré : « La
France, dit Piganiol, y est figurée par une statue
de bronze doré, vêtue d'une mante royale, ayant
un coq pour symbole sur son casque et un soleil,
qui est la devise du Roi, sur son bouclier. Elle est
assise sur son char posé sur des degrés de marbre
blanc, environnée d'attributs et de trophées
d'armes, et au milieu de deux figures, dont l'une
est appuyée sur un lion et réprésente l'Espagne,
et l'autre est assise sur un aigle et représente l'Empire. Sur le dernier degré, il y a un dragon à trois
têtes qui semble expirer : il marque la désunion
de la Triple Alliance. Ces figures sont de Tubi,
Coyzevox et Prou »[2]. Celui-ci avait souvent des

1. Manuscrit 22 de la Bibliothèque de la Ville de Versailles,
p. 163. Tubi a reçu en 1681, pour le modèle de la *France Triomphante*, 1.775 livres 14 sols. La dorure de la fontaine est exécutée en 1685 (Comptes, t. II, 25, 629).

2. Il ne faut point refuser à ces deux derniers artistes une
part de collaboration attestée par des contemporains ; cependant
on doit remarquer que les Comptes, qui indiquent au cours de

associés, et on le trouve plus d'une fois ailleurs en association avec Coyzevox; mais le modèle qui lui fut payé en 1681 était bien son œuvre, et c'est lui qui avait été chargé d'interpréter en sculpture, par cette fontaine, une des plus nobles pensées de Charles Le Brun[1].

Sur la période des transformations de Versailles qui vient d'être racontée, nous avons plusieurs rapports de Colbert à Louis XIV, et celui du 1er mars 1678 résume l'état des travaux en cours. Le ministre écrit de Paris qu'il a passé la journée de la veille à Versailles, vu les étangs et des aque-

---

1682 et 1683 l'exécution du groupe, ne mentionnent dans les paiements que le seul Baptiste Tubi.

1. Les deux autres fontaines sont décrites dans une relation inédite des figures du Petit Parc : « La fontaine, que l'on trouve à droite en avançant quelques pas, se nomme de la Victoire. Cette déesse est posée sur un globe orné de trois fleurs de lis. Elle a des ailes et présente d'une main une couronne de lauriers et de l'autre elle tient une palme. L'on voit proche d'elle, à droite et à gauche, des trophées d'armes et des attributs des quatre Parties du Monde, portés par deux grandes consoles de marbre de différentes couleurs, entre lesquelles il y a une grande coquille, d'où il s'élève un jet d'eau, qui passe au milieu de la couronne de laurier que présente la Victoire, retombe dans la même coquille et forme une très belle nappe d'eau, qui se répand dans une grande cuve de marbre d'Egypte enrichie de différents ornements, du milieu de laquelle il s'élève un gros bouillon d'eau, qui forme une seconde nappe d'eau, dont elle est entièrement couverte et se précipite dans un bassin qui la termine; laquelle figure et les accompagnements sont de métal doré et faits par Mazeline. La troisième fontaine, qui est vis-à-vis celle que je viens de décrire, se nomme de la Gloire. L'on voit cette déesse posée sur un globe céleste; elle présente d'une main une couronne de laurier et de l'autre elle tient une pyramide qui est son symbole. Tous les ornements de cette fontaine sont pareils à ceux de la précédente et faits par Coyzevox. Les dessins de ces trois fontaines allégoriques sont de M. Le Brun. » Des deux vues du bosquet peintes par Cotelle, la première représente le côté de l'Arc de triomphe; la seconde, les trois fontaines inférieures avec leurs groupes de plomb doré.

ducs, et continue en ces termes : « L'on travaille aux Fontaines de la Renommée et de l'Arc de Triomphe pour les achever. Les nouveaux bâtiments s'avancent beaucoup; je crois pouvoir assurer Votre Majesté qu'ils seront au premier étage à Pâques et achevés dans le temps qu'elle les a demandés. Dans cette semaine, il y aura une visite générale faite, avec MM. Francine et Denis, de toutes les fontaines; Le Nôtre et Colinot, de tous les jardins; Lemaire, de tous les robinets, ajustages et autres ouvrages de cuivre; Berthier, de toute la rocaille; charpentier, maçon, serrurier et menuisier de même, pour remettre le tout en état. Les marbres de l'escalier s'avancent fort, et j'espère qu'il sera entièrement achevé dans le mois de juillet. M. Le Nôtre fait faire un modèle de la nouvelle pièce pour y travailler incessamment. Et ainsi j'espère, Sire, que tout ce que Votre Majesté a ordonné sera prêt pour lui donner quelque plaisir et quelque relâche après ses grandes et glorieuses conquêtes. »

Le Roi répond point par point, aux marges de la lettre, aussi bien sur ce qui regarde la défense du pays d'Aunis et des îles contre les entreprises des Anglais que sur le modèle de la nouvelle pièce d'eau de Le Nôtre, qui va être le Bassin de Neptune : « Je suis bien aise du compte que vous me rendez de l'état de Versailles. Ce que je recommande le plus, c'est ce qui regarde les étangs et les rigoles qui doivent y amener l'eau; c'est à quoi vous ferez travailler sans relâche. Il faut encore presser les nouveaux bâtiments, afin qu'ils soient faits dans le moment que j'ai dit.... Vous faites des merveilles sur l'argent, et je suis tous les jours plus content de vous. Je suis bien aise de vous le dire. » L'allusion des dernières lignes s'explique par les besoins de la guerre, pour lesquels Colbert tenait toujours les millions prêts, et par le lieu et la date des réponses royales, écrites le 10 mars, « du camp devant la citadelle de Gand », quelques jours avant la capitulation de la place.

Le Nôtre fait, au cours de 1679, un voyage en Italie qui ne sera pas sans influence sur ses compositions nouvelles. Il y va, d'ailleurs, écrit Colbert en le recommandant à l'ambassadeur du Roi à Rome, « non pas tant pour sa curiosité, que pour rechercher avec soin s'il trouvera quelque chose d'assez beau pour mériter d'être imité dans les maisons royales, ou pour lui fournir de nouvelles pensées sur les beaux dessins qu'il invente tous les jours pour la satisfaction et le plaisir de Sa Majesté[1]. » Au retour de sa mission, Le Nôtre s'occupe de la partie méridionale des jardins de

---

1. Le départ de Le Nôtre pour l'Italie est du mois de février 1679. Il avait alors soixante-cinq ans. Colbert lui envoie à Rome, le 2 août 1679, une lettre qui commence ainsi : « Monsieur, je suis bien aise d'apprendre, par la lettre que j'ai reçue de vous, que vous voyez à Rome des beautés qui pourront vous servir à *l'ornement et l'embellissement des Maisons du Roi*, et vous me ferez plaisir de m'écrire souvent pendant le temps que vous demeurerez encore à Rome. Appliquez-vous aussi à bien connaître tout ce qui regarde notre Académie, pour me donner à votre retour vos avis sur tout ce qu'il y aura à faire pour la faire réussir » (*Correspondance des directeurs de l'Académie de France à Rome,* publiée par A. de Montaiglon et J. Guiffrey, t. I, Paris, 1887, p. 85).

Versailles, qui a été jusque-là un peu sacrifiée et où le seul ouvrage très important mené à bonne fin est celui du Labyrinthe. Cette partie du parc reçoit, peu de temps avant l'installation de la Cour, des embellissemente nombreux, et le goût Italien s'y trouve indiqué par l'établissement de la *Salle des Antiques*.

Tel est le nouveau nom de la Galerie d'eau, transformée en 1681. La Salle des Antiques nous est connue par une des plus curieuses vues de la suite qu'a peinte, peu d'années plus tard, Martin l'aîné. C'est peut-être le premier tableau que le futur peintre de batailles ait exécuté pour le Roi, en 1688[1]. Les figures de marbre, dont les sujets antiques se reconnaissent assez facilement, sont alignées entre les jets d'eau, et leurs piédestaux s'élèvent du milieu du petit canal, qui délimite une espèce de salon intérieur, orné d'une double rangée d'ifs taillés. Les seigneurs et les dames, que le peintre fait marcher sur le pavé de marbre bicolore, se trouvent dans une véritable galerie de sculpture, composée à la façon italienne du dix-

---

1. Le premier paiement que font à Jean-Baptiste Martin les Bâtiments du Roi se rapporte à ce tableau, aujourd'hui n° 758 du Musée de Versailles, 18 juillet-14 novembre 1688 : « A compte d'un tableau fait et livré à Trianon représentant la *Galerie d'eau*, 350 livres » (Comptes, t. III, 89). Les tableaux du même genre, faits ultérieurement pour le Roi et qui se retrouvent à l'inventaire de Bailly, ne portent point de désignation aussi précise (*Inventaire des tableaux du Roy*, publié par Fernand Engerand, p. 489, 493). On commande et on paye des vues de Versailles à Martin l'aîné et Allegrain, qui travaillent pour la galerie de Trianon, de 1688 à 1693, en même temps que Cotelle. A ce moment, où l'on ne bâtit plus, le Roi fait peindre les constructions existantes.

septième siècle ; mais aucun prince romain du temps du Grand Roi n'eut dans sa villa de salle plus agréable à visiter, et nulle part les marbres ne furent mieux mis en valeur parmi les eaux courantes et jaillissantes.

La Galerie d'eau comptait sans doute des antiques achetés en Italie par les ordres de Colbert et restaurés par Anselme Flament avec cette naïve assurance dont les séries du Louvre, comme toutes celles qu'on a formées à cette époque, portent les traces; il y avait surtout des copies des marbres fameux des collections romaines, exécutées par les élèves que le Roi pensionnait à Rome, en sa nouvelle Académie. Le sieur Combes, qui fournit une première liste provisoire de vingt et un morceaux, dit expressément que ce sont « des statues de marbre antique faites à Rome par de très habiles sculpteurs[1] ». Le même sujet y était plusieurs fois répété d'après les types différents de l'art antique, que les pensionnaires du Roi avaient trouvé intéressant de copier pour ses palais et ses jardins.

La pensée d'orner les maisons royales entrait

---

1. Une liste plus sûre, consignée dans la description inédite déjà citée des figures du Petit Parc, compte vingt-quatre antiques « dans la Galerie des eaux », qui se présentent en cet ordre : une Vestale, une Sybille, un Bacchus, une Vénus honteuse, une Pallas, une Vestale, un Apollon, un Silène, une Pomone, une Cérès, un Méléagre, un Bacchus, un Lantin, une Cléopâtre, un Bacchus, une Minerve, un Bacchus, une Cérès, un Mercure frappant Argus, un Gladiateur, un Silvain, un Lantin, une Pandore, un Silvain. Les indications de dimensions et d'attitudes que porte le manuscrit permettraient sans doute d'identifier ces figures, nettement visibles sur un plan aquarellé reproduit dans *La Création de Versailles*, éd. de 1901, p. 175.

pour beaucoup dans l'institution romaine de Colbert, fondée en 1666. La correspondance du surintendant avec les premiers directeurs de l'Académie royale à Rome, Charles Errard et Noël Coypel, est pleine d'allusions à des besoins, où les embellissements de Versailles et de ses dépendances tiennent une place de plus en plus grande. En 1673, par exemple, Colbert adresse ses premières instructions à Coypel : il lui recommande tout d'abord de veiller aux progrès des élèves peintres, sculpteurs et architectes, qu'entretient le Roi pour le perfectionnement des arts en France; puis il l'invite à « faire travailler les jeunes sculpteurs à copier bien exactement ce qu'il y a de plus beau à Rome »; il déclare aussi, dès l'origine, qu'une des fonctions du directeur consiste à faire des achats d'antiques pour le Roi : « Vous devez encore, écrit-il, rechercher avec soin tout ce que vous pourrez trouver de beau en bustes, figures, bas-reliefs et autres beaux ouvrages de l'ancienne Rome et, en cas que vous en trouviez à bon marché, les acheter; mais prenez bien garde de ne vous en déclarer à personne et d'exécuter avec adresse et secret l'ordre que je vous donne en cela, n'étant pas à propos d'en faire aucun éclat et ne voulant pas même y mettre beaucoup d'argent[1]. »

1. Tous ces détails sont tirés de la correspondance des directeurs. On doit en rapprocher une nouvelle du *Mercure galant* du mois de juillet 1682 (p. 134-140) : « Au commencement de ce mois, nous avons vu débarquer devant le Louvre un nombre infini de caisses. Il devait être bien grand, puisque deux vaisseaux, que le Roi avait envoyés exprès à Civita-Vecchia, en sont revenus remplis. Ils contenaient non seulement plusieurs antiques pour le Roi, mais encore plusieurs ouvrages de sculp-

Les marbres copiés ou acquis à Rome sous la direction de Coypel, et au début de la seconde direction d'Errard, arrivèrent en France en 1679 et en 1682, sur deux vaisseaux envoyés par Colbert à Cività-Vecchia; ils furent débarqués au Havre et conduits par la Seine jusqu'à Paris. Le premier vaisseau, qui fut une grande flûte royale de plus de cinq cents tonneaux armée à Marseille, ne contenait pas moins de deux cents caisses et ballots. Le jeune sculpteur Cornu, qui avait présidé au transport des précieux objets, fut aidé par le peintre Goy dans les nouveaux chargements faits au Havre pour Paris, à la fin de juin 1679. C'est dans cet envoi qu'il faut chercher l'origine de la Salle des Antiques, de même que le second, postérieur de trois années, apportera la plupart des belles copies de vases romains figurant encore dans le parc.

La Salle des Antiques de Versailles, supprimée par Mansart en 1704, est devenue, au dix-huitième siècle, la *Salle des Marronniers*. C'est sous ce nom qu'elle figure dans la collection d'estampes de

ture faits par les pensionnaires de sa Majesté. Il y avait quantité de figures de divinités et de bacchantes, des bustes d'empereurs, de philosophes et de gladiateurs, des bas-reliefs admirables, des colonnes et des tombeaux (sarcophages)... et tant d'autres choses antiques et modernes que l'on se perd dans le nombre. On admire parmi ces ouvrages un gladiateur mourant, un hermaphrodite et une bacchante, le tout fait par les pensionnaires du Roi. La bacchante surtout est une merveille; le Français à qui cet ouvrage est dû a employé deux ans à le faire. On voit parmi tant de raretés quelques figures faites par les Italiens.... Mais, pour revenir à tous les tableaux, bustes et figures antiques dont le Roi a rempli les maisons royales, depuis qu'il a pris soin de gouverner son État par lui-même, on peut dire que l'Italie est en France et que Paris est une nouvelle Rome.... »

LA FONTAINE DE L'OBÉLISQUE

6

Rigaud, et Blondel, un peu plus tard, nous fait connaître les changements qui ont eu lieu dans sa disposition et y ont apporté une transformation complète : « A la place des arbres qui y sont aujourd'hui, on a vu des jets d'eau et des statues de marbre. Cette salle, dans son état actuel, est encore très belle. On y remarque plusieurs bustes antiques de marbre blanc placés sur des gaines de marbre de Rance; deux statues antiques, l'une représentant Antinoüs, l'autre Méléagre; et aux deux extrémités se voient deux bassins, au milieu de chacun desquels il y en a un autre, qui sert de piédestal à une figure antique; d'un côté c'est une Muse et de l'autre une Dame Romaine. » Moins ces deux dernières statues, la Salle des Marronniers a gardé ses ornements du temps de Louis XV.

Tout auprès de la Salle des Antiques, au-dessus de la grande pièce d'eau de l'Ile Royale, était une pièce d'eau plus petite, creusée en même temps que celle de l'Ile et qui, seule des deux, a été conservée jusqu'à nous. Elle est ordinairement appelée le *Miroir*. On la nommait autrefois le *Vertugadin*, à cause de sa figure, le terme « vertugadin » désignant, dans le jardinage de l'époque, un « glacis de gazon en amphitéâtre, dont les lignes circulaires qui la terminent ne sont pas parallèles ». Contre la chaussée qui séparait le Vertugadin de l'Ile Royale, on installa une rangée de vasques de pierre destinées à produire des cascades mêlées de jets d'eau. Là encore, nous renseigne un bon tableau de Martin. On y voit les dames de la Cour donner à manger à quelques-uns de ces beaux cygnes de Danemark ou de Touraine, qui peuplaient en si grand nombre les principaux bassins de Versailles[1]. Le peintre indique avec soin, au pourtour du Miroir, vingt-

[1]. « Sa Majesté ayant fait venir un grand nombre de cygnes des pays étrangers pour servir d'ornements sur les canaux des maisons royales et voulant aussi en embellir la Seine dans l'étendue et au-dessus et au-dessous de la bonne ville de Paris.... » Ainsi commence une ordonnance de 1676, expliquée par un assez grand nombre de documents de la correspondance de Colbert. Les premières demandes du ministre à l'ambassadeur dn Roi à Copenhague et à l'intendant de la généralité de Tours remontent à 1672. Il écrit à ce dernier, de Versailles, le 25 novembre : « L'on m'a assuré qu'en Touraine, il y avait divers lieux où il se trouvait un nombre assez considérable de cygnes. Je vous prie de vous en informer et, en cas que ce soit, faites-en acheter, s'il vous plaît, jusqu'à deux ou trois douzaines pour le Roi et, s'il est possible, obligez ceux qui vous les vendront à les rendre en vie *sur le Canal de Versailles*; sinon, il faudra que vous fassiez marché avec quelqu'un pour les y amener, et prendre garde de mettre à la suite un homme intelligent pour leur donner à manger et avoir soin qu'ils ne périssent point.... » L'ordre de rechercher des cygnes est renouvelé, le 21 juillet 1673 : « Comme le Roi en aurait besoin pour mettre aux *canaux de Versailles* et que nous sommes à présent dans la saison où ils couvent, je vous prie de vous informer si vous en pourriez trouver, et même en avoir jusqu'à cent.... » Colbert en demandait deux ou trois cents en Danemark; l'ambassadeur ne put en envoyer que quarante par un vaisseau de Lubeck et proposa, ce qui fut accepté, d'expédier des œufs pour les faire couver à Versailles (*Lettres de Colbert*, t. V, p. 334, 342, 377, 386). Les Comptes des Bâtiments mentionnent très souvent les dépenses faites pour les cygnes du Roi sur la rivière de Seine. Il y en a seulement cent en 1677; mais, en 1687, on n'en compte pas moins de quatre cent soixante-quatre sur la rivière, de Corbeil jusqu'à Vernon, qu'on met pour l'hiver « dans les clôtures sur l'île devant le Cours la Reine et à Chatou ». Il y en avait aussi à Fontainebleau. Pour ceux de Versailles, nous en connaissons le nombre par une mention de 1682 : « A Germain, pour la nourriture de 195 cygnes pour les neuf derniers mois de l'année 1681, 2.863 livres 10 sols » (Comptes, t. II, 54).

sept petites vasques, d'où sortent autant de jets
d'eau, douze autres de chaque côté de la chaussée
et treize aux cascades, recevant l'eau rejetée par
treize mascarons.

Dans le bassin de l'Ile Royale ou Ile d'Amour
s'élève « une île environnée de quatre-vingt jets
d'eau, qui, jaillissant de tous côtés, n'empêchent
pas qu'on ne s'y promène sans être mouillé. Il a
une toise de profondeur et vingt de longueur, sans
compter la pièce d'eau ou les cascades, qui sont au
bout, qui s'achèvent en cette présente année 1681[1]. »
La petite île ronde, qui existe encore en 1686, a
déjà disparu dans le tableau de Martin, où cinq
grands jets seulement sortent de la surface du
bassin. Quant aux cascades ordonnées par le Roi,
nous en avons mention dans les rapports qu'adresse
à Colbert son fils D'Ormoy : « Le Roi, écrit-il le
12 février 1682, verra ce soir un nouveau dessin de
M. Le Nôtre pour les Sources, afin de cacher le
derrière de la nouvelle fontaine. Je crois qu'il
pourra voir jouer aujourd'hui les bassins de pierre
de l'Ile Royale. » Et le soir, après la visite du Roi,
qui a commencé par les appartements : « Il a approuvé le dessin de Le Nôtre pour les Sources ;
on en va faire un modèle ; il a vu aussi un modèle
pour les ruisseaux des Sources, qu'il a approuvé.
Il a vu les jets de l'Ile Royale, et a ordonné à
Denis d'en faire noyer quelques-uns. Je tiendrai la
main que cela soit fait. »

Cette décoration de vasques et de jets d'eau a

---

1. Légende de l'estampe de Pérelle, dont la représentation est,
comme toujours, assez peu fidèle.

paru bientôt insuffisante : « On travaille, nous dit-on en 1686, à de magnifiques dessins pour embellir ces deux pièces d'eau comme les autres. » Il s'agit sans doute d'y mettre des statues, car une estampe d'Aveline fait connaître un projet de « théâtre d'eau à la romaine, pour placer à Versailles sur la hauteur du demi-rondeau de l'Ile Royale »; on y aurait vu les figures des cinq grands fleuves de France et celles des petites rivières disposées devant un grand portique d'architecture adossé aux charmilles. Tout le décor se fût enrichi, mais alourdi; il est heureux que ce projet soit resté au nombre de ceux, assez nombreux, qui furent seulement rêvés pour embellir Versailles et qui menacèrent, en faveur d'un gain fort incertain, les réussites heureuses déjà obtenues.

La *Salle de Bal* est un bosquet, dont le nom revient fréquemment dans les récits du dix-septième siècle. L'emplacement fut préparé en 1680 et la construction faite en 1681. Le sieur Berthier, qui avait hérité de la spécialité de Delaunay, fit les rocailles des cascades, qu'on a plusieurs fois restaurées. La Salle du Bal servit aussi souvent à des collations qu'à des bals; pour les deux cas, les invités du Roi ou de Monseigneur se réunissaient dans une sorte d'arène exhaussée et isolée par un fossé revêtu de marbres, suivant une disposition que l'on rencontrait à Versailles au moins deux fois encore, à la Salle des Festins et à la Galerie d'eau. L'orchestre était dans le haut, au-dessus des cascades; en face, le sol était disposé en gradins pour les spectateurs, qui avaient ainsi sous les yeux, avec le coup d'œil de « l'estrade » où l'on dansait, celui des nappes d'eau fort belles encore aujourd'hui. L'estrade et son fossé disparurent en 1709, et la plus ancienne description que nous ayons du bosquet, celle du *Mercure galant*, en est aussi la plus complète :

Ce lieu destiné pour la danse est hexagone. On y entre par quatre perrons de quatre degrés chacun. Il est entouré de deux fossés d'eau qui suivent la forme de la Salle du bal. Le rebord de ces fossés est couvert de coquillages, et il y a plusieurs vases de porcelaine autour de la troisième clôture qui enferme cette salle. Vis-à-vis ces quatre perrons par où l'on y entre, sont deux cascades et deux entrées, et entre ces cascades et ces entrées il y a des lieux destinés pour s'asseoir qui forment six bancs chacun. Le tout est entouré de treillage. Les cascades sont chacune de dix-sept rangs de bassins de coquillages, et ces rangs sont élevés de sept bassins les uns sur les autres ; mais il y en a cinq qui en ont neuf, au-dessus desquels sont des jets d'eau. Le haut de ceux qui n'ont point de jets est orné de vases de métal, dont il y en a quatre de M. Le Hongre, qui représentent des Bacchanales de terre et de mer, ce qui convient fort bien à l'usage de ce lieu, puisqu'on y voit des figures dansantes avec un air qui invite à la joie, tant elles sont naturellement représentées. Au bas de chaque cascade sont de grandes torchères pour mettre des lumières le soir, ce qui fait briller les eaux et produit un effet fort agréable. Il y aussi des torchères aux deux côtés des deux entrées et des vases aux endroits les plus élevés des mêmes entrées[1].

1. *Mercure galant*, novembre 1686, p. 152-155. Le détail des dépenses de 1681 est assez intéressant. Il y a pour 16.162 livres de maçonnerie, 5.100 livres de serrurerie, 9.600 livres de rocailles, 36.000 livres de plomberie et 3.600 livres de charpenterie, plus d'autres paiements aux parties extraordinaires. Les paiements de la sculpture commencent l'année suivante (*Comptes*, t. II, 26, 139). Quant aux œuvres d'art, pour reconnaître la part de

La décoration sculpturale de la Salle de Bal remonte seulement à 1682 et 1683[1]. Les œuvres d'art, toutes en plomb autrefois doré, seront conservées. D'après les paiements des Comptes, Mazeline, Houzeau, Le Gros et Massou ont travaillé, en 1681, aux modèles des torchères et des vases qui doivent décorer ce bosquet; Le Hongre y prend part ensuite et Le Conte y est également appelé pour quatre vases; enfin, Mazeline s'associe Jouvenet pour « les quatre petites torchères ».

Il est possible de désigner avec certitude la part de chaque sculpteur dans cet ensemble de huit vases et huit torchères si intéressants par leur rareté. Les quatre larges vases, posés dans le haut des cascades, sont ceux de Le Conte; ils sont ornés de masques comiques enguirlandés et de gueules de lion au bas des anses. Les quatre torchères restées au pied des cascades, et qui supportaient des girandoles pour les divertissements de nuit, ont une forme de trépied et portent des têtes de folies, des trophées d'instruments de musique, des coquilles et aussi des fleurs de lis

chaque artiste ou chaque association d'artistes, il est nécessaire de contrôler les unes par les autres toutes les mentions des Comptes. Elles nous apprennent, tout au moins, que, sauf des mortiers qui figuraient dans l'enceinte entourée d'eau, aucun des ouvrages de plomb n'a disparu de ce bosquet.

1. On lit dans un rapport de D'Ormoy, écrit à Versailles le 13 mars 1682 : « Les sculpteurs ont signé le marché pour les ouvrages de plomb et étain de la Salle de Bal, suivant les prix que mon père leur a accordés; il n'y a que Le Hongre qui ne peut point faire les petits vases à 450 livres, ainsi que mon père l'a ordonné. La vérité est que, quoique ces vases soient plus petits, ils sont néanmoins plus chargés d'ouvrages que les grands, dont on donne 550 livres, ayant autour des Bacchanales qui demandent un grand soin. »

presque toutes effacées. En ces œuvres de Le Gros
et Massou, la trace de l'ancienne dorure est souvent
visible. Les quatre torchères plus petites placées
de chaque côté des entrées sont dues à Mazeline et
à Jouvenet; elles sont décorées de trophées de
musique et de petits bas-reliefs représentant des
Nymphes et des Bacchantes. La part de Le
Hongre dans la décoration du bosquet consiste en
quatre vases placés au-dessus de l'amphithéâtre
de gazon. Ce sont ceux-là même pour lesquels
le sculpteur réclamait légitimement sur le prix
fixé par Colbert. Ils portent des bas-reliefs d'une
grande finesse : au premier est une danse de
Nymphes; au second, une bacchanale d'enfants;
au troisième, Neptune et Amphitrite; au quatrième, des enfants montés sur des dauphins. Tels
sont les sujets que le *Mercure* appelle des « bacchanales de terre et de mer ».

La Salle de Bal est le dernier des bosquets créés
avant l'installation de la Cour. Ils sont tous fermés
de grilles aux armes royales; de là vient que Dangeau les nomme « les fontaines renfermées », où
le Roi s'arrête dans ses promenades et dont il
commande les peintures pour orner une galerie
au nouveau château de Trianon. Quelques-unes
seront transformées entièrement avant la fin du
règne; mais le dessin général en est arrêté dès à
présent, et rien ne s'y ajoutera d'important, sauf
la Colonnade, qui ne sera bàtie qu'en 1686. On
peut donc dire que l'ensemble des bosquets est
déjà terminé. Les jardins de Versailles, où l'Orangerie seule reste à agrandir, ont presque atteint

leur degré de perfection à l'heure où Louis XIV
vient habiter définitivement le Château.

C'est également avant ce mois de mai 1682
que sont creusées les deux plus grandes pièces
d'eau, la Pièce des Suisses et le Bassin de Neptune,
l'une au midi, l'autre au nord, qui fixent définitivement les principales perspectives de Versailles.
Les travaux commencent ensemble en 1678,
continuent les années suivantes et, en 1682, se
trouvent achevés.

Ces dates donnent l'explication d'un passage
souvent cité de Mme de Sévigné, qui s'applique
aux travaux de ce moment et point à d'autres. La
marquise écrit à Bussy-Rabutin, de Paris, le
12 octobre 1678 : « La Cour est à Saint-Cloud. Le
Roi veut aller samedi à Versailles; mais il semble
que Dieu ne le veuille pas, par l'impossibilité que
les bâtiments soient en état de le recevoir et par la
mortalité prodigieuse des ouvriers, dont on rem-
porte, toutes les nuits, comme de l'Hôtel-Dieu,
des charrettes pleines de morts. On cache cette
triste marche pour ne pas effrayer les ateliers et
pour ne pas décrier l'air de *ce favori sans mérite*.
Vous savez ce bon mot sur Versailles. » Bussy
répond : « Je n'avais pas su qu'on eût appelé
Versailles un favori sans mérite; il n'y a rien de
plus juste ni de mieux dit. Les rois peuvent, à
force d'argent, donner à la terre une autre forme
que celle qu'elle avait de la nature; mais la qualité
de l'eau et celle de l'air ne sont pas en leur
pouvoir. Ce serait un étrange malheur si, après la

dépense de cent millions à Versailles, il devenait inhabitable. » On peut comprendre et justifier le mot fameux, qui plaît aux deux correspondants. Ne doit-on pas penser, toutefois, qu'ils jugent sans bienveillance la création d'un domaine, dont l'origine fut le désir d'éclipser les beautés de Vaux et de surpasser l'œuvre de l'infortuné Foucquet, à qui leur amitié s'obstine à rester fidèle? Cette observation faite, il faut retenir les détails donnés par Mme de Sévigné, et les placer à un moment précis de notre histoire. Ils se rapportent évidemment aux énormes travaux de terrassement nécessités surtout par le transport des terres à l'Orangerie nouvelle et le creusement du grand étang qui sera la pièce d'eau des Suisses. L'heureux assainissement de cette région de Versailles, résultat définitif des travaux de cette période, n'a pu s'acheter, comme toujours, que par de nombreux sacrifices de vies humaines.

Le projet d'agrandissement de l'Orangerie et de remaniement des étangs, qui s'étendaient dans la plaine au pied du coteau de Satory, remonte à une époque fort ancienne. Mlle de Scudéry l'atteste : « A ce que je vois, me dit la belle Étrangère, votre prince se plaît à faire que l'Art ou surmonte ou embellisse la Nature partout. — Afin de vous confirmer dans ce sentiment, lui dis-je, je n'ai qu'à vous dire que ce n'est pas une affaire pour lui de changer des étangs de place et qu'un de ces jours il en changera deux ou trois, et il y en aura un vis-à-vis d'ici pour orner ce petit coin de ce paysage. — On dirait à vous entendre parler, dit Glicère, que le

Roi change aussi facilement des étangs de place qu'on change les pièces du jeu des échets. — Plus aisément encore, repris-je en riant; et cette grande orangerie, qui est sous la terrasse où nous sommes, sera encore plus longue de la moitié qu'elle n'est, quoiqu'elle soit déjà très belle. » Tirons de l'oubli ce témoignage de 1668, pour montrer la persistance des idées chez Louis XIV et l'origine lointaine des desseins qu'il réalisait peu à peu.

On essaya une première fois de donner une forme régulière aux étangs et d'en aménager les eaux. Non seulement ils mettaient sous les yeux du Roi une vue peu agréable, mais ils contribuaient à la fâcheuse réputation de l'air de Versailles. Les premiers ordres de Colbert à ce sujet sont de 1674. Le travail nouveau se lia au projet d'une nouvelle Orangerie, dont il y a mention précisément dès 1678, et la pièce des Suisses s'appela d'abord « la pièce d'eau de la nouvelle Orangerie », l'une et l'autre devant se trouver placées dans le même axe. L'agrandissement exécuté fut infiniment plus considérable qu'on ne l'eût pensé autrefois, et la pièce d'eau qui fut dessinée alors et régulièment bordée de tablettes de pierre eut pour effet à la fois d'assainir tout le sol avoisinant et de créer, avec les lignes les plus simples, une des plus belles perspectives de Versailles.

Les Comptes mentionnent, à partir de 1679, « le travail de transport des terres que fait le régiment des Gardes Suisses dans la grande pièce d'eau proche le potager. » Les terres extraites étaient employées alors à combler la partie orientale des étangs et à préparer à la place le nouveau Potager royal, auquel on apportait de Satory de bonnes terres. La plus grande partie des travaux fut faite par le régiment des Suisses, qui avaient déjà été appelés autrefois à prêter main-forte aux terrassiers du parc; ils méritèrent que leur nom restât à la pièce d'eau, que Louis XIV appelait lui-même « le lac des Suisses ». La quantité de terre remuée pour cette immense besogne peut être indiquée par un minime détail : la seule dépense des clous et boulons de fer pour les brouettes monte, dans une année, à plus de 1.600 livres. En 1682, la pièce avait l'aspect qu'elle a aujourd'hui; on put, quand la Cour habita Versailles, y mettre, comme sur le Canal, des barques et des chaloupes de promenade.

Une partie des terres transportées servit à dresser le Mail, qui s'étendit sur toute la longueur de la pièce d'eau des Suisses et fut planté d'arbres[1]. Ce jeu restant longtemps à la mode, on fit plus tard un nouveau Mail à l'intérieur des jardins, sur la grande allée verte qui part du pied des Cent-Marches et l'allée des « ha-ha » qui la coupe; de cette façon, les boules, poussées par les maillets des seigneurs et des dames, pouvaient se poursuivre, d'un bout à l'autre du jeu, depuis l'entrée de l'Orangerie jusqu'à la pièce d'eau d'Apollon.

---

1. Le jeu de mail installé au moment de la création de la pièce d'eau des Suisses est indiqué sur les plans de l'époque de Louis XIV, compris celui de Le Pautre. Le mail qui exista à l'intérieur des jardins se voit sur certains plans du dix-huitième siècle; on en peut étudier le tracé dans l'album de Dubois, à

Le Potager fut une création qui a duré jusqu'à nos jours, puisque l'École nationale d'horticulture occupe l'emplacement même du potager de Jean de la Quintinye. Le grand jardinier de Louis XIV y travaillait avec son fils dès 1680 et y eut sa maison en 1682. La Quintinye, d'abord avocat au Parlement et maître des requêtes de la Reine-mère, ayant obtenu en 1670 le brevet de directeur général des jardins fruitiers et potagers du Roi, avait rempli ces fonctions avec le zèle et l'intelligence des meilleurs collaborateurs de Colbert. Son nom, resté célèbre dans son art, mérite une mention d'honneur au cours de l'histoire de Versailles : « C'était, dit Dangeau, un homme fort distingué pour son habileté dans tout ce qui regardait les jardinages »; et le Roi, qui ne dédaigna jamais de s'entretenir avec lui, l'anoblit en 1687[1].

Laissons La Quintinye lui-même, dans un chapitre de son *Instruction pour les jardins fruitiers et*

la Bibliothèque de la Ville, et dans celui qui a appartenu à Louis XV et qui est aux archives du Musée de Versailles.

1. Il y a une lettre de La Quintinye à Colbert, qui mérite d'être signalée. Elle est écrite de Paris, le 7 octobre 1680 : « ...Je me suis donné la consolation dont j'avais besoin pendant ma maladie, qui est de me faire rendre compte toutes les semaines de l'état de vos jardins. D'un autre côté, mon fils a cte très soigneux non seulement de *nos ouvrages de Versailles*, mais aussi de la distribution journalière des fruits, sur le pied que le Roi me la faisait faire devant que je tombasse malade. J'espère que Sa Majesté nous pourra faire l'honneur de vous en témoigner la satisfaction » (*Lettre de Colbert*, t. VII, p. 370). Dangeau écrit, le 28 avril 1683 : « Nous nous promenâmes longtemps dans le Potager, et sûmes que le Roi ne donnait plus que 2.000 francs de pension à M. de la Quintinye, et qu'il avait fait un marché avec lui pour toute la dépense du Potager. Il lui donne 18.000 francs par an pour tous les jardiniers et pour tous les frais qu'il faut faire » (*Journal*, t. I, p. 163).

potagers, nous dire quelles difficultés extrêmes se rencontrèrent au Potager, « dont les terres, dit-il, sont à peu près de celles qu'on ne voudrait trouver nulle part », et dont il parvint à tirer un parti excellent :

La nécessité de faire un potager dans une situation commode pour les promenades et la satisfaction du Roi a déterminé l'endroit où est ce Potager..., où était un grand étang fort profond. Il a fallu remplir la place de cet étang pour lui donner même une superficie plus haute que celle du terrain d'alentour ; autrement, étant un marais et l'égout des montagnes voisines, il n'aurait jamais réussi pour l'usage auquel il était destiné. On a eu facilité à remplir cet étang par le moyen des sables qu'on avait à sortir pour faire la pièce d'eau voisine ; aussi y en a-t-on fait porter jusqu'à dix ou douze pieds de profondeur partout ; mais, pour avoir des terres qui fussent propres à mettre au-dessus de ces sables, et les avoir promptement (la dépense et le temps, pour le transport éloigné de la grande quantité qui était nécessaire dans près de vingt-cinq arpents de superficie, étaient capables de dégoûter de l'entreprise), on a donc été obligé de prendre de celles qui étaient les plus proches, c'est-à-dire sur la montagne de Satory.... Sur ce fondement je disposai les terres du Potager pour être d'une superficie plane et sans aucune pente, comme sont ordinairement les jardins de tout le monde ; mais je fus bien surpris, quand je vis le contraire de ce que j'avais espéré ; cette terre ne changea point de nature pour avoir changé de lieu, elle demeura impénétrable aux eaux.... J'eus, dès la première année, à essuyer le plus grand mal qui me pouvait arriver, car il survint de si grandes et de si fréquentes averses d'eau, que tout le jardin paraissait être redevenu un étang ou au moins une mare bourbeuse, inaccessible et surtout mortelle pour tous les arbres qui en étaient déracinés et pour toutes les plantes potagères qui en étaient submergées ; il fallut chercher un remède convenable à un si grand inconvénient, ou autrement ce grand ouvrage du Potager, dont la dépense avait fait tant de bruit et dont la figure donnait tant de plaisir, aurait été inutile [1]....

Le remède qu'appliqua La Quintinye à un terrain aussi défavorable fut de disposer ses plates-bandes et carrés « en dos de bahut », ce qui faisait écouler les eaux par les angles, où « de petites pierrées » les conduisaient à un aqueduc qui passait sous le Potager. Ce moyen neuf et ingénieux « eut la bonne fortune de plaire au Roi, dont le discernement et le bon goût sont infinis en toutes choses ». Les premières difficultés vaincues, le Potager de Versailles devint en peu de temps célèbre dans toute l'Europe. La poésie se mêla de le célébrer ; Perrault en louangea l'auteur dans une longue idylle, et Santeul en fit le sujet de son

1. *Instruction pour les jardins fruitiers et potagers..., par feu M. de La Quintinye directeur de tous les jardins fruitiers et potagers du Roi*, Paris, chez Claude Barbin, 1690, t. I, p. 149-150. Parmi les gravures qui illustrent l'ouvrage, il faut noter une vue de la nouvelle Orangerie et une planche hors texte donnant le plan du Potager, avec toutes les indications sur l'emplacement des cultures. Le poème de Santeul est imprimé en tête de l'ouvrage de La Quintinye. Il y décrit Pomone fuyant le terroir inculte de Versailles :

Hæc telluris erat facies miseranda, sine ullo
Cultore et sterilis, sine re, sine nomine campus.
Hinc Dea Versalio jamdudum in gloria rure
Decedens, alias terras, alia arva petebat ;
Sanclovios (Saint-Cloud) *pede præcipiti properabat in hortos,*
Nodo vincta comam et vestes collecta fluentes...

L'illustre jardinier survient, retient la déesse et l'honore par ses travaux, qui transforment tout le pays :

Hic hyemes nil juris habent ; læta omnia, læta ;
Vernat humus, pulchris se ostentat fructibus arbor,
Seque ornant variis depicti floribus agri ;
Sunt silvæ ingentes, sunt et nemora alta, recessusque
Umbriferi, insanæ loca tuta tumultibus Aulæ.

aimable poème latin, *Pomona in agro Versaliensi*, où son thème principal est le caractère ingrat du terroir :

Versalii colles atque alta Palatia ruris
Et vitrei Fontes, Rivique et amœna Fluenta,
Quotquot et hic habitant, inter tot divitis aulæ
Regificos luxus, vix rustica Numina, Nymphæ,
Vos etiam non jam indociles cultoribus Horti,
Regales Horti ; decus unde et gloria vestris
Arboribus venit, et cultis nova gratia campis ?
*Q*UINTINIO *date serta Deæ, ramoque virenti*
Vos Nymphæ hortorum doctam præcingite frontem :
Telluris contra ingenium solesque malignos,
His florere dedit dudum infœlicibus hortis ;
Fas olli fuerit, quos sevit, carpere ramos,
Dum sub sole alio L*ODOICUS ab hoste reportat*
Longe alias lauros inimico sanguine tinctas....

Le potager modèle créé par La Quintinye fut admiré surtout pour la production des fruits, si appréciés aux collations de Louis XIV. Il y eut, autour du jardin central, trente et un petits jardins distincts, clos de murs commodes pour les espaliers, et dont chacun fut consacré à une culture différente. Sous les terrasses des jardins, des galeries voûtées servaient de serres. Le goût spécial du Roi pour les figues, qu'il demandait en abondance, avait fait installer la « Figuerie » dans le grand corps de logis, disposé avec des vitrages. Il faisait de fréquentes visites à son potager, où il entrait par la « Porte Royale », ouverte devant la pièce des Suisses sur l'allée parallèle au Mail et dont le serrurier Alexis Fordrin avait fabriqué la grille. Ce chef-d'œuvre de la ferronnerie du grand siècle, rongé par la rouille, dépouillé de son écusson et d'une partie de ses ornements, n'est pas admiré comme il mériterait de l'être. L'existence même en est ignorée; l'endroit se trouve trop à l'écart et ne voit plus que de rares passants, après avoir été l'entrée principale du Potager et un lieu favori des promenades de la Cour.

La construction du Bassin de Neptune, d'abord désigné comme « pièce d'eau au-dessous du Dragon » ou encore « pièce des Sapins », repoussa assez loin vers le nord la muraille de clôture des jardins, dans lesquels on voulut le renfermer. Commencé en 1678, il était fini en 1682. Le Nôtre en avait fait faire un modèle, au sujet duquel le Roi écrivait à Colbert, du camp devant Gand : « Quand le modèle sera fait, il ne faut point perdre de temps pour commencer à travailler à dégrossir l'ouvrage; car, pour les ornements, je serais bien aise de voir le modèle devant qu'on y travaille. » Mais le voyage de Le Nôtre en Italie laissa à Mansart le soin de réaliser sa pensée ou tout au moins de surveiller la plus grande partie de la construction[1].

La seule beauté de cette immense vasque fut longtemps l'heureuse ligne de son dessin. Du côté du grand mur de soutènement, cette ligne était, dans l'exécution primitive, assez différente de celle qui

1. Le recueil de l'Institut (*Mss.* 1307) contient un très beau « plan de la pièce des Sapins ou bassin de Neptune, du dessein de M. Le Nostre », et un autre montrant, avec tous les effets d'eau, trois groupes adossés au mur du fond, et dont le groupe central représente Neptune.

subsiste. Sous Louis XIV, les extrémités du mur
s'arrondissaient, faisaient place à deux bassins
ronds isolés, et les parties latérales, en rentrant
plus profondément, laissaient la partie centrale
beaucoup plus saillante. Le chéneau supérieur
était par conséquent plus mouvementé que le
chéneau actuel, et le bord méridional de la pièce
d'eau avait un développement plus long. Quelques
estampes donnent cet état ancien et concordent
avec les plans contemporains[1]. La rectification du
mur, exécutée par Gabriel au temps de Louis XV,
n'a rien changé d'essentiel au Bassin de Neptune ; il reste, dans son ensemble, l'œuvre de
Le Nôtre et de Mansart. Mais, si l'on en a toujours
admiré la conception, on a remarqué aussi que
le grand mur de décoration n'a pas été placé avec
avantage au bas de la descente de l'Allée d'eau.
Quand on arrive du Château, le regard passe au-
dessus de la pièce d'eau pour se poser tout simplement sur des masses d'arbres mêlées de quelques marbres blancs, ce qui est d'un intérêt
médiocre ; il faut faire le tour du bassin pour
jouir, à la meilleure place, du noble aspect qu'il
peut offrir, et cette vue même n'est pas suffisamment prolongée par la perspective de l'Allée d'eau,

1. Sur ces anciens états on consultera les plans reproduits par
l'architecte Alfred Leclerc dans son travail sur *La grande pièce
d'eau de Neptune*, Versailles, 1899 (extrait de la revue *Versailles
illustré*). Il y a, dans la galerie de Trianon, deux vues peintes par
Cotelle. Plus important est le tableau de Martin l'aîné (n° 751
du Musée de Versailles). C'est une sorte de panorama, qui
donne en grand détail toute la partie des jardins au nord du
Château et montre l'Aile du Nord encore inachevée vers le bout,
précisément au-dessus du grand réservoir inauguré en 1685.

si charmante qu'elle soit. Il semble que, sans autres moyens que ceux qu'il a employés, mais en renversant sa composition, Le Nôtre eût obtenu un effet bien plus puissant.

La conception hydraulique du Bassin de Neptune est une des plus remarquables qui aient jamais été réalisées. Louis XIV vit jouer pour la première fois l'ensemble de ces fontaines, le 17 mai 1685, le lendemain du jour où les eaux étaient entrées dans le grand réservoir chargé de les alimenter. « Il en fut même très content », remarque Dangeau[1]. Il dut être, en effet, aussi satisfait de l'heureuse distribution des motifs d'eau que de la hauteur atteinte par les jets. Aujourd'hui encore, on considère comme exceptionnelle la puissance des eaux de Neptune, qui ne donnent pas moins de cent neuf jets et dont la canalisation ancienne, restaurée avec soin, est presque rigoureusement la même que celle du dix-septième siècle.

On a représenté souvent ces grands effets d'eau dans les estampes de l'époque de Louis XIV. Elles sont, pour la plupart, assez peu exactes et se contredisent l'une l'autre. C'est que les marchands graveurs mettaient souvent sur leurs planches de simples projets, pour satisfaire l'impatience de leur clientèle et la curiosité toujours excitée par les

---

1. Voici les textes de Dangeau : « Mercredi, 16 mai 1685. Le Roi alla tirer, puis revint se promener dans ses jardins. Il vit entrer l'eau dans son grand réservoir pour sa première fois. — Jeudi 17. Le Roi s'alla promener dans les jardins et vit aller pour la première fois toutes les fontaines de la pièce de Neptune ; il en fut même très content. »

nouveautés de Versailles. Pour ce qui est de Neptune, le tableau panoramique de Martin, peint vers 1689, l'emporte en précision comme en grâce, et l'on peut s'en rapporter aussi au dessin du fontainier Girard, gravé dans le recueil de Demortain. Ils montrent l'un et l'autre le même décor. Quarante-quatre jets très élevés s'échappent du chéneau qui suit le mur de soutènement, la moitié de ces jets prenant naissance dans de grands vases de plomb doré; six jets sortent de la surface même du bassin et enfin trois fortes gerbes s'élancent sur le devant du mur de fond, auquel s'appliqueront plus tard les groupes de figures d'Adam, de Lemoyne et de Bouchardon. Même en ce premier état et réduit à une décoration purement ornementale, le Bassin de Neptune joue tout son rôle et justifie sa création. L'époque où il a été fait explique la manière dont on l'a conçu, car il s'accorde avec les proportions nouvelles qu'a prises, exactement aux mêmes années, le château de Mansart.

Dès l'origine on rêva d'embellir de figures cette magnifique pièce d'eau et d'y mettre des ouvrages dignes de son importance. C'était chose décidée en 1686 : « Quant à la pièce de Neptune, elle est ainsi nommée parce qu'on y doit placer un Neptune avec ses attributs. Elle est remplie de plusieurs jets d'eau, mais comme elle n'a point encore d'ornements, on n'en peut rien dire. C'est un lieu propre à faire de grandes choses. » Louis XIV avait, en effet, ordonné avec précision ces grandes choses, comme le prouvent les Comptes. Dès

1682, une décoration de métal était commandée pour la partie méridionale de la pièce d'eau de Neptune, et c'était déjà celle qui, pour la plus grande part, après plusieurs restaurations, est encore en place. Ce sont des vases et des cuvettes, des masques et des coquilles, qui employèrent pour 38.315 livres de plomb et dont l'exécution fut répartie entre vingt-deux sculpteurs. Les glaçons, sculptés en 1683, coûtèrent six mille livres. Constatons enfin qu'un grand projet de décoration à figures existe à la même date : dix-sept sculpteurs sont chargés de huit « modèles de groupes pour la grande pièce d'eau sous le Dragon », modèles qui sont payés en général de quatre à six cents livres. On connaît les noms des artistes et un des motifs accessoires, celui d'Amphitrite, modelé par Houzeau et Raon. Le groupe principal représentait évidemment Neptune, et un paiement plus élevé que les autres le montre confié à l'association de Fontelle et Mazière. Toute cette sculpture en plâtre paraît avoir été placée un instant, soit au cours de 1684, soit au moment de l'essai définitif des fontaines, afin de permettre au Roi de juger de l'effet d'ensemble avant d'entreprendre le gros travail. C'était, on l'a vu, l'usage des Bâtiments du Roi de présenter sur place des modèles en plâtre, qui évitaient les mécomptes de l'exécution.

On peut penser que les grandes dépenses engagées à ce moment par l'administration de Louvois empêchèrent la réalisation des projets pour Neptune. Ils ne furent, il est vrai, qu'ajournés ;

mais Louis XV seulement devait les reprendre. On plaça au centre le groupe de *Neptune et Amphitrite*, par Sigisbert Adam (1740), à droite celui de l'*Océan*, par J.-B. Lemoyne (1740), à gauche, celui *Protée*, par Bouchardon (1739), et au bas des glacis de la pièce d'eau, les *Dragons marins conduits par des Amours*, du même Bouchardon. Nulle part l'art du dix-huitième siècle n'est venu compléter plus harmonieusement l'art Louis XIV et n'a su mieux s'inspirer de ses principes.

CHAPITRE TROISIÈME

L'INSTALLATION DE LA COUR

L'ÉVÉNEMENT qui marque la principale date de l'histoire de Versailles fut annoncé, au mois de mai 1682, par la *Gazette de France*, en ces termes d'une sécheresse singulière : « Le 6 de ce mois, la Cour partit de Saint-Cloud pour aller à Versailles, où Madame la Dauphine fut portée en chaise, à cause de sa grossesse qui est fort avancée et dont elle se porte très bien. » Le journal d'un contemporain est à peine plus explicite : « Le sixième de mai, écrivait-il, le Roi quitta Saint-Cloud pour venir s'installer à Versailles, où il souhaitait d'être depuis longtemps, quoiqu'il fût encore rempli de maçons, dans le dessein d'y demeurer jusqu'après les couches de Madame la Dauphine, qui fut obligée de changer d'appartement le second jour qu'elle y fut arrivée, parce que le bruit l'empêchait de dormir. » Les Limousins qui troublaient le sommeil de la femme de Monseigneur, enceinte alors du duc de Bourgogne, ne devaient point de longtemps abandonner leurs travaux. Ils allaient les continuer au milieu des divertissements, dont Louis XIV multiplia l'éclat dans ces premiers mois, puis pendant les fêtes de plusieurs jours qui suivirent la naissance désirée de l'aîné des petits-fils de Louis XIV, advenue à Versailles le 6 août 1682.

C'est bien une maison inachevée qu'on est venu habiter, pour obéir à l'impatience royale. Jusqu'en 1685, on travaille à sa décoration intérieure. Le nouvel appartement du Roi n'est fini qu'en 1684, et la Grande Galerie n'est entièrement ouverte qu'en novembre de cette même année. Ce ne sont pas seulement les peintres et les décorateurs, ce sont les maçons et les charpentiers qui remplissent encore Versailles pendant des années. Sous les yeux du Roi et au milieu de cette Cour de plus en plus brillante, d'immenses ouvrages neufs sont entrepris. Ils viennent modifier une fois encore l'aspect de cette grande habitation, dont le maître a voulu jouir avant même qu'elle ne fût finie. Bien que muni à ce moment de ses parties essentielles, le Château n'a pas encore atteint son développement complet, et Mansart, qui va passer sous les ordres de Louvois, aura la charge d'en poursuivre l'achèvement. C'est l'installation des intérieurs qui occupera d'abord le nouveau surintendant des Bâtiments et lui donnera, dans ces fonctions, l'occasion de faire ses preuves de bon serviteur, ainsi qu'il les a faites depuis tant d'années comme secrétaire d'État de la Guerre. Les dates, toujours instructives, établissent en effet que les premières besognes auxquelles Louis XIV emploie, après la mort de Colbert, le zèle du réorganisateur de ses régiments sont l'aménagement définitif de ses appartements et de ceux des princes à Versailles.

En 1682, rien n'avait été changé aux habitudes antérieures, et le Roi avait présidé en personne et sur place à l'arrangement et à la décoration de toutes les parties du petit Château qu'il s'était réservées, et qui étaient situées à gauche et au fond de la cour de Marbre. La seule maçonnerie un peu importante qu'on y fit alors fut dans la cour intérieure, pour élargir la pièce qui devait être la seconde antichambre, et pour l'étendre jusqu'au mur où s'ouvrit beaucoup plus tard l'œil-de-bœuf de la première. Tout le reste fut travail intérieur, portant sur les sept ou huit pièces qui commençaient à la Salle des Gardes (salle 120), et dont les dernières étaient le Cabinet du Roi, le Cabinet des Perruques, etc. Pour leur achèvement, Dangeau nous donne la date du 9 juin 1684 : au retour du voyage de la Cour en Flandre, qui avait duré près de deux mois, « on trouva le petit appartement du Roi achevé et beaucoup d'embellissements nouveaux dans les jardins, surtout par un grand nombre de statues. » Louis XIV, toutefois, n'habita point immédiatement son appartement, dans lequel, quoiqu'en dise Dangeau, beaucoup d'ouvrages restaient à finir. Les derniers, dont la dorure, furent terminés pendant le séjour du Roi à Chambord et à Fontainebleau, dans l'automne de 1684, qui le tint encore absent à peu près deux mois.

Louis XIV ayant fixé son retour au 15 novembre, Louvois était parti pour Versailles quelques jours plus tôt, afin de surveiller et hâter les travaux, sur lesquels le maître voulait recevoir chaque jour un rapport écrit. Le ministre remettait sa lettre, le soir, au courrier qui arrivait à Fontainebleau pour le lever, et on la lui rapportait le même jour, avec les annotations de la main du Roi dans les grandes marges à mi-page. C'était, comme au temps de Colbert, les détails les plus minutieux qui intéressaient le Roi, l'assurance que telle ou telle cheminée n'était point bouchée et se trouvait en état de servir, la manière dont on pourrait disposer la porte de glaces de l'armoire aux perruques, les raisons de fixer ou de ne pas fixer les girandoles faites par l'ébéniste Boulle pour la salle de billard, sans parler d'objets plus importants et, comme toujours, de l'aménagement des eaux et des fontaines. Autant qu'on peut en juger par le petit nombre de rapports qui nous restent, il semblerait que la minutie de Louvois se manifestât plus obséquieusement que celle de son prédécesseur, et fût moins attentive à renseigner le Roi qu'à flatter ses goûts de bâtisseur.

Sauf la Grande Galerie, où l'on posait le parquet et les dernières glaces et que la Cour allait voir enfin dans son entière splendeur, le surintendant avait trouvé en retard tous les ouvrages de Versailles. La saison avait été très mauvaise, et le froid extraordinaire, qui gelait tout en maint endroit, arrêtait le travail. C'était le moment où les Limousins abandonnaient le mur de clôture du grand parc, quelque prix qu'on leur offrît pour

que le Roi le trouvât fini. Il en était de même au .
Château ; les chantiers chômaient et les tranchées
d'aqueducs commencées dans les cours et aux
abords restaient ouvertes et abandonnées : « C'est
avec bien du déplaisir, écrivait Louvois le
6 novembre, que je vais rendre compte à Votre
Majesté du retardement considérable que la continuation de la mauvaise saison a apporté aux
ouvrages que je croyais avec raison, sur les lettres
que j'en avais reçues, beaucoup plus avancés que
je ne les ai trouvés. Tous ceux qui en ont la
conduite se sont excusés sur la gelée, qui empêche
de travailler le matin, et l'après-midi rend les ateliers si gâcheux que les ouvriers qui doivent servir
les maçons ne peuvent se remuer. Les ouvrages
qui se font à couvert n'ont pas été exempts des
incommodités de la saison, particulièrement les
dorures, qui sont considérablement retardées,
parce que, quand on ne fait point de feu, l'or couleur ne sèche point, et, quand on en fait, il sèche
trop. » Le Roi répond à ces doléances : « Il n'y a
point de remède. Vous ferez tout ce qui sera possible. Quoique les ouvrages soient retardés, je ne
laisserai pas de partir mercredi matin, pour être
sur les cinq heures à Versailles. Prenez plus de
soin de ma chambre que du reste. » Et plus loin :
« Songez à ma chambre, car l'odeur de l'or de
couleur est bien méchante. »

Louvois rend compte au Roi, suivant ses ordres
du détail de chaque atelier, des aqueducs, des nouveaux réservoirs, du Chenil qui n'avance point
assez vite, du bâtiment du Grand Commun, qui

va être logeable entièrement, de l'Orangerie qui en est aux premières assises. A l'intérieur, on construit un escalier pour le service des princes et princesses, qui logent alors dans l'attique des Grands Appartements; on fait une « machine à donner de la chaleur » dans un entresol de l'appartement des Bains; bientôt après, il s'en établit une autre dans la cheminée du salon octogone, sous le salon de la Guerre[1]. L'existence ici attestée de ces appareils calorifères résout pour notre curiosité une question assez incertaine. On s'est demandé souvent comment se trouvaient chauffées les grandes pièces de l'ancien Versailles. La chaleur des feux de bois dans les cheminées, évidemment insuffisante pour d'aussi vastes espaces, se trouvait, comme on le voit, renforcée par des moyens artificiels.

Le lendemain, le ministre envoie un autre rapport, qui insiste surtout sur les travaux intérieurs les plus intéressants pour Sa Majesté. Elle

1. Louvois écrit au Roi, le 6 novembre 1684 : Je suis convenu avec le sieur Gamard que l'on ferait une machine à donner de la chaleur dans une entresole (*sic*) que l'on va construire sur un petit cabinet qui est vis-à-vis du fourneau qui sert à échauffer l'eau pour l'Appartement des bains. » Le Roi annote : « J'approuve ce que vous allez faire dans cette entresole. » Louvois continue : « L'on visitera demain la pièce octogone dudit Appartement des bains, pour voir si il sera possible de mettre dans sa cheminée une pareille machine. » Louis XIV, qui se rappelle les moindres choses, met en marge : « J'ai peur que la cheminée ne soit bouchée; on le verra par la visite » (Archives historiques du Ministère de la Guerre, vol. 719, fol. 246). Les rapports de Louvois au Roi contenus dans ce volume ont été signalés par P. Boiteaū d'Ambly, dans le *Moniteur universel* des 3 et 11 janvier 1855, où se trouve publié le rapport du 9 novembre, avec les annotations royales. Ceux que nous citons sont inédits.

y peut voir, à son grand contentement, que la Galerie sera prête pour son arrivée. L'antichambre du Grand Appartement (Salon de Vénus) ne le sera point, bien que les colonnes, bases de bronze et marbres de revêtement, arrivent régulièrement et soient posés à mesure; on bâtit le massif qui doit porter le buste du Roi, par le chevalier Bernin, dans la Salle de billard (Salon de Diane), et pour l'ornement duquel les Keller fondent deux trophées et deux enfants soutenant une couronne, d'après les modèles de Mazeline et Jouvenet. C'est l'embellissement suprême des Grands Appartements. Quant aux pièces d'habitation donnant sur la cour de Marbre, elles sont pleines de doreurs, Louvois ayant fait venir de Paris tous ceux qu'il a pu trouver. Ces diverses mentions valent par leur précision et sont accompagnées des réponses royales :

A Versailles, ce 10ᵉ novembre 1684, au soir.

Il n'y a qu'à ne pas perdre de temps. Cela s'achèvera en peu de jours. L'on continue à poser les marbres dans l'Antichambre du Grand Appartement de V. M. et je viens de recevoir une lettre de Paris qui me marque que demain une des colonnes sera parachevée, que la seconde le sera mardi, la troisième mercredi, et vendredi la dernière. Si celui qui m'a écrit ne se trompe point, cet ouvrage sera parachevé dans les trois ou quatre premiers jours de la semaine qui suivra la prochaine.

Je serai bien aise que cela soit fait quand j'arriverai. Les marbres nécessaires pour poser le buste de Bernin [dans le Billard] seront achevés de mettre en place demain au soir ou lundi matin. On emploiera les deux jours suivants à les nettoyer, en sorte qu'il n'y a plus à douter que cet ouvrage ne soit achevé auparavant mercredi au soir.

Je suis très aise que la Galerie soit achevée à mon arrivée.

La Galerie sera assurément achevée de parqueter et le parquet replané avant l'arrivée de Votre Majesté.

Quand cela manquerait de peu de jours, il importe peu. Il ne faut point perdre de temps.

Je vois assez d'apparence que les glaces seront achevées de poser dans ladite Galerie. Ainsi, il ne pourra rester que quelque chose à faire aux croisées et aux glaces qui doivent être posées dans le Salon, du côté de l'appartement de Madame la Dauphine [Salon de la Paix], et, si cela n'est pas achevé pour l'arrivée de V. M., il n'y aura sûrement rien à faire le lendemain.

Je suis très aise que cela soit si avancé...

Le parquet, qui doit porter les glaces qui doivent couvrir l'Armoire aux perruques, est achevé de poser et j'ai vu arriver dans la Galerie, sur les quatre heures, les glaces nécessaires pour la profondeur de ladite armoire ; l'on attend ce soir les cuivres qu'il faut pour les attacher....

Vous avez bien fait de faire mettre d'autres vis plus longues.

Le Salon joignant la chambre à coucher de V. M. est achevé de dorer, à la réserve de la bordure du tableau du roi David [du Dominiquin] et de celui de dessus la cheminée, qui ne seront dorés que demain matin. J'ai trouvé ce premier tableau attaché avec d'aussi courtes vis que celles des glaces de la Galerie. J'en ai commandé d'autres fort longues, tant pour ce tableau que pour ceux de l'Antichambre de V. M. [antichambre dite des Bassans] que l'on me promet pour demain au matin.

On ne peut faire qu'ouvrir

Tout l'or couleur qui doit être employé dans la chambre à coucher de V. M. est *les fenêtres et faire du feu pour ôter la senteur. Voyez que cela s'exécute.*

couché de devant midi. Elle sera demain au soir achevée de dorer, et on la rechampira lundi matin ; l'après-midi, on reposera le balustre, qui est très bien doré, et mardi, l'on la meublera. M. Bontemps [premier valet de chambre] s'est chargé d'y faire beaucoup de feu et d'ouvrir les fenêtres de temps en temps, afin de faire passer la mauvaise odeur.

Bontemps ne manquera pas de faire ce qu'il faut.

Bon.

Une des deux antichambres est dorée ; l'autre le sera sans faute lundi.

Il n'importe que tout soit achevé. Le retardement sera à peu de jours, au pis aller.

Je ne doute point que le passage le plus voisin du Grand Degré ne soit aussi achevé de dorer pour le retour de V. M. ; mais j'appréhende que la Salle des Gardes ne puisse l'être entièrement. Je ferai toujours en sorte que la partie qui est la plus voisine des portes, et que l'on pourrait plus difficilement dorer quand les gardes de Votre Majesté l'habiteront, le soit avant son arrivée.

La veille du jour où il doit rentrer à Versailles, le Roi reçoit l'assurance que tout est prêt chez lui : « Le Cabinet des Termes est fini, à l'armoire aux perruques près, sur laquelle on attache les tringles de cuivre pour tenir les glaces. Le Cabinet du Conseil, le Salon et la Chambre de Votre Majesté sont entièrement parachevés. L'on achevait de poser ce soir, à huit heures, le balustre. » Il en est à peu près de même chez les Princes, mais non chez le Dauphin, car Louvois écrit : « L'appartement de Monseigneur est fort peu avancé. Je ne crois pas qu'il puisse avoir son premier Cabinet avant la fin de la semaine. Pour celui où travaille Boulle, je n'en puis rien dire, si ce n'est qu'il n'en bouge pas et qu'il y a beaucoup d'ouvriers; mais je ne puis croire qu'il ait achevé avant la fin du mois. » Le Roi, si pressé pour ce qui le regarde, répond tranquillement : « Mon fils aura le plaisir de le voir finir. » Quand Sa Majesté arrive à Versailles, le 15 novembre au soir, le grand émerveillement de la Cour est pour la Galerie illuminée et dont on jouit, pour la première fois, dans son majestueux ensemble. Puis, le coucher du Roi a lieu dans la nouvelle chambre, et M. de Louvois est félicité de ce que tout s'est trouvé prêt à l'heure dite, malgré les retards imprévus du dernier moment.

L'installation d'une cour nombreuse comme celle de Louis XIV n'eût pas été possible, quelle que fût l'importance des dépendances du Château à l'intérieur de la ville, si de vastes bâtiments spécialement consacrés aux écuries royales ne fussent venus en compléter la commodité. Il fallait, en effet, pouvoir facilement loger ces énormes services indispensables à la vie du Roi et de la Cour. Il y avait celui de la Grande Écurie, c'est-à-dire des chevaux de main, placé sous les ordres du Grand Écuyer, et celui de la Petite Écurie, dirigé par le Premier Écuyer et comprenant les chevaux de trait, au nombre de plus de six cents, ainsi que les carrosses et les calèches. Le Roi désigna un double emplacement en façade sur la grande place devant le Château, entre les trois avenues. « Ces écuries, dit le *Mercure*, font partie de la clôture de la grande avant-cour ou Place d'Armes. » La construction fournit à Mansart une occasion nouvelle de concevoir des ouvrages dans les proportions les plus vastes, celles que prenait à ce moment le Château lui-même avec la première de ses deux grandes ailes; l'architecte y mit tous ses soins et les Écuries de Versailles comptèrent parmi ses œuvres les mieux réussies et les plus originales.

Pour disposer d'un suffisant espace, il fallut non seulement reprendre une partie du terrain royal concédé à des particuliers et indemniser les propriétaires qui y avaient bâti, mais encore abattre les deux grands hôtels, ornés de dômes, construits en face du Château et qui avaient fait, pendant quelques années, l'ornement symétrique de la Place d'Armes. La Grande Écurie fit disparaître l'hôtel de Lauzun, construit de compte à demi par le célèbre favori et par le marquis de Guitry; il se trouvait entre l'avenue de Saint-Cloud et l'avenue de Paris, dite alors la Grande Avenue. La Petite Écurie occupa l'emplacement de l'hôtel du duc de Noailles qui se trouvait entre la Grande Avenue et l'avenue du Parc-aux-Cerfs (avenue de Sceaux)[1]. Les constructions nouvelles

---

1. A propos des hôtels de la Place d'Armes, Piganiol commet une confusion qui semble avoir trompé les érudits. Voici le texte des Comptes : Paiement de 76.500 livres, le 27 août 1702, « à M. le duc de Lauzun, pour son remboursement de fonds et nonjouissances, jusqu'au dernier juin 1702, de la moitié qui lui appartenait d'une maison appelée l'hôtel de Lauzun, située dans la patte d'oie de la grande avenue en face du Château de Versailles, qui a été abattue par ordre du Roi en 1679 pour faire la *Grande Ecurie* » (Comptes, t. IV, 814, 865). On remarquera ce remboursement tardif au duc de Lauzun, alors que le duc de Noailles a été remboursé dès 1679.

furent mises debout en deux ans, 1679 et 1680, et les aménagements intérieurs, remises, logements des pages, des officiers et de l'énorme personnel de service, s'achevèrent les années suivantes, ainsi que les deux manèges. Le zèle des entrepreneurs de maçonnerie leur mérita douze mille livres de gratifications, « en considération de la précipitation et frais extraordinaires pour rendre les ouvrages finis et parfaits dans le temps que Sa Majesté l'avait ordonné ». L'une et l'autre Écurie devaient d'ailleurs être agrandies et complétées en 1685 et 1686, ainsi que le Chenil, dont les bâtiments définitifs s'adossèrent à la Grande Écurie.

Dans ces dépendances du Château destinées à des services spéciaux, la beauté des édifices est avant tout architecturale et tient à la grandeur majestueuse des lignes. Il est impossible de pénétrer sans admiration sous ces magnifiques voûtes, faites de briques ou de pierre, qui ont abrité jadis les magnificences des équipages royaux. Les piliers qui les supportent se décorent, dans le haut, de feuillages sculptés de laurier et de chêne, et çà et là restent fixées des potences de lanterne en fer forgé au chiffre de Louis XIV[1]. Les travaux de décoration extérieure sont extrêmement nombreux. Aucun travail pour le Roi ne pouvait s'achever sans qu'on fît appel aux excellents sculpteurs dont Versailles employait presque toute l'activité. Une partie de leurs ouvrages aux Écuries

---

1. Le grand travail des ferronniers au dehors fut celui des belles grilles dorées, qui disparurent après la Révolution.

est extérieure et visible aux yeux du public;
l'autre est à peu près inconnue. A la Grande
Écurie, les deux petits frontons sur la Place
d'Armes, contenant une figure d'enfant, sont du
sculpteur Martin, et le reste des grandes sculptures est attribué par les Comptes à Raon et à
Granier. C'est à eux par conséquent que revient
l'honneur de la porte triomphale du fond de la
cour, avec son fronton où figuraient jadis les
armes de France, ses trois chevaux au galop
sculptés en haut-relief et ses trophées d'armures
et d'emblèmes. Le bas-relief de l'imposte de la
grande porte, la France assise parmi des symboles
guerriers, fut payé en 1681 à Noël Briguet et
Joseph Pallu, sculpteurs en bois. On ne sait à qui
attribuer la nombreuse série de masques de
pierre si variés, qui décorent les arcades de la
Grande Écurie et accusent une parenté d'art avec
les célèbres mascarons du Pont-Neuf. L'intérêt
de ces abondantes sculptures des deux Écuries de
Versailles s'accroît aujourd'hui de leur bon état
de conservation, qui les met fort au-dessus de
celles du Château même, restaurées pour la plupart et défigurées.

A la Petite Écurie, le grand fronton du fond,
où deux Renommées soutiennent l'écusson de
France, et le haut-relief des trois chevaux conduits
par le cocher du Cirque, sont de Louis Le Conte;
c'est sans doute le principal ouvrage de cet artiste.
Les trophées d'armes, somptueux et légers, sont
de lui; pour les masques des arcades qui complètent l'ensemble du décor de la grande cour, on

a le nom de son confrère, Marc d'Arcis. Une douzaine de ces masques, dans les parties d'angles, sont d'une incomparable beauté. Toutes ces sculptures peuvent être datées de 1680. La plus ignorée et la plus intéressante, l'*Alexandre domptant Bucéphale*, de Girardon, est seulement de 1685[1]. On trouve cette décoration mentionnée dans la première description architecturale des Écuries, celle du *Mercure Galant* :

Ce sont deux grands corps de bâtiments séparés l'un de l'autre, regardant le Château en face. Ils sont situés entre les trois avenues qui forment une patte d'oie, par laquelle on arrive à Versailles. Ces écuries consistent chacune en cinq cours, dont la grande, plus étroite à l'entrée que dans le fond, n'est fermée devant que par une grille de 32 toises de long....

Toute la décoration du dehors n'est que de bossage ou de pierres de refend. Les croisées du rez-de-chaussée sont bombées et prises dans des arcades, et celles du premier étage sont carrées, longues en hauteur. Il y a des tables de briques dans les trumeaux des ailes. Les combles sont d'une belle proportion, et les lucarnes qui éclairent l'étage en galetas sont de plomb. Ces bâtiments sont assez bas pour ne point empêcher la vue du Château ; ainsi le niveau des faîtes répond à peu près au pavé de marbre de la petite cour ; outre qu'il n'y a point de souches de cheminées apparentes au dehors. Le plan des grilles est aussi cintré,

---

1. Sur les travaux d'art des Ecuries, consulter les *Archives de l'Art Français*, t. III, p. 74 ; t. V, p. 86 ; les *Comptes des Bâtiments*, t. I, 1288, 1290 ; t. II, 22, 654. Le 2 décembre 1685, 1.800 livres sont payées à Girardon, « pour les ouvrages de sculpture qu'il a faits de pierre de Saint-Leu au grand fronton de la *Petite Ecurie* ». Comme dessinateur d'architecture, Pierre Le Pautre a pris une part considérable à ces travaux, ainsi qu'à ceux qui vont se succéder dès lors à Versailles et à Marly ; Mansart « se l'étant entièrement attaché, il se servit souvent de sa main pour mettre au net ses pensées » (Mariette, *Abecedario*, t. III, p. 188).

en sorte que, de quelque aspect qu'on regarde les Écuries, on voit les quatre pavillons des ailes.

Voilà ce qui concerne la décoration des dehors, qu'elles ont commune. Quant à la distribution du plan, il est différent en ce que ces deux Écuries ont leur étage particulier. La plus grande renferme les chevaux de main. De la grande arcade qui est au fond de la cour et dans le milieu de l'avant-corps, on entre dans un grand manège couvert de 20 toises sur 8, aux côtés duquel sont deux écuries. Derrière l'écurie est un grand manège pour les joutes et tournois, au-devant duquel est le Chenil[1]. La sculpture de l'avant-corps du milieu renferme de grands bas-reliefs, des trophées d'armes, des harnais et autres ouvrages de cette nature, et dans les pilastres de la grille de devant sont les épées du Grand Écuyer.

Quant à la Petite-Écurie, les remises des carrosses sont dans les arcades de la demi-lune du fond de la cour, au

---

1. Le fameux carrousel de 1685 fut le premier qui eut lieu dans le manège de la Grande Ecurie. Le récit en a été donné par Sourches et par Dangeau. Le passage de ce dernier est intéressant pour la topographie de Versailles à cette date. Le 4 juin, après leur dîner, le Roi, Monseigneur, Madame la Dauphine et les dames montent en carrosse et arrivent ensemble dans l'avant-cour :

« Ils trouvèrent dans la cour des Secrétaires d'Etat tous les chevaliers du carrousel en deux haies; les pages et les estafiers y étaient aussi. Monseigneur et M. le duc de Bourbon étaient chacun à la tête de sa quadrille; le Roi s'alla placer sur les échafauds qui lui étaient préparés, et nous commençâmes la marche en faisant le tour de la cour des Secrétaires d'Etat, puis nous entrâmes dans la porte de la petite cour qui était à notre gauche, et fîmes le tour de la cour du Château et passâmes sous les fenêtres de M. le duc de Bourgogne, qui était sur le balcon. Après avoir fait le tour de cette cour-là, nous sortîmes par la porte de la cour de la Chapelle, nous retraversâmes la cour des Secrétaires d'Etat et continuâmes la marche en passant entre les deux écuries, et ensuite entrâmes dans le manège par une porte que l'on avait fait faire tout exprès, à l'endroit le plus proche du chenil; puis nous tournâmes à gauche et, après avoir passé devant les échafauds, nous entrâmes dans le manège où nous fîmes la comparse, qui fut trouvée fort belle et fort bien ordonnée, aussi bien que la marche.... Tous les chevaliers que nous conduisions marchaient la lance en main » (T. I, p. 185).

nombre de huit à neuf de chaque côté. De la porte de l'avant-corps du milieu on entre dans la plus large écurie à deux rangs, chacun de vingt-cinq chevaux, entre lesquels on passe ; et au bout est une grande coupe en voûte sphérique de 12 toises de diamètre, qui sépare les deux autres écuries, où les chevaux de chacune sont sur deux rangs de trente-quatre chevaux chacun. Les râteliers sont le long des piliers qui la séparent en deux berceaux, et laissent encore assez d'espace derrière les chevaux pour y pouvoir aller en carrosse ; et en retour, au bout de celles-ci sont deux écuries à un rang chacune de quarante-sept chevaux. Le dôme est porté sur quatre pendentifs ; il est voûté de pierres et éclairé par un jour au milieu, dont le châssis de fer un peu cintré porte les vitres. Derrière cette écurie est encore une entrée principale, au milieu d'un grand avant-corps, orné d'un fronton triangulaire, dans lequel est un bas-relief qui représente Alexandre qui dompte Bucéphale. Ce bas-relief est de M. Girardon[1].

Cette description de la Petite Écurie répond encore à l'état des lieux, et l'on retrouve aisément dans ces immenses bâtiments, affectés aux services du Génie militaire, la magnifique ordonnance de Mansart. On y doit chercher aussi le bas-relief de Girardon ; mais il faut contourner tout le corps central de la Petite Écurie pour aller découvrir, dans une cour de service un peu retirée, cette œuvre oubliée du grand sculpteur. Elle décore l'entrée postérieure d'un manège à calotte sphérique visible des avenues, construction qui paraît imitée

---

1. *Mercure galant*, décembre 1686, 2e partie, p. 24. — Le carton O[1] 1843 des Archives nationales est consacré à la Petite Écurie. On y trouvera une minutieuse description des locaux, dressée le 19 août 1773, par les ordres de l'abbé Terray. A cette époque, la Petite Ecurie compte 474 chevaux de carrosse et de selle, et contient toujours les remises des voitures du Roi et de la famille royale.

à l'intérieur du Panthéon d'Agrippa, mais dont le dôme, jadis voûté de pierre, est aujourd'hui de bois. Le bas-relief est d'inspiration antique, ce qui ne saurait étonner d'un maître qui a longtemps travaillé à Rome; la tête jeune et chevelue du dompteur, debout devant le cheval furieux, rappelle le portrait traditionnel d'Alexandre, et notamment le buste antique qui est au Louvre et auquel Girardon lui-même a ajouté sa draperie et ses ornements de marbre de couleur. Au fronton de la Petite Écurie, le poitrail et la tête de Bucéphale se projettent hardiment hors de la pierre, tandis que derrière lui un autre cheval, monté par un serviteur tenant un bâton, est d'un relief peu saillant. Dénuée de tout entourage décoratif, très différente par cela même des autres motifs de l'art de Versailles, cette composition semble singulièrement austère et forte.

D'autres constructions se trouvaient commencées aux abords du Château, quand survint la mort de Colbert; c'étaient le Grand Commun, réservé en partie aux offices et aux cuisines, et la nouvelle Orangerie. Un des rapports de Louvois mentionne l'état d'avancement du Grand Commun, qui, dit-il, « n'est pas encore achevé de couvrir.... Les dedans sont considérablement avancés depuis quinze jours, et, s'il n'est pas entièrement logeable dans la fin de ce mois, j'espère qu'il le sera devant le 10 du mois prochain. » C'est donc en décembre 1684 que s'achève ce vaste bâtiment presque carré, entourant une cour de même forme, et dont la masse imposante fait face à l'Aile du midi. Bien qu'exhaussé en notre siècle d'un fâcheux étage, le Grand Commun, transformé en hôpital militaire, garde encore un air de grandeur et de noblesse digne du si proche voisinage du Château. La construction en a commencé en 1682, sur un emplacement où s'élevait encore, peu d'années avant, l'église Saint-Julien. On l'appelle d'abord le « grand carré des offices communs du Roi, de la Reine, de Monseigneur et de Madame la Dauphine »; mais les devis d'achèvement de 1684 portent uniquement la désignation de Grand Commun du Roi, bien que les autres offices y soient abrités et qu'il y ait des logements pour beaucoup d'officiers de la Maison du Roi étrangers au Commun.

L'étage, au rez-de-chaussée, est voûté et renferme les cuisines, dépenses et offices. Dans son ensemble, l'édifice, éclairé par cinq cents fenêtres, compte six cents pièces fermant à clef et plus de soixante appartements, sans parler d'un grand nombre de logements pour les gens de service. Il a été nécessaire d'y faire une chapelle, car il renferme toute une population qu'on peut évaluer à quinze cents habitants. Les offices qui regardent directement la table du Roi et celle de la Reine ne sont pas installés au Grand Commun; « la Bouche du Roi n'est jamais hors du lieu où loge Sa Majesté », et jusqu'à la Révolution elle est placée, ainsi que la Bouche de la Reine, du Dauphin et de la Dauphine, au rez-de-chaussée de l'aile du Château qui s'étend de l'autre côté de la rue. La

« Viande du Roi » n'a point à sortir du Château, quand elle est portée chez Sa Majesté, précédée du maître d'hôtel avec son bâton, du gentilhomme-servant-panetier, du contrôleur général, et escortée de tout le cortège qu'exige l'ancien cérémonial. Le « Gobelet du Roi », qui a dans ses attributions de dresser le couvert du Roi et qui est divisé en Paneterie-Bouche ou Gobelet-Pain et Échansonnerie-Bouche ou Gobelet-Vin, est dans la même partie du Château. Dans le Grand Commun est installé séparément le reste des offices placés également sous les ordres du premier maître d'hôtel du Roi, qui sont la Paneterie-Commun. l'Échansonnerie-Commun, la Cuisine-Commun, et servent à la nourriture des nombreuses personnes qui ont, comme on dit, « bouche à la Cour ». On y trouve aussi les offices analogues pour la Reine, pour Monseigneur et pour la Dauphine.

L'ensemble comporte un personnel considérable, dont l'énumération est faite et chaque fonction décrite dans les diverses éditions de l'*État de la France*; rien que pour la Bouche et le Commun du Roi, on peut compter trois cent vingt-quatre officiers ou gens de service ayant une désignation. On ne peut donc être étonné des vastes proportions prises par le bâtiment qui abrite tant de monde et de si importants offices[1]. On le serait, au

---

1. Le *Mercure galant* de décembre 1686 mentionne l'édifice dans son récit de la visite des envoyés de Siam : « Il y a tant de choses surprenantes à voir à Versailles qu'on ne mena point les Ambassadeurs dans le Grand Commun; mais ce bâtiment est si vaste, si élevé et se fait remarquer de tant d'endroits, qu'ils

contraire, si l'art en était tout à fait absent. Mais chaque façade présente un fronton aux armes royales, sous lequel est sculpté un grand bas-relief, et le motif des Quatre Saisons, avec les fruits et les fleurs qu'elles produisent, se rattache assez bien à la destination du bâtiment. Les sculpteurs qui ont pu y travailler en 1683 et 1684, Le Conte et Mazière l'aîné, Pierre Mazeline et Noël Jouvenet, n'ont fait qu'exécuter en pierre une pensée de Le Brun, qui, au milieu de l'immense décoration de Versailles, reste bien inaperçue.

Avec le Grand Commun et l'Orangerie, le surintendant des Bâtiments surveillait pour le Roi d'autres constructions importantes dans l'intérieur de la ville. Il s'agissait d'abord de loger les énormes offices de la Vénerie; on bâtissait derrière la Grande Écurie un immense Chenil qui avait une entrée latérale sur chacune des deux avenues et « dont l'enclos, outre tous les bâtiments, contenait huit cours et un jardin ». De l'autre côté de la Grande Avenue (aujourd'hui avenue de Paris), en face du Chenil et joignant la Petite Écurie, de nouvelles écuries étaient construites. Deux églises enfin s'élevaient, bâties également par le Roi et

ne laissèrent pas de le voir en passant et sans y entrer, et ce qui leur en parut leur fit dire : Qu'il y avait un fort grand nombre de puissants souverains dont les palais étaient beaucoup moins vastes et moins apparents. On l'appelle *Grand Commun*, parce que, bien qu'il enferme un grand nombre d'offices et de cuisines pour les officiers ayant bouche à la Cour, ce que l'on appelle le *Petit Commun* n'y est point compris, non plus la Bouche du Roi, laquelle n'est jamais hors du lieu où loge Sa Majesté. »

dont il posait solennellement la première pierre le même jour, 10 mars 1684.

L'une était la chapelle du nouveau couvent des Récollets, transporté dans le voisinage du Grand Commun et que Mansart bâtissait en six mois. On disait en novembre la première messe dans cette chapelle qui devenait provisoirement la paroisse du Vieux-Versailles[1]. L'autre, beaucoup plus importante, ne put être inaugurée que le 30 octobre 1686. On y avait joint un bâtiment pour les Pères de la Mission ou Missionnaires Lazaristes, qui devaient la desservir comme paroisse de la nouvelle ville. C'était encore l'agrandissement d'une chose existante, car cette nouvelle ville avait déjà une église paroissiale depuis 1676, desservie par les mêmes disciples de saint Vincent de Paul et qui s'appela désormais « la vieille église ».

L'église neuve fut dédiée à Notre-Dame. On a remarqué combien la coupole écrasée de l'édifice, les tours peu élevées et plus basses même que le corps central donnent de la lourdeur à cette construction religieuse de Mansart, si différente de celle qu'il éleva pour l'Hôtel des Invalides et de la future chapelle de Versailles. Il y faut voir l'exécution d'une volonté formelle de Louis XIV, qui n'eût pas souffert qu'un monument vînt rompre sous ses yeux la majestueuse ligne de l'horizon, ni contrarier par son élévation le plan d'une ville qui restait comme abaissée aux pieds du Château.

---

1. Du couvent des Récollets, détruit en 1796, le portail subsiste sur la rue qui garde le nom de ces moines.

Mansart avait donné tous les dessins, y compris ceux des portes, des grilles de fer, de la menuiserie, des chaires, du chœur, des autels, des châssis de vitraux, etc. La chaire à prêcher fut sculptée par Hurtrelle. Les Comptes indiquent d'autres noms d'artistes désignés pour décorer l'église, ainsi que les dépenses qu'elle a coûtées, et qui entrent pour une part appréciable dans l'énorme quantité de travaux dont se remplit alors la ville royale[1]. Dès que ceux-ci se ralentissent, on les voit reprendre à peu de distance de Versailles. On peut songer, en effet, que le bâtiment de la maison de Saint-Cyr commence en 1685, et compte, cette année-là, pour 369.000 livres dépensées en simple « provision de matériaux ». Il ne faut pas moins que la puissante activité de Mansart pour suffire à tant de besogne et sur tant de points.

Le morceau de construction le plus considérable est au Château même. C'est l'Aile du Nord, qui prend à son tour le nom de Grande Aile, porté jusqu'alors par l'Aile du Midi ou des Princes. Elle part de l'emplacement de la Grotte de Théthys, dont il faut, dès la fin de 1684, détruire les bas-reliefs, l'orgue hydraulique, les rocailles, et disperser les marbres; elle fait disparaître les réservoirs, bâtis par Le Vau et s'étend jusqu'à de nouveaux réservoirs, qui sont mis en construction en même temps, et dont s'élève en 1685 la massive

1. Une étude de M. Marcel Léry sur l'église Notre-Dame a paru dans la *Revue de l'histoire de Versailles,* année 1912, p. 209-231.

enceinte. Tous les plans de ces travaux ont été communiqués à l'Académie d'Architecture en sa séance du 27 octobre 1684, comme en fait foi le registre des procès-verbaux. Les projets de démolition et de reconstruction ayant à ce moment une importance particulière pour la résidence du monarque, il était naturel qu'ils fussent soumis, par le Premier Architecte du Roi, au contrôle et aux observations de ses confrères.

La série des devis imprimés, distribués aux entrepreneurs en 1684, analyse en détail, en faisant connaître la qualité des matériaux exigés et les dimensions et dispositions des lieux, tous les divers ouvrages de maçonnerie, de charpenterie, de menuiserie, « qu'il convient de faire à Versailles pour la construction du grand bâtiment en aile et autres logements, que le Roi désire faire bâtir le long de la grande rue, qui conduit du Château à la chaussée de l'Étang [de Clagny], suivant les plans, élévations et profils qui en ont été faits par le sieur Mansart, Premier Architecte de Sa Majesté[1]. » L'aile devait être, tout ou moins par la façade sur les jardins, identique à l'aile déjà construite au midi, « avec mêmes et semblables décorations et ornements d'architecture et bossages pour les sculptures en leurs faces exté-

1. Les devis des Bâtiments, imprimés en brochure in-folio chez François Muguet, premier imprimeur du Roi, à Versailles, sont aujourd'hui extrêmement rares. La Bibliothèque nationale et celle de la ville de Versailles en possèdent le recueil pour 1684 et 1685. On les trouvera cités, avec toutes les autres sources de notre texte, dans nos cinq articles sur *Le Versailles de Mansart* parus dans la *Gazette des Beaux-Arts* de 1902.

rieures ». Bientôt, dans l'usage de Versailles et sur les pièces de comptabilité, on lui réserve le nom de *Grande Aile*. Le devis de maçonnerie[1] prévoit toute la construction d'une Salle des Ballets ou des Comédies, dont les murs seront voisins de ceux des grands réservoirs au bout de l'Aile, et d'une Chapelle qui sera placée entre les deux cours intérieures formées par les nouveaux bâtiments. Le projet de chapelle sera modifié, déplacé et réalisé dans quelques années; un vaste pavillon, rempli de logements à tous les étages, occupera l'emplacement qu'on y destinait. Quant à la Salle des Ballets, qu'on voit indiquée sur tous les anciens plans, les profils intérieurs en ont été donnés par Vigarani, l'homme du temps qui s'entend le mieux aux choses du théâtre; mais elle ne sera jamais complètement finie, par suite de l'arrêt des dépenses, qui est proche[2]. Félibien dit encore, en 1703, qu'à l'extrémité de l'Aile neuve « on a commencé de construire une salle et un théâtre magnifique, pour les spectacles de l'Opéra ». Ce n'est

1. Ce devis n'a pas moins de 51 pages in-folio.
2. Les archives de la Direction des Beaux-Arts contiennent, parmi d'anciens plans relatifs à Versailles, un dessin à l'encre assez grossier, qui est un original de l'artiste modénois : *Profil intérieur de la salle et théâtre des Ballets de Versailles, donné le 17 janvier 1685, par moy soussigné Vigarani.* Peut-on citer, comme indice de l'exécution de cette salle, un billet de Louvois à Colbert de Villacerf, qu'il avait fait nommer contrôleur général des Bâtiments en 1686 (Dangeau, t, I, p. 366)? Il écrit de Fontainebleau, le 26 octobre 1689 : « Je vous prie de visiter demain la cour qui est proche de la *Salle des Ballets,* au bout de la *grande aile nouvelle,* le Roi m'ayant fait l'honneur de me dire qu'il y avait de l'eau qui croupissait. Voyez un peu ce qu'il y aurait à faire pour la faire écouler et pour empêcher qu'il ne s'y en amasse plus » (Arch. hist. de la Guerre, vol. 859, fol. 261).

qu'à la fin du règne de Louis XV que Gabriel réalisera, selon l'idéal de son siècle, cette pensée des architectes de Louis XIV.

La Grande Aile apporte au service de la Cour une quantité d'appartements nouveaux dont le Roi a fixé d'avance la disposition et choisi sans doute les heureux destinataires. Il devait y en avoir d'abord quarante-quatre; Dangeau raconte, le 3 avril 1685, comment Mansart dut, au pied levé, en modifier le nombre : « Le Roi nous conta à son coucher que Mansart lui avait apporté hier le dessin et la distribution de tous les appartements de l'aile qu'il fait faire, et qu'ayant résolu de changer toute cette disposition-là, Mansart avait tant travaillé qu'en vingt-quatre heures il avait tout changé et avait encore mieux réussi que la première fois. Par ce nouveau dessin-ci Sa Majesté aura cinquante-cinq beaux logements nouveaux à donner aux courtisans. » Le plus grand nombre de ces logements de courtisans est constitué dans le corps du bâtiment, « sur la grande rue qui conduit du Château à l'Étang », et on en fera aussi dans le pavillon central qui le réunira au corps de bâtiment sur les jardins. De ce côté, où la vue est fort belle, ils emploient l'attique seulement, le rez-de-chaussée et le premier étage étant réservés presque entièrement aux princes du sang.

Indiquons ici comment vont être occupées, sous Louis XIV, les deux grandes ailes qui flanquent désormais le corps du Château, destiné à l'habitation de la famille royale. Nous n'avons guère que Félibien pour nous servir de guide, et seulement aux environs de l'an 1700. L'Aile du Midi, qui s'appellera Aile des Princes, est habitée, au rez-de-chaussée, par Monsieur le Prince [de Condé], Madame la Princesse [de Condé], Monsieur le Duc [de Bourbon], Madame la Duchesse, fille du Roi, Madame la princesse de Conti, douairière, M. le Grand Écuyer; au premier étage, par Monsieur, frère du Roi, Madame, Monsieur le duc de Chartres et Madame la duchesse de Chartres, fille du Roi. L'Aile du Nord est remplie en grande partie, dans son étage bas, par l'appartement du duc du Maine, qui a cédé à son frère, le comte de Toulouse, l'appartement des Bains; le premier étage sert à l'appartement de Monseigneur le duc de Berry, à ceux de Monsieur le prince de Conti et de Madame la princesse de Conti. Tous ces appartements princiers donnent sur les jardins[1]. La Cour occupe les bâtiments postérieurs, l'attique des ailes et l'attique du corps du Château; sauf un petit nombre de privilégiés, elle s'entasse dans d'étroits logements, en des entresols bas et sans air, fort incommodes pour ceux

---

1. Un passage du duc de Luynes explique une disposition qui était déjà celle du temps de Louis XIV et qui se justifie aisément : « Le rez-de-chaussée, le premier et le second étages depuis l'appartement de M. de Charost [à l'extrémité de l'Aile du Nord], jusqu'à celui de Mme de Tallard [à l'extrémité de l'aile du Midi] contiennent trois cent cinquante-sept croisées de face sur le jardin, lequel nombre de croisées ne donne que quarante-neuf logements, y compris le Roi et la Reine. Il n'y a, dans toute l'étendue du premier étage et du rez-de-chaussée, que M. de Charost [capitaine des gardes du corps] et M. le cardinal de Rohan de particuliers. Tous les autres sont princes et princesses; Mme de Tallard [gouvernante des Enfants de France] ne peut être comptée, son appartement dépendant de celui des Enfants de France » (*Mémoires*, t. I, p. 273).

des habitants qui n'ont pas dans la ville leur hôtel particulier[1]. Les secrétaires d'État sont mieux partagés; le Roi leur a réservé les quatre pavillons des ailes de l'avant-cour, qui garderont le nom d'ailes des Ministres. Le pavillon de la Surintendance, à l'extrémité méridionale du Château, qui servira plus tard au contrôleur-général des finances, a été aménagé pour Louvois, qui y meurt le 16 juillet 1691.

L'ensemble des grandes façades de Versailles du côté du Parc est complet en 1689. Le tableau de J.-B. Martin, qui représente le Bassin de Neptune et ses abords, les montre dans leur état définitif; cependant, derrière la nouvelle maçonnerie, tout au bout de l'aile, sur les réservoirs, le peintre a indiqué des grues, des échafauds, un mur commencé, tout l'aspect d'un bâtiment en construction. C'est précisément là que l'on projette de mettre la Salle de l'Opéra, qui sera exécutée par Gabriel sous Louis XV, et ce coin de Versailles va, par conséquent, demeurer très longtemps inachevé. Mais ce n'est qu'un détail dans cette immensité. L'aspect du Château vu des jardins est dès à présent fixé; il n'y manque plus que le comble de la Chapelle pour être déjà celui de nos jours. Le dessin de la longue façade, tel que le gravait par avance Israël Silvestre en 1682, se présente maintenant aux regards dans toute sa majesté.

1. Saint-Simon parle des pièces assez étroites qu'il occupait à la Cour. Un passage de Luynes (t. XIV, p. 103) permet d'en désigner l'emplacement, correspondant aux salles 101 et 102 dans le corps de logis qui sépare les deux cours de l'Aile du Nord.

Pendant les années que nous venons de raconter, le Château, la Ville, le Parc semblent former un chantier gigantesque. L'Orangerie nouvelle qui s'achève en est un des points les plus animés. En même temps se poursuivent, aux environs, les plus grands travaux hydrauliques de l'époque. Les hommes ne semblent point manquer, ni les chevaux, qui sont employés par milliers ; un jour de presse, les Bâtiments demandent, par voie d'affiche, un supplément immédiat de « trois cents chevaux, pour servir à accélérer la construction des ouvrages qui se font par ordre de Sa Majesté ». Dangeau note au 27 août 1684 ce renseignement, qu'il tient sans doute de Louvois lui-même : « Durant cette dernière semaine, on dépensa pour Versailles 250.000 livres ; il y avait tous les jours 22.000 hommes et 6.000 chevaux qui travaillaient. » Et le 31 mai 1685 : « Par le calcul que l'on fait de tous les gens qui travaillent présentement ici ou aux environs pour Versailles, on trouve qu'il y en a plus de 36.000 travaillant actuellement. » Ces nombres comprennent évidemment, outre les ouvriers du Château et de la ville, ceux de Marly, de la Machine, des aqueducs et des réservoirs. Nous avons encore d'autres précisions par les Comptes. Les dépenses totales pour Versailles, non compris Marly, ni la rivière d'Eure, montent en 1684 à 4.598.190 livres ; en 1685, à 6.103.760 livres.

Le dernier de ces chiffres est le plus fort qui ait paru dans le service des Bâtiments du Roi ; on n'en reverra jamais de semblables. Ceux qui leur succèdent immédiatement sont assez loin de les atteindre, et bientôt le renouvellement de la guerre en 1688 arrête toutes les entreprises royales. Nous savons par Dangeau encore, que Louis XIV s'est lui-même rendu compte de l'excès où il a été entraîné et que, au moment de fixer le fonds général des Bâtiments pour 1686, il l'a considérablement réduit : « J'appris que le Roi avait fort diminué le fonds des dépenses pour ses bâtiments; il lui en a coûté l'année passée plus de quinze millions, et il n'en veut dépenser celle-ci que quatre tout au plus, tant pour tous les bâtiments que pour la conduite de la rivière d'Eure. » Était-ce la voix de la raison qui commençait à parler au Roi et que devait plus d'une fois lui faire entendre sur ce chapitre Mme de Maintenon?

La nouvelle maison de Marly, créée dans des conditions si défavorables et si coûteuses, était entrée pour une certaine part dans les grandes sommes des années précédentes. Entrepris en 1679, le château, les douze pavillons et les jardins peuvent être considérés comme constitués dans leur forme générale précisément en 1686. A ce moment, il est vrai, commence la reconstruction de Trianon, dont les premières dépenses sont de 1687. Sans doute, ce sont des travaux d'une certaine étendue qui s'accomplissent ainsi, aux portes de Versailles, pour permettre au Roi de trouver une habitation de repos où l'étiquette soit moins rigoureuse et le séjour plus familier. Pendant deux années, s'occupent à Trianon les artistes qui n'ont plus d'ouvrage dans la grande maison[1]. Mansart et Le Nôtre transforment le petit château de porcelaine et ses jardins. Mais cette construction d'un palais à l'italienne, sans étage supérieur, ces remaniements d'allées et de parterres, ces aménagements d'appartements destinés à la famille royale et à la Cour, toute cette création élégante et sobre, que nous avons encore sous les yeux, compte pour assez peu de chose auprès des vastes et somptueux ouvrages qui se sont accomplis dans Versailles.

De telles comparaisons suffisent à faire reconnaître quelle multiplication produit, dans les dépenses des bâtiments, l'échelle des lieux où elles sont faites. A Versailles, tout était immense et, quand il fut achevé, les autres demeures souveraines parurent médiocres. Il importait de marquer les années où ce grand effort fut donné. On les a trouvées désignées par ces Comptes de 1684 et 1685, où s'étalent des dépenses, d'ailleurs bien ordonnées, qui ne devaient plus se reproduire. Elles correspondent au prodigieux mouvement de travaux qu'on vient d'évoquer, à ces montagnes de moellons remuées par des armées d'ouvriers.

1. Les Comptes y mentionnent Coyzevox, Le Gros, Lespingola, Magnier, Mazeline, Le Conte, Flament, Hardy, Raon, Van Clève, Poulletier.

CHAPITRE QUATRIÈME

L'ACHÈVEMENT DES JARDINS

L'ACHÈVEMENT des jardins de Versailles, c'est-à-dire la série d'embellissements qui fixe définitivement les lignes qu'ils doivent conserver, coïncide avec l'achèvement du Château même par Mansart, c'est-à-dire avec les travaux qui élèvent l'Aile du Nord symétrique à celle du Midi. Les abords du bâtiment, du côté des jardins, se transforment une fois de plus. L'étroit Parterre de l'Amour, dit aussi le Jardin des fleurs, fait place, par suite de la reconstruction de l'Orangerie, à un vaste parterre à deux fontaines ; le Parterre d'eau renouvelle sa forme, la simplifie et reçoit les deux bassins magnifiques, qu'accompagnent les Cabinets des animaux ; il n'est pas jusqu'au Parterre du Nord qui ne se modifie quelque peu, puisqu'on y refait, en des proportions plus vastes, l'escalier qui monte vers la terrasse. En même temps s'édifie le bosquet de la Colonnade, le dernier des grands bosquets créés par Louis XIV, et les marbres, statues et vases se multiplient un peu partout dans les allées et dans les quinconces. L'installation de la Cour à Versailles, bien loin d'avoir arrêté les travaux, leur a donné, semble-t-il, plus d'essor.

On pensait depuis plusieurs années à remplacer l'orangerie de Le Vau, devenue indigne du nouveau Versailles après avoir été l'orgueil de l'ancien. La vaste construction de Mansart qui la fit disparaître prit un développement de façade environ six fois plus grand, et toutes les proportions voisines, celles des rampes latérales, celles du parterre haut et du parterre réservé aux orangers, enfin la profondeur des serres se trouvèrent à peu près quadruplées. Qu'on étudie l'Orangerie en la visitant à l'intérieur, où s'admirent la puissance des voûtes et l'étendue des galeries, ou qu'on en juge simplement de la terrasse, d'où le regard s'étend sur un si noble paysage, on trouvera dans la magnifique création de Mansart un des morceaux les plus complets et les plus significatifs de Versailles, un de ceux qui révèlent le mieux la grandeur de sa conception d'ensemble.

C'est en vue de bâtir la nouvelle Orangerie qu'on a depuis longtemps tracé le large dessin du « Lac des Suisses ». Il y a même eu, dès l'année 1678, quelques travaux préliminaires de terrassement et de transport de terres, qui en préparaient l'emplacement. Toutefois, ce n'est que le 13 novembre 1681 que le service des Bâtiments du Roi distribue, parmi les devis imprimés qui viennent d'être mis en usage par Colbert, celui qui se rapporte aux travaux définitifs[1].

1. Il est intitulé : « Devis pour la fouille et transport des terres qui sont à enlever pour faire la Nouvelle Orangerie du Roi à

On y voit que l'orangerie primitive existe encore, alors que la pièce d'eau des Suisses est déjà creusée. Cette immense pièce d'eau doit recueillir les eaux de la plaine et l'assainir, et aussi donner au Château agrandi une perspective digne de lui; pour cela, il faut que l'Orangerie et la terrasse qui la domine s'harmonisent, par les dimensions et le décor, à la nouvelle disposition du paysage.

Mansart pour la construction, et Le Nôtre pour le parterre ont fourni à Louis XIV des projets longuement mûris. Ce n'est pas la seule orangerie qu'ils font ensemble : en 1682, le Roi a prêté les deux artistes au Grand Condé, pour dessiner aussi celle de Chantilly, qui sera achevée la même année que celle de Versailles et permet une intéressante comparaison. Faut-il parler des dessins qui avaient été proposés par une sorte d'amateur à grande imagination, « M. Sallé, maître des comptes », et qui ont été gravés par Aveline? En aucun moment, sans doute, ils ne furent pris au sérieux par les Bâtiments du Roi. Rappelons-en pourtant la complication singulière, les terrasses superposées, les jets d'eau multipliés, les cascades, les pyramides, les colonnades, les escaliers, les « galeries à la romaine », les niches réservées à d'innombrables statues. Une des estampes d'Aveline fait connaître que le vertugadin du bout de

Versailles... Seront portées dans tous les endroits qui seront marqués par l'ordre de Monseigneur, tant au-devant de la grande pièce d'eau [des Suisses] qui est au-dessous de la Vieille Orangerie qu'à la tête, du côté du Mail. »

la pièce des Suisses aurait pu recevoir une construction à trois dômes, dénommée pompeusement « Palais des Sciences ou Mont-Parnasse »[1]. Cette dernière idée ne manque pas de grandeur, non plus que celle qui dressait, dans une estampe de Pérelle, une magnifique colonnade au bout de la pièce d'eau qui termine le Grand Canal; on peut regretter qu'elles n'aient point été réalisées. Mais l'Orangerie comprise de la façon qu'on vient de voir eût cessé d'être en harmonie avec la ligne très simple de Versailles, et la richesse superflue du projet de Sallé fait apprécier davantage la sobre conception de Mansart et de Le Nôtre[2].

1. Plus tard, Nicodème Tessin, architecte du roi de Suède, fait des projets complets d'un Temple ou Pavillon d'Apollon, destinés à cet emplacement ou à l'extrémité du Canal. Ses dessins furent apportés à Versailles par son fils, en 1714, et présentés l'année suivante au Régent. Un curieux mémoire descriptif de l'artiste et un choix de ses dessins sont publiés dans l'étude de M. Ragnar Josephson, *Apollotemplet i Versailles*, Upsal, 1925.

2. Le Nôtre acceptait, en revanche, l'idée du palais dominant la pièce d'eau des Suisses et songeait même à faire descendre du coteau en cet endroit une gigantesque cascade. Nicodème Tessin nous le révèle en un passage, publié par M. Josephson, de son journal de voyage en France au cours de 1687 :

« Au fond de la grande pièce, il y a une montagne d'une pente bien forte, où se rencontre la plus belle situation du monde pour représenter quelque chose de grand vers l'Orangerie et le côté du Château. *M. Le Nôtre m'en a montré son dessin,* qui était fort bien entendu, mais avec des cascades de près de cent aunes de largeur, ainsi qu'on croit qu'il ne sera pas exécuté, à cause qu'il afudrait une autre Seine pour suffire aux eaux qui seraient requises. *Ce que l'on croit est que le Roi y fera quelque beau palais des Muses.* M. Chatillon m'en a montré des dessins fort amples qu'on grave, où il y a aussi des cascades de 30 toises de largeur; enfin il n'y a point de résolution ferme ni arrêtée sur ce chapitre-là encore. Il est vrai qu'il y a des réservoirs en haut de la montagne, qui fournissent déjà au jardin, mais lesquels ne seraient jamais suffisants pour des entreprises pareilles! »

Sur le projet d'élever, au bout de la pièce des Suisses, un

En 1684, les provisions de moellons sont faites, aussi considérables qu'il convient pour un ouvrage ds cette importance, et les premières assises de la construction se trouvent heureusement placées avant l'hiver. Louvois, qui a succédé à Colbert, écrit au Roi le 9 novembre : « L'on a été obligé de cesser l'ouvrage de l'Orangerie, à la réserve d'une partie du mur circulaire qui appuie la Grande Aile, que je ferai encore élever de quatre ou cinq assises, prenant soin de faire couvrir tous les soirs ce qu'on aura fait le jour. » Ce rapport du surintendant a l'avantage de bien fixer les dates. Continuée pendant toute l'année suivante, l'Orangerie est enfin terminée dans l'été de 1686; elle a coûté environ 475.000 livres[1].

Au mois de novembre de 1685, elle était assez avancée pour que Louis XIV, en arrivant de Fontainebleau, vînt en admirer la beauté. Dangeau raconte ce qu'il advint de cette visite. Il rapporte qu'on avait installé, sur un piédestal construit dans le parterre des orangers, la statue équestre de Sa Majesté faite à Rome par le chevalier Bernin et que le Roi était impatient de voir : « En descendant de carrosse, il monta à cheval pour aller voir l'eau qui entre dans le réservoir de la butte de Montbauron par le nouvel aqueduc. Ensuite,

pavillon d'Apollon consacre aux collections royales, voir aussi mon article de la *Revue de l'histoire de Versailles,* 1902, p. 83, et Fennebresque, *Versailles royal,* 1910, p. 114.

1. Les sources de ce travail sur l'Orangerie et quelques détails complémentaires sont à chercher dans la *Revue de l'histoire de Versailles* de 1902, p. 81-90. Pour les Comptes, voir surtout t. II, 1310.

il se promena dans l'Orangerie, qu'il trouva d'une magnificence admirable. Il vit la statue équestre du chevalier Bernin qu'on y a placée, et trouva que l'homme et le cheval étaient si mal faits qu'il résolut non seulement de l'ôter de là, mais même de la faire briser. »

On verra comment fut sauvé le groupe fameux, devenu le *Marcus Curtius* que bien peu de curieux vont chercher à l'extrémité de la pièce d'eau des Suisses. Bornons-nous à rappeler que *La Renommée du Roi*, de Domenico Guidi, aujourd'hui voisine du Bassin de Neptune, remplaça un instant l'œuvre de Bernin à l'Orangerie, en 1686. La statue de marbre de Louis XIV, par Desjardins, y fut aussi posée à titre provisoire, comme si le lieu exigeait de recevoir une image royale. Ces indications serviront à éclaircir un texte du *Mercure*, écrit au moment de la visite des ambassadeurs de Siam et qui est la première description de la grande construction à peine terminée :

Cette Orangerie, qui vient d'être achevée et qui est du dessin de M. Mansart, est un morceau si grand et si hardi, et a déjà fait tant de bruit dans le monde, que vous auriez sujet de vous plaindre de moi, si je ne vous en envoyais pas une description fort exacte. Elle est à main gauche du midi. La masse en soutient les terres, desquelles un grand parterre est formé. Ce parterre regarde la face latérale du Château et celle de la Grande Aile. Cet édifice consiste en une grande galerie dans le fond de 80 toises de longueur, et en deux autres en retour, chacune de 60 toises ou environ... Les galeries latérales sont communiquées à celles du fond par deux tours rondes ou portions circulaires, qui ont leur saillie en dehors et dont la largeur en dedans est pareille à celle des galeries. Du côté et sous la Grande Aile, le massif angulaire en dedans est orné de deux grandes niches, et de l'autre bout, à la place de ces niches, sont deux arcades par lesquelles, avec des perrons, on monte dans un salon ou vestibule rond qui est la principale entrée du parc dans l'Orangerie. Outre ces niches, il y en a une dans le milieu de la galerie du fond, et vis-à-vis la grande porte où est la statue en pied du Roi. Elle est de marbre blanc et a été donnée à Sa Majesté par M. le duc de la Feuillade. Il l'avait fait faire pour mettre à la Place des Victoires, au lieu de celles qu'on y voit présentement. Ces grandes niches sont capables d'être remplies par des colosses ou groupes, comme pouvaient être celles des bains de Titus ou Caracalla, où étaient les statues d'Hercule et de Flore. La galerie du fond est éclairée par treize fenêtres cintrées et prises par enfoncement dans les arcades. Le dedans n'est orné d'aucune sculpture ni architecture, ainsi que ce genre de bâtiments le demande, et l'artifice des voûtes en fait la plus grande beauté....

La disposition du parterre est de six grands carrés de compartiments de gazon, séparés par du sable, de la même hauteur que les allées. Au milieu des quatre carreaux les plus proches de la galerie du fond est un bassin rond bordé de gazon et, dans l'allée de traverse qui sépare les deux autres panneaux des quatre, est élevé un groupe de marbre blanc sur un piédestal. Ce groupe représente la Renommée qui écrit l'Histoire du Roi.... Si ce groupe, dont la grandeur et la beauté surprennent, sert d'une belle décoration à ce parterre, elle est encore bien augmentée lorsque le temps permet aux orangers de la remplir et qu'ils laissent vide le vaste et superbe lieu où ils sont renfermés pendant l'hiver. On y peut alors jouir d'une agréable fraîcheur et y prendre toutes les sortes de divertissement que peut fournir le théâtre, sans être incommodé de la chaleur. On pourrait même y jouer des opéras à plus d'un endroit en même temps, sans que ceux qui les représenteraient s'incommodassent les uns les autres. C'est ce qui fit dire au premier ambassadeur que la magnificence du Roi était grande d'avoir fait un si superbe bâtiment pour servir de maison à des orangers. Il ajouta qu'il y avait bien des rois qui n'en avaient pas de si belles.

Les sculptures décoratives ne tardent pas à embellir les abords de l'Orangerie et son parterre. Lespingola pose quatre grandes corbeilles de fruits et fleurs de pierre sur les piliers qui soutiennent la grille; il place même sur les socles du bas des rampes des modèles de sphinx, qui ne seront pas exécutés. Louis Le Gros et Le Conte sont chargés des groupes colossaux de pierre, qui supportent les quatre gros piliers de la double entrée sur la pièce des Suisses. Le premier commence en 1688 les groupes de *l'Aurore et Céphale, Vertumne et Pomone*, les plus rapprochés de la ville; le second traite *Zéphire et Flore, Vénus et Adonis*. Une dizaine de vases de marbre sont posés sur la balustrade supérieure; on les voit seulement dans la gravure mise en tête du traité de La Quintinye sur la culture des orangers; dès 1692, ils sont transportés à Marly. Dans l'intérieur même du parterre, le groupe de Guidi ne doit pas figurer longtemps; mais toute une décoration sculpturale y prend place.

Quatre vases de marbre, deux entourés de pampres de vignes par Le Gros et par Buirette, et deux ornés d'un feston de fleurs, « du dessin de M. Mansart », par Le Gros et par Robert, sont au centre de quatre pièces de gazon. Quatre groupes importants et deux statues sont appelés à compléter l'ornementation de ce parterre. Les statues et les groupes, placés aux angles des gazons les plus rapprochés de la façade de l'Orangerie, sont de bronze. On les voit sur les tableaux de Cotelle et de J.-B. Martin, où se reconnaissent le groupe d'*Hercule terrassant l'hydre*, qui venait du château de Richelieu ; le *Mercure enlevant Psyché*, d'Adrien de Vriès, donné par la reine de Suède à Servien et vendu par celui-ci à Colbert, qui l'avait mis à Sceaux ; une *Diane chasseresse*, « jetée en fonte par Keller, d'après la Diane grecque » ; enfin une *Vénus de Médicis*. Au milieu des pièces de gazon du centre se dressent, depuis 1687, deux groupes de marbre, où nous retrouvons deux commandes faites jadis pour le premier Parterre d'eau et que décrit un inventaire des jardins : « *Saturne enlevant Cybèle* est la figure du Temps ; Cérès est à ses pieds, appuyée sur un lion qui est le symbole de la Terre ; il est fait par Regnaudin... ; *Borée enlevant Orythie* ; le zéphire est à ses pieds ; ce groupe est très bien fait par Gaspard de Marsy, qui est mort avant qu'il fût fini ; Flamand l'a achevé[1]. »

Tous ces objets d'art, qui quitteront un jour les jardins de Versailles et dont les deux derniers finiront au jardin des Tuileries, font au parterre de l'Orangerie une décoration magnifique. A l'in-

---

1. Manuscrit de la Bibliothèque de Versailles, n° 22, p. 113. Le plan des jardins publié dans le recueil de Demortain, d'après un dessin levé en 1714, mentionne comme œuvres d'art, dans le parterre de l'Orangerie, le groupe de Regnaudin et celui de Marsy, les quatre vases de Robert et de Le Gros. On distingue les groupes sur une planche du même recueil et sur la belle vue perspective de Versailles et des jardins, dédiée par Dumas au duc d'Antin et gravée par Coquart en 1712. Les groupes ne figurent plus sur l'aquarelle de Portail, qui donne une vue fidèle de l'Orangerie au milieu du dix-huitième siècle. On sait qu'ils ont été transportés dans le jardin des Tuileries. Quant aux groupes de bronze, ils sont aujourd'hui au Louvre, ainsi que la Diane des Keller. Les ouvrages de bronze avaient quitté le parterre de l'Orangerie avant la fin du règne ; on ne les retrouve ni dans Dumas, ni dans Demortain.

térieur de la construction, il y a alors dans le
« Salon » une « Isis noire, de pierre de touche,
ayant huit pieds de haut », que Bertin a restaurée
et complétée d'un pied de marbre noir. Mais on
remarque surtout une statue de dix pieds de haut,
où Louis XIV est « revêtu d'une cotte d'armes à la
romaine et d'un manteau royal, appuyé de la
main gauche sur la hanche et tenant de la droite
le bâton de général d'armée ».

La statue colossale du Roi est seule demeurée
en place. Mutilée et transformée en dieu Mars
pendant la Révolution, munie d'une tête refaite en
1816 par le ciseau de Lorta, elle n'est autre que
celle que le duc de la Feuillade avait commandée
tout d'abord à Martin Desjardins pour le monument
parisien de la Place des Victoires. Le courtisan
changea d'avis, comme on le sait, au cours du
travail, et ce fut tout un monument de bronze,
avec une victoire couronnant le Roi, des esclaves
et des bas-reliefs au piédestal, que le grand sculpteur dut exécuter. La pompeuse inauguration du
28 mars 1686 est restée célèbre comme fête païenne
d'apothéose royale. Le marbre de Desjardins avait
été, pendant ce temps, terminé par Bertin et offert
à Louis XIV par M. de la Feuillade en 1683.
C'était alors une image pacifique du Grand Roi,
et le socle portait l'inscription : *Pace beat totum
bello qui terruit orbem.* Sa place devant l'orangerie
de Le Vau, puis à l'intérieur de celle de Mansart,
n'avait jamais été que provisoire; il se trouve
qu'elle y est encore. Elle vaudrait qu'on visitât
l'édifice qui l'abrite, même si l'on n'avait point à

y goûter les puissantes lignes de l'architecture et la beauté majestueuse des voûtes.

L'élargissement de l'Orangerie a entraîné le remaniement de toutes les parties du jardin qui l'avoisinaient. Le parterre au-dessus de la construction nouvelle devenait celui qui existe aujourd'hui, un des chefs-d'œuvre de Le Nôtre, avec ses deux bassins et ses cinq perrons; on y transportait les Sphinx aux enfants, sculptés par Lerambert d'après un modèle de Sarrazin. Quant au Parterre d'eau, il subissait encore une transformation; les statues venaient à peine d'être posées parmi son capricieux dessin, qu'elles en étaient ôtées, dispersées dans le jardin, et deux vastes bassins bordés de marbre, deux « canaux », comme on disait alors, occupaient le grand espace au-devant du Château.

Cet énorme travail est exécuté en 1684, pendant la seconde année du séjour définitif de la Cour, à l'heure même où s'achève la Grande Galerie. Tout le premier plan du paysage qu'on découvre des appartements se trouve changé, en même temps que, pour le promeneur du parc, la façade de Le Vau. La décoration sculpturale doit être entièrement de bronze, et de grands projets sont étudiés pour la rendre plus somptueuse que tout ce qu'on a fait jusqu'alors. Quand les Ambassadeurs de Siam visiteront Versailles, en 1686, ils ne verront encore que des jets d'eaux jaillissant verticalement dans les deux bassins; mais on leur contera ou plutôt on apprendra au public, à l'occasion de leur visite, les ouvrages merveilleux qui s'y préparent :

... Ils sortaient remplis (*sic*) d'avoir vu tant d'or, de
bronze et de marbre, tous les rebords des bassins, les
bancs et les degrés n'étant faits que de cette dernière
matière, lorsqu'ils se virent auprès des deux bassins qui
regardent la face du Château ; ce qui leur donna une nouvelle occasion d'admirer. Ces canaux ont 20 toises de large
dans œuvre, 40 de long et 700 pieds de tour. Ils sont
accoudés par les coins et leurs rebords, qui sont tout de
marbre, ont trois pieds d'épaisseur, sans la marche d'en
bas ; ce qui marque une magnificence singulière. On dit
aux Ambassadeurs qu'on travaillait à des groupes de figures
de bronze pour les orner ; que ces groupes devaient être
d'environ 7 pieds de long et posés sur les rebords de ces
canaux ; qu'on en devait mettre douze sur chacun, savoir
deux Fleuves avec leurs attributs, deux Rivières et quatre
Nymphes accompagnées des attributs qui leur conviennent,
avec quatre groupes d'enfants ; qu'au milieu de chaque
canal il y aurait diverses figures pour représenter la naissance de Vénus et de Théthys ; qu'ainsi l'un de ces canaux
serait appelé le *Canal de Théthys* et l'autre le *Canal de
Vénus* et que ces figures devaient être accompagnées de
Dieux marins et de diverses sortes de poissons jetant de
l'eau ; le tout de bronze. Il serait difficile de rien imaginer
qui fasse mieux connaître la grandeur et la magnificence
du Roi, aussi bien que le bon goût de celui qui, après
Sa Majesté, est le premier mobile de toutes ces choses
[Louvois].

Cependant, ce n'est pas tout ce qu'on remarquera en cet
endroit, puisque dans deux petits bassins tout de marbre,
qui sont carrés et élevés et qu'on a placés un peu par delà
ces deux canaux et sur la même esplanade, on doit voir
encore des Combats d'Animaux, qui seront de bronze, et
qu'on doit mettre le long de la façade du Château plusieurs
grandes cuvettes de même matière et remplies d'ornements ; de sorte qu'on verra en même temps les figures
des canaux, les animaux des bassins et les cuvettes du
Château. Tous ces ouvrages se font à l'Arsenal et doivent

être bientôt achevés, ce que le Roi résoud étant toujours presque aussitôt exécuté que conclu.

Ces grands desseins, dignes d'être rappelés, comportent deux parties distinctes, dont une est demeurée en projet. Elle comportait les « cuvettes », qui furent remplacées par les quatre figures de bronze adossées au Château, et surtout les deux « Triomphes marins », qui devaient meubler la surface des bassins. Une estampe de Pérelle indique l'aspect qu'ils auraient offert; au centre, des figures nues groupées dans une grande coquille, autour de laquelle nagent des Néréides et des Tritons soufflant dans leur conque; aux deux bouts de chaque bassin, en face du Château et devant l'horizon du Canal, un couple de Tritons soulevant une coquille. Les effets d'eau sortent de ces coquilles et enveloppent aussi le groupe du centre, qui représente au bassin du midi le Triomphe de Vénus, au bassin du nord, le Triomphe de Théthys.

Dans les papiers de Le Brun abondent les études préparatoires sur cette donnée de triomphes marins. Des modèles en terre furent d'abord préparés, tout au moins pour le bassin de Vénus; plusieurs sculpteurs y travaillaient en 1685, et les moules furent pris par Cassegrain et Robert; on n'alla point jusqu'à la fonte en bronze. En 1691, les moules inutilisés furent rangés dans une salle du Louvre, comme en un magasin, et s'y détruisirent avec le temps. Peut-être Louis XIV garda-t-il l'espoir de réaliser son grandiose dessein, le jour où la fin des guerres le lui permettrait; mais tout l'effort se borna à mettre en place le reste du décor. Il est tellement heureux et suffit si bien à notre admiration, que l'on s'étonne qu'il ait jamais paru nécessaire d'y ajouter quelque chose.

L'ensemble d'œuvres de bronze, qui se trouve réuni au Parterre d'eau, est unique par son importance et par sa beauté. Il a été constitué à son heure, selon cette volonté raisonnée qui mène tout dans Versailles, et qui fait succéder à chaque création ancienne une création plus belle encore. Après la sculpture de pierre, qui orna les jardins primitifs et qu'accompagnèrent les plombs des premières fontaines, on vient d'assister au triomphe du marbre, dont l'usage, suggéré par l'Italie, s'accommode assez mal à nos climats. C'est maintenant le bronze qui règne à Versailles; nulle part on n'a mieux utilisé, et dans des proportions plus justes, une matière de toutes la plus coûteuse, mais aussi la plus durable.

Avec les « Combats d'animaux », qui ont été fondus en 1687, les groupes de l'Allée d'eau transformés en bronze au cours de 1688, les figures d'après l'antique posées devant la façade et celles des deux perrons proches du Château, les bronzes du Parterre d'eau, figures de Fleuves, de Rivières, de Nymphes et jeux d'enfants, font un total de cinquante-huit pièces. Les cinquante morceaux les plus importants, tous de deux ou trois figures, ont été fondus à une même époque, durant la courte période de 1687 à 1690. Vers le même temps, quelques fontes accessoires sont indiquées dans les Comptes des Bâtiments, pour le service du Roi ; mais, si l'on s'en tient à l'ensemble des cinquantes pièces de Versailles, on doit noter que les fondeurs employés par Louvois furent les sieurs Varin, Meunier (ou Monnier) et Langlois, pour l'Allée d'eau, Aubry, Bonvallet, Roger et Taupin, pour les jeux d'enfants du Parterre, et les frères Keller, pour toutes les autres pièces, qui sont les plus considérables.

Jean-Jacques et Jean-Balthazar Keller, nés à Zurich, furent, comme en juge Blondel, « les deux plus habiles fondeurs que la France ait possédés ». Venus en France pour exécuter à l'Arsenal de Paris les pièces d'artillerie de Sa Majesté, les deux frères avaient perfectionné leur art à un tel point qu'il sembla tout naturel de les employer à la décoration de Versailles. On a le contrat passé à cet effet, par-devant notaires, le 22 décembre 1682, entre Monseigneur de Louvois, représentant le Roi, et Balthazar Keller, écuyer, commissaire ordonnateur des fontes de France, demeurant à l'Arsenal ; il est convenu que Keller « jettera en bronze, à cire perdue, toutes les statues qui lui seront ordonnées par le Roi, de la hauteur de 6 à 8 pieds, fera réparer les cires par les plus habiles sculpteurs, fournira toutes choses nécessaires pour les moules, fera fondre le métal et jettera en bronze lesdites statues à ses frais... et rendra les modèles et les creux de plâtre, qui lui seront prêtés des magasins du Roi pour y mouler lesdites cires, au même état qu'ils lui seront livrés. » Le prix moyen arrêté pour la fonte des figures de huit pieds est de 1.200 livres, et il est stipulé que le cuivre et le laiton seront fournis au fondeur par les Bâtiments du Roi[1].

Les frères Keller commencèrent leurs travaux, en 1684 et 1685, par les quatre figures antiques qui furent placées sur des piédestaux de marbre blanc adossés à la façade du Château : *Bacchus, Apollon, Mercure et Silène*, le premier d'après un marbre du Roi aujourd'hui au Louvre, le dernier d'après un marbre de la collection Borghèse, les deux autres d'après ceux du Vatican[2]. Les creux avaient été établis par Cassegrain, dans un atelier de moulage installé au palais Brion. Le procédé de la cire perdue demande, comme on le sait, une réussite extraordinaire; pour satisfaisantes qu'elles soient, les statues ne sont pas comparables à celles qui suivirent, sans doute à cause de la différence du métal. Le bronze des nouvelles fontes fut de mitraille moitié rouge, moitié jaune, dont le fondeur Nicolas de Nainville prépara l'alliage. Dès lors, de véritables chefs-d'œuvre furent obtenus, car on ne peut souhaiter fontes plus parfaites que celles des Combats d'Animaux, qui portent, avec la signature des Keller, la date de 1687 dans le bronze.

Les modèles en cire destinés à la Fontaine du Point du Jour, *Tigre terrassant un Ours* et *Limier abattant un Cerf*, étaient de Houzeau, qui reçut de

1. Celui-ci devra livrer le métal moulé, poids par poids, à la réserve de dix pour cent qui lui seront passés par déchet (*Revue de l'histoire de l'Art français*, t. IX, p. 142).

2. Les marbres du Bacchus et du Silène sont au Louvre, celui-ci seulement depuis 1808.

ce chef 2.200 livres; ceux de la Fontaine de Diane, *Lion terrassant un sanglier* et *Lion terrassant un Loup*, sont attribués à Van Clève[1]. Ces deux fontaines équilibrent à merveille le Parterre d'eau[2], et leurs quatre bronzes sont les plus beaux groupes d'animaux qu'aient produits la sculpture du dix-septième siècle. La fonte de ce chef d'œuvre occupe les Keller en 1687, et l'année suivante voit le commencement d'exécution des figures couchées du Parterre. On est donc surpris de rencontrer à ce moment même, dans les minutes de Louvois, ce billet adressé de Fontainebleau au second des Keller, le 4 novembre 1688 : « J'ai reçu votre lettre du 23e du mois passé. Ne comptez point que je me paye du verbiage que contient le mémoire qui l'accompagne. Toutes les pièces que vous avez coulées sont faites de fort mauvais alliage. Ainsi, vous pouvez vous assurer qu'elles seront refondues aux dépens de votre frère aîné[3]. » Il faut croire qu'il s'agit ici de pièces de canon, fondues pour les services militaires ou peut-être pour les bâtiments du Canal de Versailles, car les ouvrages magnifiques des Combats d'Animaux, ni ceux du Parterre d'eau ne sauraient avoir donné motif à cette colère du ministre.

1. Les Comptes indiquent toutefois, en 1685 et 1686, le paiement d'un modèle à Corneille Van Clève et d'un autre à Jean Raon.

2. Ces bassins superposés, conçus pour le jeu des eaux et qu'on appelle parfois les « Cabinets des animaux », sont figurés dans le recueil de l'Institut (*Mss.* 1307) avec une légende instructive : « Cabinets d'eau, du dessein de M. Mansart ». Le Parterre seul est « du dessein de M. Le Nostre ».

3. Archives historiques du Ministère de la Guerre, vol. 812, fol. 144.

Les plus anciennes fontes du Parterre paraissent le Rhône et la Saône, par Tubi, qui ne portent aucune date. La première des figures datées serait la Garonne, de Coyzevox, qui a l'inscription : *Fondu par les Keller Suisses, 1688.* Les autres fontes que les maîtres de l'Arsenal ont tous orgueilleusement signées, presque toujours avec la date, présentent la mention uniforme et plus courte : *Fondu par les Keller.* Mais le mérite des fondeurs ne doit pas faire oublier celui des créateurs de ces nobles images des divinités fluviales du royaume, qu'on trouva ingénieux d'honorer dans ce jardin des eaux. Jamais les grands sculpteurs du règne de Louis XIV n'ont réalisé d'inspirations plus puissantes et mis un génie plus varié et plus souple au service d'une conception d'ensemble. Ils ont été admis ici à l'honneur de signer leurs œuvres, et la cire des modèles définitifs a ménagé leur nom en beau relief, à côté de celui des fondeurs, dans le bronze destiné à les immortaliser. Aucun nom de sculpteur n'est suivi de la date d'exécution des modèles originaux, sauf pour le fleuve de la Garonne, qui porte : *A. Coyzevox f. 1686*; les chiffres sont maladroitement gravés après coup dans le bronze, peut-être sur une réclamation de l'artiste.

Le vieillard appuyé sur un gouvernail, qui représente le fleuve de la Garonne, fait avec la Dordogne du même artiste le plus majestueux de ces couples allégoriques. Nulle, parmi ces divinités fluviales, ne fait mieux penser au Rhin de Boileau, « tranquille et fier du progrès de ses eaux ». Sa tête, qu'allonge la barbe flottante, est joviale; sa bouche rit spirituellement à quelque vision dans l'espace. Un bel enfant, blotti auprès de son corps musclé, répand les fleurs et les fruits et joint sa grâce mutine à cette œuvre de tranquille force. En face, la Dordogne, sous les traits d'une femme puissante, est renversée sur un coude et regarde aussi vers le ciel, comme ravie; le petit dieu qu'elle enlace suit son mouvement; sa tête est chargée de fleurs; autour d'elle sont épars des fruits, des épis, du feuillage de vigne, et deux urnes jumelles, évoquant la double origine de la Dore et de la Dogne, coulent sous son bras magnifique. Il en va de même pour les autres figures, toutes munies de symboles qu'on peut aisément appliquer à nos diverses provinces. La Saône, par exemple, couronnée de pampres et entourée de raisins, personnifie clairement l'heureuse Bourgogne; la rivière du Loiret s'appuie sur une urne énorme, qui rappelle ses fameuses sources, dont la seconde, le « Bouillon », jaillit en 1672. N'insistons pas sur des détails, qui cependant ne parurent pas indifférents et dont il faut sans doute faire honneur à l'imagination de Le Brun[1]. C'est le Premier Peintre, en effet, qui fut chargé pour le Parterre d'eau, comme pour les autres parties de Versailles, de donner aux sculpteurs les premiers croquis. C'est lui qui suggéra au Roi la désignation des sujets, arrêta les attitudes,

1. Nous avons décrit les figures du Parterre d'eau et expliqué leur symbolisme dans un livre sur *Les Jardins de Versailles*, Paris, 1906, p. 24-36 (éd. de 1913 et 1924, p. 21-27).

évita aux artistes toute hésitation dans le choix des accessoires et des symboles. Ainsi fut assurée l'unité d'exécution de cette imposante assemblée de bronze.

Voici la liste des œuvres, avec la date des fontes : au bassin du Midi (dit aux Comptes bassin de Vénus), le fleuve de la Loire par Regnaudin (1689), la rivière du Loiret par le même (1689), une Nymphe par Raon (1688), une autre Nymphe par le même (1688), la rivière de la Saône par Tubi et le fleuve du Rhône par le même[1], une Nymphe par Le Hongre (1690), une autre Nymphe par le même (1690); au bassin du Nord (dit bassin de Théthys), la rivière de la Dordogne, par Coyzevox (1688), le fleuve de la Garonne par le même (1688), une Nymphe par Philippe Magnier (1689), une autre Nymphe par le même (1689), le fleuve de la Seine par Le Hongre (1690), la rivière de la Marne (1689), une Nymphe par Le Gros (1688), une autre Nymphe par le même (1688). Chaque modèle, comportant une figure couchée et un amour, avec divers attributs, a été payé 1.400 livres; ce prix rémunère aussi les soins donnés par chaque artiste, « pour réparer les cires pour les jeter en bronze à l'Arsenal ».

On remarque que tous les principaux sculpteurs alors vivants ont participé à cette création. Si Girardon manque à la liste, c'est qu'il a été chargé de surveiller dans les ateliers des Keller l'exécution des travaux : il reçoit, pendant trois ans, à

---

1. Ces fontes sont sans date, avec le nom orthographié *Tuby*.

partir de 1688, 4.000 livres de gratification « pour la conduite des ouvrages de sculpture et fonte des figures de bronze ». A ce titre, le grand artiste réforma comme insuffisant un modèle de plâtre du *Point du Jour* de Gaspard Marsy, qu'il fut question à la même époque de couler en bronze. Cet essai se rattache peut-être à un projet de transformer en bronzes une partie des statues de marbre des jardins; on sait trop quelles circonstances du règne empêchèrent de le réaliser.

Huit groupes de jeux d'enfants complètent la décoration des bassins, et mêlent avec harmonie aux grandes figures couchées des figures dressées de dimensions moindres. Les artistes, qui semblent ici d'un rang un peu moins élevé que les précédents, supportent dignement leur voisinage. On admire en ces groupes de trois enfants, plus libres et plus animés que ceux de l'Allée d'eau, la variété des attitudes fournies par le jeu, la grâce vraiment jeune de ces corps hardis et vivants. Les quatre groupes du bassin du Midi sont dus à Poulletier, à Laviron, dont l'ouvrage a été terminé par Le Gros, à Granier, et à Lespingola travaillant avec Buirette[1]. La liste est moins sûre pour le bassin du Nord : Corneille Van Clève a exécuté le groupe où l'un des enfants souffle dans un coquillage; on trouve indiqués, comme ayant travaillé pour ce bassin, Mazière et Du Goulon; on aimerait savoir surtout quel fut l'ingénieux modeleur des enfants

1. Les renseignements sur les groupes d'enfants du Parterre d'eau sont fournis par un inventaire des bronzes du Roi, en minute, conservé aux Archives nationales, O[1] 1794.

jouant avec un cygne, un des plus exquis morceaux de la série. Chaque artiste reçut 1.000 livres
pour son modèle; aucun d'eux ne fut autorisé à
mettre son nom; il en alla de même des fondeurs,
rivaux inégaux des Keller par la qualité moins
pure de leur bronze, qui achevèrent de « jeter » ces
groupes en 1690, pour le prix total de 20.000 livres.
Si l'on s'en rapporte aux travaux de marbrerie,
terminés seulement en 1692, cette dernière date
fut celle de l'achèvement définitif du grand
ensemble resté sous nos yeux.

Ce ne furent pas seulement les abords du
Château qui subirent des transformations après
l'installation de la Cour. L'humeur changeante de
Louis XIV s'appliquait partout à modifier ces
beaux jardins qu'on avait pu croire achevés.
Dangeau nous donne plusieurs indications, qu'il
y a profit à grouper. On y voit le Roi occupé,
pendant tout l'été de 1684, en projets de fontaines
et de bosquets. Le 19 juin 1684, « le Roi ordonna
une colonnade de marbre avec de grosses fontaines, dans l'endroit où étaient les Sources ».
Le 7 juillet, « le Roi se promena à ses fontaines et
ordonna qu'on ôterait celle de la Renommée,
voulant dans cet endroit-là faire encore quelque
chose de plus magnifique ». Le 9 août, « le Roi
avait ordonné qu'on travaillât à une fontaine au-
dessous du Marais, qui devait être beaucoup plus
magnifique que toutes celles qui étaient déjà
faites. » Le 28 août, « le Roi se promena longtemps à pied dans son petit parc, visita quelques-

unes de ses plus belles fontaines et ordonna quelques changements à celle qu'on appelle la Montagne d'eau ». On n'est point surpris de trouver, le 30 mars suivant, cette autre note de Dangeau : « Monseigneur alla se promener dans les jardins et nous fit voir quelques fontaines, qui n'allaient point depuis longtemps, à cause qu'on avait un peu bouleversé les jardins. » Il pouvait y avoir, en effet, un bouleversement assez sérieux de la canalisation souterraine du parc, à la suite d'opérations telles que le défoncement du Parterre d'eau, les grands travaux de Neptune, menés à terme en mai 1685, ou encore l'aménagement des deux derniers bosquets décidés par le Roi.

Le premier de ces bosquets fut entrepris aussitôt et vint occuper l'emplacement où se trouvait alors le bosquet des Sources. Ce fut l'admirable *Colonnade*, bâtie sur un dessin de Mansart, dont Blondel disait que « la richesse des matières, la beauté de son exécution, l'Architecture, la Sculpture, l'Hydraulique y sont mariés avec tant d'art et d'intelligence, que son aspect seul serait capable de donner une idée de la splendeur et de la prospérité des Arts sous le règne de Louis le Grand ».

Saint-Simon raconte, à propos du retour d'Italie de Le Nôtre : « Le Roi le mena dans ses jardins de Versailles, où il lui montra ce qu'il avait fait depuis son absence. A la Colonnade, il ne disait mot. Le Roi le pressa d'en dire son avis : « Eh bien! Sire, que voulez-vous que je vous dise? d'un maçon vous avez fait un jardinier (c'était Mansart), il vous a donné un plat de son métier. »

Le mot est piquant et a peut-être été dit quelque part, mais point, à coup sûr, comme le veut Saint-Simon. Le Nôtre, en effet, n'est allé en Italie qu'en 1679 et Mansart a bâti la Colonnade en 1685; nous n'en sommes plus d'ailleurs à compter les inexactitudes de Saint-Simon dans l'ordre de nos études. C'est par un accord nécessaire entre les deux artistes que fut faite la nouvelle création. La construction qu'ils décidèrent, exécutée par le marbrier Deschamps, est tout entière de marbre blanc, sauf les colonnes et les pilastres; huit colonnes sont de brèche violette, douze de bleu turquin et douze de rouge de Languedoc; les trente-deux pilastres sont tous de Languedoc. Rien n'est plus éclatant à l'œil que cet ensemble de marbre, décoré d'une sculpture très abondante; voici, avant qu'il soit entièrement achevé, la description qu'en fait le *Mercure* et qui est à la fois la première en date et l'une des plus précises :

Il est où étaient auparavant les Sources, dans une clairière qui fait partie de ce bosquet. Sa disposition est un cercle parfait de 21 toises et demie de diamètre fermé de trente-deux colonnes d'ordre ionique de divers marbres de 20 pouces de grosseur sur 14 pieds de hauteur, en y comprenant leurs bases et chapiteaux de marbre blanc. Ces colonnes répondent à leurs pilastres, qui sont aussi isolés et distants derrière les colonnes d'environ deux diamètres et demi. Les colonnes sont communiquées les unes aux autres par des arcades en plein cintre ornées de leurs archivoltes, avec des masques dans leurs clés qui représentent des divinités champêtres et marines, comme nymphes, naïades, dryades, hamadryades, silvains, etc., et le tout est couronné d'une corniche continue, qui, rentrant en elle-même, forme un cercle parfait. Au-dessus de cette corniche... chaque colonne porte un vase de marbre blanc sculpté et terminé par une pomme de pin. Les tympans triangulaires entre les arcades sont ornés de trente-deux bas-reliefs d'Enfants, où sont représentés les Jeux et les Amours. Derrière ces tympans il y a des adoucissements qui viennent finir sur un socle porté sur l'entablement architravé, afin d'empêcher la poussée au dehors.

Toute cette machine est posée dans une rigole ou bassin rond, qui règne au pourtour et reçoit l'eau qui retombe en nappe par trente et un jets d'eau dans autant de bassins de marbre blanc, portés chacun sur un pied orné de trois consoles. L'entrée de cette pièce occupe la place du trente-deuxième bassin, qui est devant cette entrée dans une niche de treillage à la rencontre de deux allées, par lesquelles on y arrive. L'aire du milieu est sablée, et cette manière d'arène est renfermée par cinq degrés circulaires. La construction de cet édifice est toute de marbre blanc solide sans incrustation. Le bois qui l'enferme avec le treillage qui garnit les tiges des arbres fait un fond avantageux pour faire détacher l'architecture, et cette pièce, qui est de pure magnificence, se fait autant admirer par la propreté de son travail que par la richesse de sa matière. Cet ouvrage marque que le Roi est le plus magnifique prince de la terre et fait voir que le marbre est présentement plus commun en France qu'en Italie. Ce superbe morceau d'architecture est du dessin de M. Mansart.

Le Roi paraît avoir hésité avant d'ordonner la décoration de la Colonnade. Un projet conservé dans les papiers de Mansart nous apprend qu'à la place des jolies fontaines, qui animent à certaines heures le cercle de marbre, on avait songé à poser des figures champêtres et mythologiques[1]. Treize

---

1. L'état des artistes désignés pour les exécuter mérite d'être connu, car c'est, à cette date, la liste même des meilleurs sculpteurs de figures employés par les Bâtiments du Roi. On y

sculpteurs devaient se partager les trente-deux morceaux. L'idée fut beaucoup plus heureuse de remplacer cette collection de statues, qui eussent été fort serrées et d'aspect assez monotone, par les bassins élégants dont les trente-deux jets montent sous les blanches arcades. Mais la sculpture garda une place considérable à la Colonnade; les artistes ne perdirent point au changement, et même un plus grand nombre fut appelé à prendre part aux travaux.

La beauté de l'œuvre célèbre exige que soit faite ici la part de tous. Les bas-reliefs de génies et d'amours ont été confiés à Coyzevox, Tubi, Le Conte et Le Hongre, pour sept morceaux chacun, à Mazière et Granier, pour deux morceaux chacun. Au claveau de chaque arc sont des têtes de nymphes, naïades et sylvains, qui rappellent le projet primitif. Ces « masques » ont pour auteurs Coyzevox, Regnaudin, Magnier fils, Van Clève, Lespingola, Granier, Le Hongre, Flament, Drouilly, Simon Mazière, et sont payés sur les fonds de 1685 et 1686. D'après les comptes et les quittances, les vases posés sur la corniche, au-

trouve Le Conte (chargé de deux statues : Dieu Pan et Syrinx), Flamen (Faune et Amadryade), Van Clève (Naïade et Satyre), Mazière (Faune, Amadryade et Naïade), Regnaudin, appelé « M. Renodin » (Bacchante, Théthys et Neptune), Drouilly (Jeune Faune et Dryade), Granier, appelé « M. Garnier » (Dryade et Terme), Cornu (Satyre, Bacchante et Satyre), Le Hongre (Silvain, Nymphe et Marsyas), Magnier, appelé « M. Mannier » (Faune et Naïade), Lespingola, appelé « M. Spingola » (Silvain et Nymphe), Coyzevox, appelé « M. Cosvos » (Satyre, Nymphe et Bacchante), Du Goulon (Silvain et Nymphe). Ce projet primitif est conservé aux Archives du service des Bâtiments Civils, à la Direction des Beaux-Arts.

LE BOSQUET DE LA COLONNADE

[illegible]

dessus de chaque colonne, sont de Mazeline,
Raon, Van Clève, Philippe Magnier, Simon Mazière, Le Conte, Granier, Flament, Drouilly,
Le Gros, Noël Jouvenet et Étienne Le Hongre[1].
Il n'est pas jusqu'aux parties purement ornemen-
tales dont les commandes ne puissent être retrou-
vées, par exemple pour les chapiteaux, les « arcades
de guillochis pour le dessus de la corniche », les
bassins et les pieds qui les supportent, tous
ouvrages d'une délicatesse exquise, pour lesquels
paraissent, avec plusieurs des noms précédents,
ceux de Herpin, Monnier, Dedieu, Houzeau le
jeune, Robert, Hurtrelle, Du Goulon, Mazière
aîné et jeune, Magnier fils, Louis François, Boutet,
Vigier, Legrand, Carlier, etc. Ce sont, en un mot,
tous les sculpteurs de Versailles qui sont à l'œuvre
en même temps et qui font de la Colonnade un
des plus parfaits décors des jardins.

On ne songe point d'abord à y placer un motif
de milieu ; les dessins et les estampes ne manquent
point, sans parler de la toile de Cotelle, dans
lesquels la Colonnade se montre encore dépourvue
du groupe de Girardon, l'*Enlèvement de Proserpine*, qui semble en être aujourd'hui le centre
nécessaire. Ce groupe faisait partie de la commande des quatre *Enlèvements*, que Colbert
destinait au Parterre d'eau primitif et dont l'idée
venait de Le Brun. Le premier acompte payé à

---

1. Les sculpteurs de la Colonnade sont indiqués par les
Comptes, t. II, 621-628, 987-992, 1172-1181. Quelques quittances
sont publiées dans les *Nouvelles Archives de l'Art français*,
t. IV, p. 63-64. Blondel donne une description technique et fort
précise dans son *Architecture françoise*, t. IV.

l'artiste est de 1677. Il travailla d'abord à un petit modèle en bronze qui fut placé chez le Roi en 1693. On constate l'achèvement du marbre par le paiement, fait le 30 août 1694, de 10.500 livres, pour compléter les 20.500 livres « à quoi montent la figure en marbre représentant l'*Hiver*, qu'il a faite et posée dans le jardin du Château de Versailles, et le groupe des trois figures représentant l'*Enlèvement de Proserpine par Pluton*, qu'il a fait en marbre pour ledit jardin ». Quant au transport à Versailles, il nous est encore indiqué par le commis des comptes, qui a payé un maître charpentier, le 26 février 1696, « pour ouvrage de charpenterie et dépenses qu'il a faits pour sortir des ateliers du Louvre la figure de marbre représentant *Arion* et le groupe de marbre représentant l'*Enlèvement de Proserpine*, et pour les conduire à Versailles ».

Mais on ne sait point encore où ce grand ouvrage sera mis. M. de Villacerf, depuis peu surintendant des Bâtiments, est disposé à l'écarter du décor de Mansart : « Je trouverais, écrit-il le 7 février, le groupe de Girardon trop enfermé dans la Colonnade, outre qu'il y en a un à la porte qui ferait un méchant effet[1]. Il me semble qu'il le faudrait mettre dans un lieu où on le vît mieux, où il fût en sûreté et un peu plus public que la Colonnade »[2]. Louis XIV prend le temps de la réflexion. L'artiste cependant s'occupe du bas-relief du

---

1. Il s'agit de *La Renommée du Roi,* dont il sera question p. 188.
2. Collection d'autographes de la Bibliothèque de Versailles.

piédestal, qui doit répéter, en le traitant d'autre façon, le sujet même de son groupe[1]. Enfin, le 21 décembre 1698, le trésorier des Bâtiments reçoit du garde du Trésor royal 7.300 livres « pour délivrer au sieur Girardon, pour le parfait paiement du piédestal de sculpture qu'il a fait en marbre pour le groupe qui doit être posé dans la Colonnade[2] ».

Telle est la première mention de la destination définitive de l'*Enlèvement*. D'après la pose des marches qui l'entourent, il semble être installé en 1698, bien qu'en juillet 1699 Girardon reçoive un nouvel acompte sur son piédestal, qu'il achève cette année même. Le groupe et le piédestal portent la même signature et la même date : *F. Girardon Troien 1699*. Le 15 juin 1700, Mansart note en son journal inédit : « M. Girardon ayant demandé à se retirer, Sa Majesté le lui a permis et a réglé que sa pension serait réduite à deux mille livres. » Le célèbre groupe de la Colonnade est donc l'œuvre suprême, en même temps que le chef-d'œuvre, du grand sculpteur de Versailles.

Quelle part peut revendiquer le parisien Robert

1. Dès le mois de novembre 1696, on transporte « trois blocs de marbre dans l'atelier du sieur Girardon, pour faire le piédestal du groupe de l'*Enlèvement de Proserpine* »; des moules sont exécutés vers le mois de mars 1697.

2. L'histoire du groupe de l'*Enlèvement* ou du *Ravissement de Proserpine* est fournie par les sources suivantes : Comptes, t. I, 963 (premier acompte payé à Girardon); t. II, 335, 439, etc.; t. III, 948, 1004; t. IV, 184, 190; 299, 305, etc.; Manuscrit 22 de la Bibliothèque de la ville de Versailles; *Journal manuscrit* de Mansart (Archives nationales, O¹ 1809); *Mémoires inédits*, t. II, p. 214 (notice de Gougenot sur Robert Le Lorrain).

Le Lorrain dans les derniers travaux de Girardon, et précisément dans ceux qui nous occupent? L'éloge académique qui l'honore en 1761 assure qu'il avait dans sa jeunesse exécuté, « pour les jardins de Versailles, plusieurs figures sous le nom de M. Girardon, son maître; dans la suite il travailla pour lui-même, et il eut la satisfaction de pouvoir avouer ses œuvres ». Il semble que cette mention, à la fois discrète et précise, se rapporte exactement à l'époque où fut exécuté le marbre de l'*Enlèvement de Proserpine*. Né en 1666, envoyé à vingt-trois ans à Rome, l'artiste admirable, à qui l'on doit les *Chevaux d'Apollon* de l'hôtel de Rohan, était revenu d'Italie, alors que les grandes commandes étaient suspendues et que, selon le mot du bon Gougenot, « le temple des Arts était fermé »; il dut longtemps se contenter de travailler en sous-ordre. Rien n'est plus naturel que de le voir employé par son ancien maître à l'achèvement d'une œuvre énorme, devenue peut-être au-dessus des forces de celui-ci. Ne pourrait-on attribuer la souplesse de ce morceau au secours apporté par Le Lorrain à la main vieillie de Girardon?

Les jardins de Versailles forment une sorte de musée de sculpture française, dont la Colonnade est un des trésors. Mais on est surpris de constater quel petit nombre de statues y a trouvé place avant l'installation définitive de Louis XIV. Jusqu'alors tout l'effort s'est porté sur la décoration des bassins. Il en va autrement désormais; à Versailles, comme bientôt à Marly, c'est le délassement ordinaire du Roi, après les affaires et la chasse, que de planter de nouvelles allées et d'y mettre des figures de bronze ou de marbre. Dès le 17 septembre 1683, première date de ses fonctions de surintendant des Bâtiments, Louvois se montre occupé de ces questions. Il adresse de Fontainebleau un double billet à Le Nôtre et à Mansart, avec cette indication significative : « Le Roi me paraît avoir envie de placer à Versailles la plus grande partie des figures antiques qui sont dans les magasins à Paris. Je vous prie de les voir et de penser aux endroits du petit parc de Versailles que l'on en pourra orner[1]. »

A la réflexion, ce ne sont point les figures antiques ou copiées de l'antique qui vont prendre les premières places. Nous ne les verrons apparaître que plus tard, bien que les Comptes mentionnent, dès 1684, divers transports d'antiques à destination de Versailles, notamment les statues de *Jupiter* et de *Junon*, voiturées de Besançon, et la *Diane* (*Vénus*) envoyée à Sa Majesté par les magistrats de la ville d'Arles. D'importantes commandes de copies sont faites à la même époque, d'après des moulages que le Roi a fait prendre à Rome. Tubi entreprend le groupe de *Laocoon*, Van Clève la *Cléopâtre*, pendant que Le Gros et Coyzevox interprètent librement les motifs anti-

1. Archives historiques du Ministère de la Guerre, vol. 692, fol. 351. D'intéressants dessins des statues de Versailles et de Marly, avec des indications de placement, sont au Cabinet des Estampes, dans un volume coté F *b* 26.

ques, l'un dans sa *Vénus sortant du bain*, l'autre dans sa *Nymphe à la coquille*. D'après l'antique travaillent en copistes de moindres sculpteurs, tels que Monnier, pour le *Gladiateur mourant*, qui fera un jour pendant à la *Nymphe* de Coyzevox, Buirette, pour l'*Amazone du Capitole*, Clérion, pour la *Vénus Callipyge*, Laviron, pour le *Ganymède*, d'autres encore dont l'ouvrage est toujours destiné à Versailles[1].

Aucun de ces divers travaux n'est encore prêt en 1684, année où se fait pourtant une grande installation de marbres déjà exécutés. Quelques-uns ont été posés l'année précédente, probablement ceux de la rangée dont fait partie l'*Hiver* de Girardon[2]; mais c'est bien en 1684 que se plante le principal décor de marbre. On le présente au Roi revenant de Flandre, le 9 août : « La Cour arriva de bonne heure, écrit Dangeau; on trouva

---

1. Le carton O¹ 1796 des Archives nationales contient la liste suivante, dont on garde ici l'orthographe : « *Du 24 février 93. — Noms de tous les sculpteurs qui travaillent pour le Roy. Savoir :* Coisuox, Tuby, Flamand, Granier, Coustou, Bourdy, Magniere, Lespingola, Legros, Dedieu, Urtrelle, Pouletier, Rajolle, Mélo, Maziere l'aisné, Vancleue, Slods, Mazeline, Jouuenet l'aisné, Jouuenet le jeune, Varrin, Langlois, Herpin, Massou, Lecomte, Belan, Dupré, Robert, François le jeune, Lange, Lemaire, Dufour, Boutet, Bonualet, Sᵗᵉ Marie, Gujot, Mazière le cadet, Cornu, André, Carlier, Vizier, Raon, Jolly, Martin, Droüilly, Chauueau, Goupy, Legrand l'aisné, Legrand le cadet, Taupin, Lalande, Maubouge, Hauard, Lefebure, Rousselet, Proust, Bourderel, Renard, Doisy, Güoüet, Barois, Hardy, Poërier, Jaquin, Guarnier, Louis Grenier, Lapierre, Briquet, Charmeton, Hulot »,

2. L'*Hiver* de Girardon fut achevé et mis en place en 1683 (Comptes, t. II, 349). Quelques indications particulières sur les figures de marbre du même temps sont aux Comptes, t. I, 830, 831, 1041, 1678; t. II, 1162; t. III, 1003.

le petit appartement du Roi achevé et beaucoup d'embellissements nouveaux dans les jardins, *surtout par un grand nombre de statues.* » Quelles sont ces statues si nombreuses? Il s'agit assurément des anciens marbres destinés à figurer autour et au milieu du Parterre d'eau, ce parterre tant de fois transformé qu'on n'a pu y décider leur arrangement définitif. Commandés en 1674 par Colbert sur les dessins de Le Brun, livrés par les sculpteurs à partir de 1680, quelques-uns d'entre eux seulement ont été mis en place au Parterre[1]; on vient de les en retirer quand il s'est transformé. Ces marbres demeurent cependant réservés pour les abords du Château, et c'est là que nous les trouvons encore.

Plusieurs de ces figures, et les plus belles, sont réunies dans le voisinage du degré de Latone et des cabinets destinés à recevoir les animaux de bronze; les autres descendent autour du Parterre du Nord et dressent leurs blanches formes le long de ses palissades de verdure. La plus exquise de toutes peut-être, la figure de l'*Air* par Le Hongre (1683), qui soulève ses voiles comme prête à s'envoler, est adossée au Cabinet de Diane, ainsi nommé de la svelte Diane au lévrier, de Desjardins, représentant l'heure du *Soir*, qui est placée à gauche du bassin: de l'autre côté est la précieuse Vénus de Gaspard Marsy, à laquelle un amour présente une flèche et qui signifie l'heure de *Midi*. En face, auprès du Cabinet du Point du

1. V. *La Création de Versailles,* éd. Conard, p. 270-274.

Jour, se montre une autre statue du même artiste, le seul qui ait eu une double commande dans la série et qui reçut pour les deux ouvrages 9.500 livres. Cette élégante figure féminine, qui a une étoile sur le front et un coq à ses pieds, est appelée le *Point du Jour*, et le Roi paraît l'avoir jugée exceptionnelle, puisqu'il en décida une reproduction en bronze, à laquelle, Marsy étant mort, veilla Girardon[1].

De chaque côté du Cabinet du Point du Jour sont deux statues terminées en 1681, le *Printemps* de Magnier, portant une corbeille de fleurs appuyée sur sa hanche, et l'*Eau* de Le Gros, dont un bras soutient un vase penché et qui pose le pied sur un dauphin. A l'entrée des rampes de Latone se trouvent encore trois marbres de la série : à droite, celui de Michel La Perdrix (1681), le *Mélancolique*, un des quatre Tempéraments de l'Homme, représenté par un personnage dans une attitude rêveuse, lisant un livre et tenant une bourse ; à gauche, une femme demi-nue, jouant de la lyre, que Tubi sculpta en 1682 pour représenter le *Poème Lyrique*, et une autre tenant un brasier, avec une salamandre à ses pieds, qui symbolise, sous le ciseau de Dossier (1681), l'élément du *Feu*. On voit que des statues qui devaient être groupées symétriquement et parler ainsi d'une façon claire à l'esprit de tous, ont été disposées irrégulièrement et sans

---

1. Le *Point du Jour* est daté par les inventaires, ainsi que la *Diane* de Desjardins, de l'année 1680, la plus ancienne date a laquelle remonte l'exécution des figures de la grande commande de Colbert, qui sont presque toutes des années suivantes.

aucun rapport entre elles; chacune doit se suffire à elle-même et valoir par sa beauté propre.

Les autres figures se retrouvent au pourtour du Parterre du Nord, dans un désordre semblable, où l'idée première a disparu. On y a mis le quatrième Élément, la *Terre* par Massou (1681), qui tient une corne d'abondance et garde un lion à ses pieds. La quatrième Partie du jour, la *Nuit* par Raon, que font reconnaître un flambeau et un hibou, et trois des Saisons : l'*Été*, par Hutinot, sous la figure de Cérès, l'*Automne*, par Regnaudin, symbolisé par Bacchus, comme dans les fontaines des grandes allées, enfin l'*Hiver*, représenté par un vieillard appuyé sur un tronc d'arbre, les bras croisés, avec un brasier près de lui, qui est un des chefs-d'œuvre de Girardon.

Trois morceaux de la série des quatre Poèmes sont dans son voisinage, le *Poème héroïque* par Drouilly, couronné de laurier et tenant une trompette, le *Poème Satirique* de Philippe Buyster, personnifié par un satyre appuyé à un tronc d'arbre et portant un thyrse, le *Poème pastoral* de Pierre Granier (1681), figure commencée par Errard et qui est couronnée de fleurs, tenant un bâton de pâtre et une flûte de Pan. La curieuse série des quatre Tempéraments, dont l'un, le *Mélancolique*, est placé à l'une des rampes de Latone, se complète ici par le *Flegmatique* de Lespagnandel, personnage aux bras croisés sur la poitrine, une tortue à ses pieds, le *Sanguin* de Noël Jouvenet, un faune qui joue de la flûte auprès d'un bouc broutant des raisins, et le *Colérique* de

Houzeau, un homme au bras levé, accompagné d'un lion qui précise le symbole.

Les quatre Parties du Monde sont au complet autour du Parterre. L'*Europe* de Mazeline (1680) est coiffée d'un casque et s'appuie sur un bouclier où est représenté un cheval : l'*Afrique* de Jean Cornu (1682), commencée par Siebrecht, a un lion couché à ses pieds et pour coiffure la peau d'une tête d'éléphant; l'*Asie* de Roger tient un vase de parfums et pose le pied sur un turban; enfin le dernier ouvrage de Gilles Guérin, l'*Amérique*, que le vieil artiste n'a pu achever de sa main, ayant près d'elle un crocodile et une tête d'homme, s'avance l'arc au poing, le carquois sur le dos, avec un pagne et une coiffure de plumes.

Les divers sujets, gravés par Thomassin avec l'ensemble des sculptures de Versailles, sont plus intéressants à retrouver dans les croquis que Le Brun a fourni aux vingt-trois artistes chargés de les traduire en marbre pour les jardins de Sa Majesté. Ces feuilles volantes, où s'affirme une imagination sûre d'elle-même, développe un symbolisme presque toujours suffisamment clair et vraiment sculptural. Elles attestent la véracité du témoignage de Nivelon : « Tous ces beaux ouvrages de marbre que les plus habiles et fameux sculpteurs du temps ont travaillés avec tant de science et de soin et qui égaleront les temps pour leur durée, sans parler de leur excellence qui se pourrait mettre en parallèle à ce qui se voit des Anciens, sont de son dessin, et ils n'ont pas donné un coup de ciseau qu'il n'ait conduit à proprement parler

leurs mains, sans que je prétende faire tort au
mérite de pas un. » Le même biographe raconte,
au sujet des feuillets de dessin de Le Brun, l'anecdote suivante : « Même dans le temps d'une très dangereuse maladie, ce génie inépuisable ne pouvant
attendre dans un repos languissant le retour de la
santé, en produisit une si grande quantité, qu'il
donna sujet à Sa Majesté de dire, lorsqu'il les lui
présenta pour la première fois qu'il fut à la Cour,
qu'il avait feint d'être malade pour prendre le
temps de les faire[1]. »

C'est encore au Premier Peintre qu'on doit
l'idée et les dessins des deux grands vases de
marbre exécutés par Coyzevox et par Tubi, en
1684, pour la terrasse dominant le Parterre
d'eau. On retrouve même, aux bas-reliefs de
Coyzevox, des motifs qui appartiennent au plafond
de la Galerie. Il a représenté, d'un côté, « le
secours que la France donna aux Impériaux
contre les Turcs en Hongrie »; la figure symbo-
lique, dont le casque est surmonté d'un coq, foule
des Turcs renversés et poursuit les fuyards; un
aigle s'abat vainement sur son bouclier fleurdelisé[2].
De l'autre côté, l'Espagne, qui reconnaît la pré-
minence de la France, est personnifiée par une
figure de femme qui présente un lion soumis. Au
vase de Tubi se voit Louis XIV, en empereur
romain, assis sur un trône au milieu d'allégories
aisées à comprendre, qui se réfèrent à la paix de

---

1. Bibliothèque nationale, *Fonds français*, 12987, fol. 260.
2. L'importance qu'attachait Louis XIV à la défaite des Turcs
explique l'intérêt historique de ce symbolisme.

Nimègue. On lit sur une tablette : *Pace in leges suas confecta Neomagi MDCLXXIX*. Deux vases du parterre de Latone, ceux de Hardy et de Prou, dont les bas-reliefs sont le triomphe de Mars enfant, présentent des allégories analogues, mais sans y mettre la figure du Roi et dans un style évidemment moins puissant que celui de ces magnifiques reliefs[1].

Lors de la visite faite par les ambassadeurs de Siam aux merveilles de Versailles, en 1686, on n'a eu à leur faire admirer d'autres figures de marbre que celles de la grande commande de Colbert réunies aux abords du Château. Mais bientôt une nouvelle série s'est trouvée prête et a pris place le long des rampes de Latone, où les marbriers posent les socles en 1687. Ce sont toutes des statues d'après l'antique, dont les originaux appartiennent aux collections de Rome, de Naples, de Florence, sauf deux, le *Silène* et le *Faune*, qui figurent déjà dans celle de Louis XIV. Une partie de ces copies est l'œuvre des pensionnaires du Roi en son Académie de Rome, chargés en outre de copier les vases les plus fameux. Une

---

1. Le vase de Hardy et le vase de Prou sont l'un à droite, l'autre à gauche de l'allée de l'Hiver. Ils font partie des commandes de vases de marbre de 1684. Les six autres grands vases placés auprès du Bassin de Latone, et qui sont des copies trois fois reproduites de vases antiques, paraissent être ceux dont la commande est payée par paire, en 1683, à Girardon (tritons et nymphes) et à Cornu ; les dimensions sont de sept pieds et demi. Regnaudin travaille à des vases analogues (Comptes, t. II, 317, 319, 335). D'autres vases de marbre sont commandés l'année suivante à Du Goulon, Robert, Herpin et Drouilly. Ce sont ceux de l'Allée Royale.

de ces figures a été signée par le sculpteur; c'est l'*Hercule Commode*, dû à l'aîné des Coustou (*N^{as} Coustous Romæ f. a° 1685*); les autres ne portent point de signature. La correspondance des directeurs de l'Académie fait mention continuelle de ces ouvrages; elle indique notamment les moulages qui sont pris aux frais du Roi et servent au travail des élèves. On lit aussi dans une lettre du 2 octobre 1685 que Dom Michel Germain, bénédictin, écrit de Rome à un de ses confrères : « Les Romains jalousent beaucoup les belles copies que nos académiciens français font pour le Roi de toutes les anciennes figures et des bustes qu'on empreint dessus; mais ils ne savent comment y trouver à redire. » C'était une des idées de Louis XIV de transporter en France, tout au moins par des copies qui en fussent des doubles exacts, les principaux trésors de la sculpture antique dont s'enorgueillissait l'Italie.

Les copies de l'antique exécutées à cette époque furent placées à Versailles autour du grand Parterre de Latone. En voici la liste dressée d'après l'inventaire manuscrit qui donne, avec les désignations du temps, toutes les dates d'exécution. Le promeneur, parti du bas de la rampe à gauche, fait le tour du parterre en rencontrant successivement : *Apollon* (du Belvédère), copié par Mazeline en 1686, *Uranie*, par Carlier en 1685, *Mercure*, par Melo en 1687, *Antinoüs du Belvédère*, dit plus tard le *Lantin*, par Le Gros en 1687, *Silène tenant Bacchus*, par Mazière en 1686, *Vénus Callipyge*, par Clérion, en 1686, *Tiridate captif*, par

André en 1688; puis, de l'autre côté des degrés, un autre exemplaire du *Lantin*, copié par Lacroix en 1695, *Tigrane, roi d'Arménie*, par Lespagnandel en 1683, *Faune* jouant de la flûte, par Hurtrelle en 1688, *Bacchus*, par Granier en 1687, *Faustine*, par Regnaudin en 1686, *Hercule Commode*, par Nicolas Coustou, signé et daté de 1685, *Euterpe*, statue semblable à l'*Uranie* placée en regard et dont l'original est à Rome, copiée par Frémery en 1689, enfin *Ganymède*, copié par Laviron en 1686. Au bas des pentes, deux statues couchées complètent l'ensemble, la *Nymphe à la coquille* de Coyzevox, terminée en 1687 et inspirée par un antique du Roi, et le *Gladiateur mourant*, exécuté en 1685 par Monnier d'après le célèbre marbre du Capitole[1]. Sauf la *Nymphe* de Coyzevox, portée

1. Les dates de l'exécution des copies d'après l'antique, aussi bien que celles des statues faites sur les projets de Le Brun, sont tirées de l'inventaire en minute des marbres du Roi (Archives nationales, O¹ 1794). Malgré le caractère officiel du document, elles ne sont pas toutes également certaines. On doit les contrôler par les indications des Comptes et par la *Correspondance des directeurs de l'Académie de France à Rome*. On a vu plus haut que les originaux antiques avaient été achetés en grand nombre du temps de Colbert; (cf. *Nouv. Archives de l'Art français*, t. VIII, p. 70 et suiv.); à partir de 1686, les acquisitions devinrent fort difficiles. Le bénédictin Dom Germain écrit, le 12 février 1686 : « Il paraît depuis deux jours un *bando*, c'est-à-dire une ordonnance du Pape, qui défend à qui que ce soit de vendre sans sa permission, d'acheter, de transporter, d'emballer, d'encaisser ou disposer d'autres vaisseaux pour y mettre des statues, peintures, marbres anciens, médailles, joyaux, etc. Ce *bando* est fait directement contre la France. Tout Rome « murmurait hautement et accusait *Nostro Signore* de ce qu'il laissait faire les Français » (*Archives de l'Art français*, t, V, p. 85). Le plus bel antique des jardins de Versailles ne venait pas de Rome, mais de Besançon; c'est le Jupiter, dit de Versailles, que Montfaucon décrivait « au fond d'une allée à main gauche, en descendant vers le Théâtre d'eau » (*Supplément*

de nos jours au Louvre et remplacée par une copie moderne, toutes ces figures sont demeurées en place et, si l'on y joint celles de l'Allée Royale, elles forment encore, comme elles faisaient pour les contemporains de Louis XIV, une collection assez homogène des sculptures alors fameuses parmi les amateurs d'art antique.

Au bas du parterre, faisant face aux degrés et au Château, se voit une rangée de termes, dont les motifs sont antiques, mais dont le style est du plus beau Louis XIV. Ces magnifiques morceaux sont ainsi désignés, en partant de l'Apollon du Belvédère : *Circé*, terme exécuté par Magnier en 1689, *Platon*, par Rayol en 1688[1], *Mercure*, par Van Clève en 1687, *Pandore*, par Le Gros en 1687, *le fleuve Acheloüs*, par Mazière en 1688, *Hercule*, par Le Conte en 1686, *Bacchante*, par Dedieu en 1686, *Faune*, par Houzeau en 1686, *Diogène*, par Lespagnandel en 1688, *Cérès*, par Poulletier en 1688. Bien que ce dernier terme, ainsi que celui qu'a signé Mazière, soit connu comme exécuté d'après Girardon, Poulletier s'en fait honneur sans rappeler ce qu'il semble devoir à son prédécesseur. Voici ce qu'on lit dans les curieuses notes d'une

de l'Antiquité expliquée, t. I, Paris, 1721, p. 47). Le marbre avait été offert à Louis XIV en 1683, avec une Junon colossale qui lui faisait pendant, et transformé en terme par Drouilly, qui y ajouta une draperie avec la gaine (Cf. Étienne Michon, dans les *Mémoires des Antiquaires de France,* t. LXX, 1911, p. 168-174).

1. On attendrait plutôt la figure d'Ulysse, en face de Circé, et on trouverait naturel que Platon ne manquât point au « Rond des Philosophes », où précisement un Ulysse a trouvé place (v. plus loin, p. 172). N'y a-t-il pas eu quelque interversion dans l'installation de ces marbres ?

visite aux sculptures de Versailles, qu'il a fait imprimer sous la Régence : « Nous aperçûmes une foule de gens assemblés autour du terme de *Cérès*. — Ecoutons un peu, vous dis-je, ce qu'on pense de cette figure. — Il est tard, me répondîtes-vous, ne nous arrêtons point. Il doit vous suffire de l'avoir faite ; et que vous importe qu'on la loue ou qu'on la blâme à présent, puisque le Roi l'a admirée? — Il est vrai, vous répartis-je, que Sa Majesté eut la bonté d'en paraître satisfaite, lorsque je la posai, et qu'Elle se récria par plusieurs reprises : « Voilà une belle femme! Il est rare d'en trouver de semblables. » Il est vrai encore que le Roi me témoigna sa satisfaction par une gratification proportionnée au mérite qu'il trouvait dans mon ouvrage. »

Ces termes du Parterre de Latone sont plus importants par leurs dimensions, mais non par leur intérêt historique, que ceux qui décorent les quinconces voisins et dont la plupart passaient pour exécutés d'après les dessins de Nicolas Poussin. On est bien, en réalité, en présence d'œuvres modelées à Rome par le grand peintre français, et qui avaient eu pour destination première les jardins du surintendant Foucquet. Thomassin a gravé treize de ces termes avec la simple mention *N. Poussin invenit* ; mais Bellori, qui vit le peintre travailler, assure qu'il fit de sa main, et de la grandeur d'exécution, les modèles qui furent livrés aux praticiens romains et dont le marbre fut expédié en France. Vers la fin de 1683, Louis XIV fit venir de Vaux-le-Vicomte onze termes de marbre blanc, payés 1.800 livres l'un au comte de Vaux ; c'étaient les termes de Poussin. Ainsi les idées d'art du surintendant sacrifié servirent une fois de plus à son maître[1].

Les divinités champêtres « inventées » par Poussin, d'un style si pur et d'une pensée si élégante, pouvaient prendre place sans trop de disparate dans la décoration du nouveau Versailles. Ce Pan avec la flûte pastorale et la branche de pin, cette Pallas au casque couronné d'olivier, ce dieu Morphée présentant des pavots dans sa robe, ce dieu Faunus enguirlandé de lierre, donnaient aux sculpteurs de termes de parfaits modèles, dont ils n'avaient qu'à s'inspirer. Mais bientôt, comme on le voit, la mode des termes de proportions colossales s'introduit. C'est le moment où l'on installe, à l'angle du Parterre du Nord, la série des Philo-

1. Les termes de Poussin, modelés par lui pour Vaux sur la commande du surintendant Foucquet, et qui ornent aujourd'hui les quinconces de Versailles, ont servi au premier biographe du peintre, Bellori, pour attester sa pratique de la sculpture : « Ben lo diede a vedere nelle statue de' termini, per la villa che faceva Monsiù Fochet [Foucquet]. Lavorò di sua mano li modelli di creta grandi quanto le statue al naturale, eseguite da diversi scultori, in cosa de' quali io lo viddi più volte lavorare di stecco la creta e modellare con facilità grande... Chi vedrà in Francia queste statue autenticherà la fede, poiche sono trà le megliori delle moderne. Rappresentò li varii genii de' fiori e de' frutti della terra in figura di huomini e di donne con tutto il petto humano sopra Termini, overo Herme, che dovevano disporsi ne' viali del giardino. Evvi il Dio Pane con la zampogna pastorale, coronato di pino con un ramo in mano, il Dio Fauno ridente inghirlandato d' ellera il petto, Pallade cinto l' elmo d' ulivo, col ramo nella destra e' l serpente, Cerere, Bacco con le spiche e l'uve.... » Ce passage peu connu est dans l'ouvrage de Bellori dédié à Colbert, *Le vite de' pittori, scultori e architetti moderni,* Rome, 1672, p. 437. La *Vie de Poussin* a été traduite par M. Georges Rémond, Paris, 1903.

sophes d'après les dessins de Mignard, qui sont de l'année 1688 et auxquels ont travaillé Magnier, Dedieu, Hurtrelle, Granier et Melo[1]; peu après, on place autour du Bassin d'Apollon les majestueuses figures mythologiques engainées dans le marbre, qui doivent y faire oublier les termes et les statues de pierre des premiers temps.

En même temps que s'achève la décoration sculpturale de ce vaste Parterre de Latone, qui fait le centre des jardins de Versailles, on voit remanier la fontaine qui sert de motif central à tout l'ensemble. Le Bassin de Latone, tel que l'ont réalisé Le Nôtre et Le Brun en 1670, semble maintenant trop mesquin, au milieu de tant de merveilles nouvelles. Il se trouve transformé au cours de 1689; le groupe des frères Marsy est exhaussé sur un double piédestal, et l'aspect que nous avons aujourd'hui est définitivement créé[2]. De fort beaux vases, copiés ou imités de l'antique, entourent la fontaine rajeunie. Ainsi chacun des changements faits à Versailles entraîne des remaniements imprévus, et toujours dans le sens de la plus grande splendeur.

Il ne restait plus, dans la grande perspective

1. Les philosophes choisis se trouvent être Apollonius, Isocrate, Théophraste, Lysias et l'inattendu Ulysse.

2. Le remaniement du Bassin de Latone est indiqué par les ouvrages de marbrerie payés en 1689, et le paiement fait à Bertin, en 1691, « pour six lézards et des grenouilles » (Comptes, t. III, 292, 293, 526). Toutefois, il y a de nouveaux travaux au même bassin en 1711, qui laissent dans les Comptes des traces multiples, sans qu'il soit possible de les préciser (T. V, 489, 491, 493, 494).

médiane du Parc, que l'Allée Royale (aujourd'hui nommée le Tapis-Vert) qui ne fût pas décorée de marbres. Elle allait recevoir à son tour, bien tardivement, cet embellissement nécessaire. Le Roi y était décidé dès le moment où se finissaient les installations autour de Latone, puisque Louvois écrivait à Mansart, le 17 octobre 1686 : « J'avais chargé le sieur Le Febvre de vous demander le dessin des piédestaux qu'il faut faire dans l'Allée Royale, à Versailles. Comme je ne l'ai pas encore reçu, je vous prie de me l'envoyer au plus tôt et d'examiner s'il ne conviendrait pas, en faisant lesdits piédestaux à peu près de même hauteur et grosseur que ceux de Latone, d'y faire quelque table ou autre ornement qui les rendît plus riches[1]. » Les piédestaux furent posés, mais ils restèrent vides assez longtemps.

La nouvelle série de commandes, qui comprenait à la fois des figures et des vases, fut lentement exécutée; du moins, ne le céda-t-elle point en intérêt aux séries antérieurement placées. Dans la demi-lune, à l'entrée, fut réservée la place de quatre grands groupes importants, au milieu desquels on mit les deux grands vases de Herpin à attributs champêtres, aujourd'hui relégués dans

---

1. Archives historiques du Ministère de la Guerre, vol. 769, fol. 218. Il paraît y avoir eu auparavant dans l'Allée Royale des piédestaux de pierre qu'on démolit en 1687. Les nouveaux piédestaux sont exécutés par le marbrier Deschamps, qui a en ce moment de nombreux travaux à la Colonnade et au parterre de l'Orangerie, et qui fait des marches de marbre, des tablettes, des cordons de bassins dans tout le Petit Parc (Comptes, t. II, 1112, 1120, 1180). A la même date de 1687 sont mises des « feuilles de sculpture aux nudités des statues de Versailles » (T. II, 1116).

les allées transversales. C'est, d'ailleurs, le seul point important de la décoration des jardins où nous ne retrouvons plus la disposition primitive. Deux des anciens groupes, ceux qui ont été exécutés d'après l'antique, sont conservés : le *Castor et Pollux*, signé par Coyzevox et daté de 1712, est resté en place depuis cette époque; *Pœtus et Arria*, de Lespingola, d'après le marbre Ludovisi, a changé de côté et remplace, sur un piédestal d'ailleurs trop grand, le *Milon de Crotone* de Puget.

Les désignations données au temps de Louis XIV aux groupes des jardins s'appliquent, il faut le dire, à des œuvres d'une signification bien différente. Les deux adolescents réunis sous le nom de *Castor et Pollux* n'ont rien à voir avec ces demi-dieux[1]. De même, le prétendu groupe romain du jeune *Papirius avec sa Mère*, qui leur font face, ne représente que la scène funéraire traditionnelle qu'on retrouve sur un si grand nombre de stèles. C'est un antique que Carlier copia pour le Roi à Rome, dans la villa Ludovisi, et qui figure maintenant au Musée des Thermes. Quant au *Pœtus et Arria*, longtemps admiré de nos pères comme une scène fameuse de l'héroïsme romain, Lespingola n'avait copié « dans la vigne Ludovisio » qu'un marbre de l'Ecole de Pergame, où l'on veut voir à présent une reproduction d'un des bronzes perdus

---

1. Ce sont deux modèles connus dans l'art antique, d'origine praxitélienne, réunis arbitrairement dans un groupe de sacrificateurs désigné sous le nom de « marbre de San Ildefonso », du château royal d'Espagne où il fut autrefois conservé.

de l'ex-voto monumental du roi Attale, rappelant la déroute infligée par les Grecs aux envahisseurs barbares. Ce serait un Gaulois qui, plutôt que d'abandonner à l'ennemi sa femme vivante, lui donne le coup mortel et se frappe à son tour en jetant au vainqueur un regard de défi. Le prétendu *Gladiateur mourant* du Capitole, copié également pour Louis XIV, a la même origine et représente aussi un Gaulois. Le Grand Roi eût été fort surpris d'apprendre qu'il introduisait en ses jardins des images commémoratives de très anciennes défaites nationales.

Si le grand nom de Pierre Puget apparaît dans les travaux de Versailles, c'est à ses réclamations répétées qu'on le doit. L'artiste, sûr de son génie, voulait en mettre les preuves sous les yeux de son roi. Mais Colbert, qui en 1671 acceptait le dessin du *Milon de Crotone*, ne tenait guère à voir achever le marbre, et il fallut les instances de Le Nôtre et celles du marquis de Seignelay, qui l'avait par hasard admiré en passant à Marseille, pour décider le ministre à conclure, en 1682 seulement, un marché assez médiocre pour le sculpteur. On regardait celui-ci un peu comme un ouvrier de province attaché aux arsenaux de la Méditerranée et que les maîtres parisiens ne se souciaient pas d'introduire parmi eux. La figure, embarquée à Marseille pour le Havre, déballée à Versailles par le fils de Puget, était accueillie avec une hostilité qu'on ne prenait pas la peine de dissimuler. Un témoin raconte que l'émotion de la Reine devant la douleur exprimée par le noble marbre contribua à faire taire les dédaigneux : « Lorsque ladite figure fut portée dans le jardin de Versailles et que l'on eut ouvert la caisse pour la faire voir à la Reine Marie-Thérèse, elle en fut si touchée qu'elle s'écria : « Ah! le pauvre homme! » Voilà tout ce qu'un grand sculpteur doit rechercher.... On l'avait posée, par une grande malice, dans plusieurs endroits détournés du petit parc pour la rendre inconnue; mais le Roi, qui en connaissait le mérite, la fit placer à la face de l'Allée royale, qui est le plus bel endroit de son jardin.... J'étais présent, lorsque la Reine eut cette surprise. »

Quelques jours après, partait pour Marseille une lettre qui fait honneur à celui qui l'écrivit et qui n'était autre que Le Brun lui-même. Ce grand artiste savait dire à son confrère les paroles propres à le toucher :

Je me suis trouvé à l'ouverture de la caisse de votre figure de Milon, lorsque le Roi la fit ouvrir; et, lorsque Sa Majesté me fit l'honneur de m'en demander mon sentiment, je tâchai de lui faire remarquer toutes les beautés de votre ouvrage. Je n'ai fait en cela que vous rendre justice, car, en vérité, cette figure m'a semblé très belle en toutes ses parties et travaillée avec un grand art. J'avais eu l'honneur de vous écrire il y a quelque temps ; M. Girardon m'avait promis de vous faire tenir ma lettre, mais je vois qu'il ne s'est pas acquitté de sa promesse. Je vous témoignais l'estime que je faisais de votre mérite et vous demandais part en votre amitié, faisant plus de cas de l'affection d'une personne de vertu comme vous que de celle des plus qualifiées de la Cour[1].

1. Lettre du 19 juillet 1683 publiée, ainsi que le témoignage du bonhomme Jean Dedieu, par Léon Lagrange, *Pierre Puget*,

Moins lié que Colbert aux anciens sculpteurs, Louvois eut à cœur d'obtenir de Puget un nouvel ouvrage. Il admirait le *Milon* et, ayant entendu parler d'un groupe commencé par le maître, désirait en assurer la possession au Roi. On doit à cette négociation la lettre de Puget où il assure qu'aucun ouvrage ne lui semble difficile et que le marbre « tremble » devant lui. L'idée que l'artiste se fait de Versailles semble parfois singulière :

Je me suis remis, Monseigneur, après mon groupe de l'Enlèvement d'Andromède par Persée, dont j'enverrai bientôt le dessin. J'espère que cet ouvrage sera plus beau et plus agréé que celui de Milon ; la pièce de marbre est sans aucun défaut et blanche comme la neige... Quant aux autres ouvrages que je pourrais entreprendre pour contribuer à l'ornement de Versailles, le premier serait le Roi à cheval sur trois pieds ; et, pour soutenir le fardeau, je pratiquerais quelques broussailles de lauriers mêlés avec quelques épines, armures des ennemis, même quelques soldats renversés au pied de la statue du Roi.... L'autre ouvrage de grande considération dont je me ferai fort de sortir avec honneur, ce serait un Colosse au milieu du Canal de Versailles d'environ 38 pieds de hauteur, composé de six pièces. Ce serait un Apollon ayant les jambes ouvertes, soutenu par deux rochers ; le colosse serait élevé et les jambes élargies en sorte que [les bateaux] y pussent passer dessous. On ferait au bas du rocher quelques tritons, sirènes ou coquillages. Ce sont des desseins dignes de la grandeur du Roi, tels que vous les proposeriez vous-même, Monseigneur, qui ne visez qu'à sa gloire et à attirer l'admiration des étrangers par des ouvrages non communs. Je vous supplie de ne pas douter de l'exécution et la perfection de celui-ci. Je vous en répondrais au péril de ma vie, si j'avais l'honneur de l'entreprendre.

Paris, 1868, p. 190-191. Les lettres de Puget et de Louvois citées plus loin sont tirées du même ouvrage, p. 196 et 209.

Le groupe fameux de *Persée et Andromède* fut embarqué à Marseille sur la flûte le *Tardif*, qui apportait de Cività-Vecchia le *Louis XIV* équestre de Bernin. Le vaisseau entra dans le port du Havre, le 17 février 1685, et l'intendant de la marine fit saluer de ses canons et de ses bombes l'œuvre de l'artiste romain. Celle de Puget fut portée la première à Versailles, au mois de juillet[1]. Louvois la paya 15.000 livres et ne tarda pas à la faire installer en pendant au *Milon* à l'entrée de l'Allée royale[2], là-même où est aujourd'hui le *Laocoon* copié par Tubi. On les voit l'un et l'autre dans le tableau d'Hubert Robert qui représente cette partie des jardins.

1. Les Comptes font mention du transport du groupe de *Persée et Andromède* et de son placement à Versailles. Le groupe, qu'on avait d'abord mis devant la Grotte, avait été transporté au bout d'une allée retirée, où on le faisait garder par un sergent. On l'installa enfin, en 1687, sur un piédestal sculpté par Dugoulon. A un paiement du 15 juillet 1685 : « Au nommé Puget fils, sculpteur, par gratification, en considération du voyage qu'il a fait pour conduire la figure d'*Andromède* de Marseille à Versailles, 1.100 livres ». (Comptes, t. II, 591, 592, 637, 666, 724, 736, 765, 1106, 1176.) Les dépenses accessoires de Puget pour le transport à son atelier des blocs qui ont servi au *Milon* et au bas-relief d'*Alexandre*, enfin quelques fournitures de marbre faites par ses soins aux magasins du Roi, lui furent réglées en 1692 (T. III, 663, 711). Le mouleur Cassegrain prenait en 1687 le moulage en plâtre de l'*Andromède* (T. II, 1174; t. III, 93).

2. Louvois écrit à Puget, le 25 mai 1685 : « Le Roi a vu votre Andromède, dont S. M. a été très satisfaite. Elle a ordonné qu'elle vous serait passée sur le pied de quinze mille livres. S. M. aura agréable que vous travailliez le plus diligemment qu'il vous sera possible à un autre groupe dont le Roi vous laisse le choix, vous recommandant qu'il soit à peu près des mêmes proportions que celui du Milon ». Cette nouvelle commande disparut avec Louvois, et Puget acheva seulement pour le Roi le bas-relief d'*Alexandre et Diogène*. Le projet de la statue équestre de Louis XIV pour la Place royale de Marseille ne put jamais aboutir.

L'*Andromède* se présente à nous revêtue d'une inscription solennelle. On lit sur le marbre du Louvre : *P. Puget Massil. sculp. arch. et pic... sculpebat et dicaba tex... a. Dom.* MDCLXXXIV. La formule *dicabat* s'explique naturellement par les mots *Ludovico Magno* que porte la banderole flottant au bas du rocher et que Louis XIV se plaisait à y lire. Il attachait tant de prix au *Milon* et à l'*Andromède* qu'il décida de les faire reproduire en bronze à cire perdue[1]. Cette commande paraît se rattacher aux transformations d'ensemble projetées des marbres en bronze, dont nous avons recueilli tant de traces et que le malheur des temps interrompit.

C'était l'année même où Puget faisait son voyage de Paris pour voir le Roi et le ministre et où le fier et naïf artiste éprouva tant de déboires. A la Cour, Mansart ne s'occupa qu'à le desservir, et seul le généreux Le Nôtre le traita en grand confrère. C'est un vif récit que celui du sculpteur Dedieu, le compatriote de Puget qui l'hébergeait à Paris avec sa femme et partageait ses déceptions :

Dans le temps que M. Pujet vint à Paris, j'eus l'honneur de le conduire à Versailles, où, étant arrivé, il souhaita de saluer M. Le Nôtre dans son appartement... avec qui il avait fait une très grande amitié. Mais ne l'ayant pas trouvé chez lui, où il apprit qu'il était allé avec le Roi à Trianon, il y fut ; mais on lui refusa l'entrée de la grille, à

1. En vue de ce travail, fut passé entre Louvois et le fondeur Vinache, le 15 juillet 1688, un contrat détaillé, qui ne semble pas avoir eu de commencement d'exécution. Chaque groupe aurait été payé au fondeur 3.000 livres

cause que Sa Majesté avait donné l'ordre de ne laisser entrer personne. Le portier fit savoir à M. Le Nôtre que M. Pujet souhaitait de le saluer. Il ne manqua pas de venir promptement à la grille où ils se firent des amitiés réciproques; mais ayant grande volonté de lui faire voir tous les appartements, après avoir ruminé un peu sur ce sujet, il lui dit tout d'un coup : « Je m'en vais demander au Roi la permission de vous faire entrer. » Il l'obtint facilement et le fit entrer. J'eus l'avantage de l'accompagner. M. Le Nôtre le fit passer sous un grand vestibule soutenu par de grandes colonnes de marbre groupées de deux en deux, et le fit entrer dans un magnifique salon où le Roi jouait au billard, qui est à l'entrée de la galerie qui va aux appartements. Le S^r Le Nôtre marchait premier, et M. Pujet le suivait en faisant une profonde révérence à Sa Majesté. Le Roi lui fit l'honneur de lui tirer son chapeau, et il suivit M. Le Nôtre qui lui fit voir tous les beàux appartements, qui étaient tous meublés magnifiquement de différentes couleurs et tous de différente manière. M. Le Nôtre le fit sortir par le même salon, mais le Roi était rentré. Il ne fut pas plutôt arrivé dans la cour du château, que plusieurs grands seigneurs et des officiers des Bâtiments l'entourèrent.... Plusieurs de ces messieurs firent beaucoup de questions à M. Pujet, touchant la figure du Roi pour Marseille; à quoi il répondit en peu de mots, sur l'injustice que sa patrie lui avait faite; sur quoi M. Mansart lui dit que, s'il voulait faire ladite figure pour le prix que Clérion la devait faire, qu'il lui en ferait donner la préférence. Alors, se sentant offensé, lui répondit : « Sachez, monsieur, que je ne fais de comparaison qu'avec un cavalier l'Algarde et un cavalier Bernin. » Cette réponse finit la conversation....

L'envie ne tarda pas à se taire, quand on eut renvoyé Puget dans sa province. Le siècle savait fort bien qu'il en avait apporté des chefs-d'œuvre; les connaisseurs discutaient seulement leurs préférences. Au temps de la Régence, le sculpteur Poulletier a parlé longuement des comparaisons qu'ils inspiraient. L'un et l'autre avait ses partisans; « mais le feu Roi paraissait pencher pour *Milon* ». On s'accordait à rendre hommage à la noblesse du caractère de Puget qu'on croyait, bien à tort, avoir repoussé des offres de Louis XIV comme celles de la République de Gênes : « Le Roi, raconte Poulletier, ayant su qu'il avait fait deux merveilleux groupes de marbre, les fit acheter. M. Puget vint à Paris pour la première fois et les fit placer à l'endroit où vous les voyez. La Cour fit tous ses efforts pour l'arrêter, rien ne put ébranler sa philosophie; aussi désintéressé à Versailles qu'à Gênes, il ne fut sensible qu'à sa liberté; il courut se recacher dans sa province et mourut paisiblement dans le sein de sa famille. Heureux celui à qui Dieu donne une si grande sagesse et qui peut la conserver jusqu'à sa mort! » Telle était la légende du voyage de Puget. Ses œuvres parlaient mieux pour lui, et l'on aurait aujourd'hui une idée incomplète des richesses sculpturales de l'ancien Versailles, si l'on n'y rétablissait par la pensée celles qu'y ajoute le maître marseillais.

Après les avoir admirées, le visiteur pénétrait dans l'Allée royale et y trouvait d'autres beautés. Les statues étaient comme aujourd'hui séparées les unes des autres par de grands vases décoratifs, ornés de motifs différents, qui se répétaient deux par deux de chaque côté du gazon. Les vases d'Herpin ont un bandeau de mosaïque avec des fleurs de lis; ceux de Barrois, des cornes d'abondance; ceux de Drouilly, des fleurs de tournesol;

ceux de Legeret, du tournesol et du lierre; ceux d'Arcis, des cordons de feuilles de chêne; les deux derniers, l'un de Hardy, l'autre de Le Fèvre, sont décorés de branches de chêne et de laurier avec les deux *L* enlacés.

Les deux statues qu'on rencontre d'abord, à gauche et à droite, sont la *Fidélité* par Le Fèvre et la *Fourberie* par Le Conte. Quoique toutes les deux aient été « conduites par M. Mignard », suivant le mot du temps, Poulletier jugeait la première figure extrêmement inférieure à la seconde; pourtant Mignard, selon lui, « avait prétendu faire la huitième merveille du monde », ironie qui révèle une rancune du sculpteur contre le peintre. Ces statues, achevées en 1684 et 1685, sont antérieures aux dernières d'une dizaine d'années[1]. Notre goût moderne penche à préférer, parmi les marbres de l'Allée, *Vénus sortant du bain*, d'un

---

[1]. La *Didon* de Poulletier, par exemple, est datée par les inventaires de 1695. Toutefois, il écrit lui-même, en 1718, qu'il se trouvait à Versailles, quand on l'y plaça, « il y a environ vingt-huit ans », ce qui mettrait le placement vers 1690 : « On louait, dit-il, le beau désordre qui règne en toute sa personne, et, si j'ose vous en dire davantage, je vous avouerai que je trouve le tout merveilleux.... Cette main qui déchire ses vêtements et qui découvre la plus belle gorge du monde, cette attitude du bras, dont elle tient l'épée d'Énée, de laquelle elle est prête à se frapper.... Cette figure est admirable! » (*Le nouveau Mercure* [*Mercure de France*], juillet, 1718, p. 60.) Dans le même opuscule, outre ses œuvres, Poulletier analyse celles de Puget et de Marsy (la *Vénus* et le groupe de *Latone*) l'*Air*, de Le Hongre, le groupe d'*Apollon servi par les Nymphes*, la *Fourberie* de Le Conte, la *Fidélité* de Le Fèvre, qu'il attaque sans le nommer ou plutôt en s'en prenant à Mignard. Pour les copies d'antiques, son jugement est sévère : « Je crois que vous pensez comme moi, que ce sont la plupart des Antiques assez mal copiés ».

mouvement si gracieux et si chaste, libre interprétation due à Le Gros, en 1692, de la *Vénus de
Richelieu*. Elle fait pendant à une *Junon* antique
trouvée à Smyrne et dont la tête et les bras ont été
rétablis par Mazière. On trouve ensuite : le *Faune
au chevreau* copié à Rome par Anselme Flament,
en face de l'*Hercule et Téléphe* copié par Jouvenet;
la *Didon* de Poulletier, œuvre originale et brillante, sur l'éloge de laquelle l'auteur n'a rien laissé
à ajouter, en face de la *Vénus de Médicis* copiée
par Frémery; une *Amazone* de Buirette, d'après
l'antique du Capitole, en face d'un groupe de
Flament, *Cyparisse caressant son cerf*; enfin *Achille
en femme*, par Vigier, en face d'une *Artémise* de
Le Fèvre, terminée par Desjardins. Un seul de
ces marbres est signé, celui qui représente avec
tant de grâce le futur héros de l'Iliade en costume
féminin, alors qu'il se trahit, parmi les filles de
Lycomède, en saisissant l'épée que le rusé Ulysse
a mêlée aux bijoux. L'*Achille* porte, avec la signature *Philb. Vigier Molinensis*, la date de 1695;
c'est celle de l'installation de nos statues au bas du
Tapis-Vert.

Au voisinage, deux autres, datées et signées suivant un usage qui commençait à s'établir, étaient
placées dans le Bosquet des Dômes. C'étaient
l'*Arion* de Raon (1695) et le *Point du Jour* de
Le Gros (1696), payé 3.700 livres. En 1704,
quand le bosquet perdit les groupes de l'ancienne
Grotte de Théthys, on y transporta la *Caliston*
ou *Nymphe de Diane* par Flament et la délicieuse *Aurore jetant des fleurs* par Magnier, qui

rappelle en la surpassant son ancienne figure du *Printemps*. L'*Aurore* fut payée le prix élevé de 4.5oo livres et porte sur le marbre une date d'exécution, qui est aussi celle du remaniement du bosquet[1].

Les chefs-d'œuvre du bosquet appartiennent-ils entièrement aux sculpteurs qui les ont signés? Un document inattendu permet d'en revendiquer au moins le modèle pour leur maître à tous, Girardon. C'est une lettre écrite de Paris, « le dernier mars 1693 », par un officier des Bâtiments, chargé de rendre compte à M. de Villacerf des travaux à commander à Keller. Le témoignage est précieux sur cette utilisation par le bronze des marbres du Roi, qui semble la pensée du moment; il n'est pas moins instructif pour l'histoire de nos statues. Keller, nous dit-on, en tient plusieurs « prêtes à fondre dans son atelier » : « Les premières figures que je serais d'avis de jeter sont l'*Aurore*, le *Phosphore* ou *Point du Jour* et l'*Arion*, faits par M. Girardon, et celle de la *Leucothée* de marbre du s* Rayol aux Bains d'Apollon. Les s** Le Gros, Magnier et Raon les font de marbre; mais les cires sont tout autrement étudiées et M. Girardon s'y est donné une application extraordinaire. Vous pourriez fondre après les quatre vases moulés sur

---

1. L'histoire du Bosquet des Dômes est à chercher dans le présent volume, p. 52-61. Le parfait paiement du sculpteur Magnier est du 29 octobre 1709 : « 1.400 livres, à quoi monte la figure de l'*Aurore*, qu'il a faite en marbre et posée dans le Bosquet des Dômes en 1704 » (Comptes, t. V, 217).

les siens de marbre et ensuite les cuvettes du s^r Van Clève[1] ».

L'œuvre de Girardon peut donc s'enrichir de trois compositions, que nous sommes habitués à compter parmi les plus belles de Versailles. Au reste, même après sa mort, sa pensée continua de peupler les jardins. On lui doit l'esquisse des deux groupes placés sous Louis XV à l'angle de la demi-lune devant le Bassin d'Apollon, et qui s'inspirent de deux légendes mythologiques des *Métamorphoses* d'Ovide. Celui d'*Ino et Mélicerte* est de Pierre Granier, et celui d'*Aristée et Protée* du sculpteur anversois Sébastien Slodtz. Cette dernière œuvre est signée dans le marbre avec la date 1723; mais, dès 1688, on payait à Slodtz les premiers acomptes pour son modèle. Ce fut la plus longue à terminer des commandes de Louis XIV. puisque l'artiste la garda trente-cinq ans[2].

1. La suite de la lettre n'est pas sans intérêt : « Le *Faune* de la Reine de Suède moulé pour fondre en bronze et prêt à fondre n'est point ce qu'on nomme le vieux *Faune avec l'enfant* d'après l'antique, celui qui est moulé sur le marbre du s^r Flamen. Il y a ensuite l'*Hercule Commode* pareil au marbre fait par le s^r Jouvenet et le second *Laocoon* que Mgr de Louvois avait quelque dessein de prendre pour lui, l'autre ayant manqué qu'il avait destiné pour Meudon. J'ai pris la liberté de faire prêter, de concert avec M. Mignard, les chaires de l'Académie des peintres à l'Assemblée qui s'est faite aujourd'hui au Louvre pour la réception de M. l'abbé de Fénelon dans l'Académie française, où il a fait un des plus beaux discours que j'aie jamais entendu en pareille occasion. Je les ai fait reporter avec soin, et j'ai cru que vous m'accorderiez cette permission, étant avec beaucoup de respect, Monsieur, etc. » Cette pièce, signée « La Chapelle Besse », a changé de carton aux Archives nationales, depuis le temps où nous la transcrivions.)

2. Le 14 avril 1688, Sébastien Slodtz, sculpteur, recevait un premier « acompte du modèle en plâtre d'un groupe qu'il est chargé de faire en marbre, représentant *Protée et Aristée* ». Le

Toute la sculpture de Versailles est due à des artistes français ou nettement francisés. L'art de l'Italie cependant n'a pu être entièrement absent de nos jardins. Il est représenté par deux œuvres importantes, celles de Bernin et de Domenico Guidi. La royale statue équestre du premier avait été extrêmement désirée par le Roi, qui l'attendit pendant vingt ans. On avait extrait à ses frais, en 1668, un beau bloc de marbre des carrières de Carrare ; mais, le fameux sculpteur du Pape étant lent à se mettre à l'œuvre, Girardon, pendant son voyage à Rome dans l'hiver de 1669, laissait entendre à Colbert qu'il fallait peut-être renoncer à le voir tenir ses engagements. La correspondance des Directeurs de l'Académie de France à Rome fut dès lors remplie des réclamations adressées à l'artiste, des mentions d'acomptes versés, puis des précautions prises pour assurer l'expédition de cet énorme marbre, qui arriva enfin à Paris, par eau, au mois de mars 1686, et fut apporté en octobre au parterre de l'Orangerie de Versailles[1]. C'est là que le Roi le vit pour la première fois et, sans surseoir, ordonna qu'il fût

16 février 1716, il a 8.600 livres, « parfait paiement de 11.700 livres, pour un groupe représentant *Aristée et Protée,* qu'il a fait en marbre pour le jardin du Château de Versailles depuis 1706 jusques et y compris 1714 » (Comptes, t. III, 102 ; t. V, 874). La date de 1723, qui accompagne la signature dans le marbre, indique l'achèvement définitif. — Le parfait paiement du groupe d'*Ino et Mélicerte* par Granier est du 25 novembre 1710 et monte à 11.900 livres ; on l'a transporté du Louvre au mois d'août de la même année : en 1712, Granier augmente le rocher de son groupe, moyennant 200 livres (Comptes, t. V, 432, 434, 611).

1. V. plus haut, p. 131.

brisé. On s'explique la sévérité de son jugement par la ressemblance insuffisante de son image. Au surplus, le sculpteur romain avait traité la composition avec la hardiesse de style qui lui était habituelle, et qui contrastait outre mesure avec la noble sévérité du goût qui régnait de plus en plus à Versailles.

L'œuvre que Louis XIV, sous l'impression de sa déconvenue, a condamnée à une destruction barbare, est épargnée par égard sans doute pour la renommée de son auteur. Girardon se charge de transformer la figure royale en un *Curtius se précipitant dans les flammes*. Il refait la tête et la coiffe d'un casque. La statue est transportée d'abord devant le Bassin de Neptune, pendant l'été de 1686, en même temps que le groupe de Guidi prend sa place à l'Orangerie[1]. Ce n'est qu'en 1702 que le *Curtius* de Bernin trouve sa place définitive ; d'après le journal de Mansart, le Roi ordonne, le 26 juin, « d'ôter pendant le voyage de Fontainebleau la statue équestre du chevalier Bernin de la place où elle est vis-à-vis de la pièce de Neptune, pour la transporter en haut de la pièce des Suisses ». Peu de promeneurs songent à aller chercher, au pied du coteau de Satory, l'œuvre fameuse qui s'y trouve reléguée depuis deux siècles[2].

1. Un entrepreneur reçoit 2.100 livres « pour avoir fait descendre et transférer la figure équestre du chevalier Bernin depuis le piédestal de l'Orangerie, jusqu'au piédestal devant la pièce de Neptune sur lequel il l'a remontée, y compris 300 livres pour avoir transféré la figure du sieur Dominique Guidi devant l'Orangerie et monté sur le piédestal devant l'Orangerie ».

2. Le transport coûta 1.217 livres (Comptes, t. IV, 832). La

Le groupe de Guidi, *La Renommée écrivant l'histoire du Roi*, commandé aussi par Colbert, ne fut guère moins célèbre que celui de Bernin et n'a pas moins voyagé à travers le parc. L'auteur, né à Massa di Carrara en 1628 et le meilleur élève de l'Algarde, était entré en relation avec Le Brun, lors des projets d'union entre l'Académie romaine de Saint-Luc et celle de Paris. Ce fut pour lui l'occasion d'une belle commande, pour laquelle on lui fournit le marbre et qui fut entreprise à Rome, sous les yeux d'Errard, directeur de l'Académie, d'après un dessin de Le Brun. L'artiste avait demandé un délai de cinq ans et, pendant ce temps, une pension de mille écus romains; le prix fut évalué par la suite à 8.870 livres. Dom Michel Germain, qui visita l'atelier de Guidi en avril 1685, écrivait dans une lettre de Rome : « On nous a fait voir une statue de marbre blanc qui soutient le visage du Roi, pareil à celui que M. Girardon a fait. Je n'ai encore rien vu de si beau que cette statue. C'est une Vertu ou Renommée, qui est portée par Saturne ou le Temps; elle tient sous elle la Rébellion et l'Hérésie. D'un côté et d'autre sont les images d'Alexandre, de César, des autres plus grands hommes grecs et romains, faits sur les figures qui en restent de l'antiquité. La pièce n'est pas encore achevée, mais elle le pourra être à

plus grande partie des textes relatifs à la statue équestre de Louis XIV par Bernin sont groupés par M. André Pératé dans le *Bulletin de la Société des Sciences morales de Seine-et-Oise*, année 1896, p. 16-17. Consulter aussi S. Fraschetti, *Il Bernini*, Milan, 1900, p. 359-364.

Pâques. Je crois quo'n en sera très satisfait en France. » Les directeurs de l'Académie parlent à mainte reprise de ce grand morceau. C'était assurément une des commandes auxquelles le Roi attachait le plus de prix, peut-être parce qu'elle devait permettre une comparaison avec celles qu'exécutaient les artistes du royaume.

Après avoir eu beaucoup de peine à obtenir de Guidi l'achèvement de son groupe, les Bâtiments du Roi l'avaient reçu à Paris, au mois d'août 1896, et placé dans l'Orangerie de Versailles, au moment où l'œuvre de Bernin en était chassée. Girardon y faisait refaire le portrait du Roi, qui ne semblait pas satisfaisant[1]. On trouve le groupe, peu de temps après, à l'entrée du nouveau bosquet de la Colonnade[2]. Il quitte cet emplacement pour

---

1. Girardon a reçu, le 4 janvier 1688, 1.325 livres, 10 sols, « pour son remboursement des journées de sculpteurs, qui ont travaillé sous lui à faire la médaille du Roi sur le groupe de marbre envoyé de Rome, de Domenico Guidy, et à refaire la tête de la figure du cavalier Bernin ». La médaille royale, effacée par ordre en 1792, sera sculptée à nouveau par Lhorta sous la Restauration.

2. Il y est ainsi décrit dans un inventaire : « C'est un groupe qui représente la renommée qui écrit l'histoire du Roi; elle tient de la main gauche son portrait en profil dans une médaille ovale, qu'elle pose sur un livre qui est l'Histoire de Louis XIV, portée sur les ailes du Temps. La Renommée est une grande figure ailée drapée noblement et assise sur des trophées; elle foule aux pieds l'Envie qui déchire un cœur, et qui de sa main gauche l'attire par sa robe pour l'empêcher d'écrire. Parmi les trophées, on voit les portraits en médaille des plus grands princes de l'antiquité, tels qu'Alexandre, César, Trajan, etc. Ce groupe est terminé de tous côtés; il a été fait à Rome par le sieur Dominique Guido, du duché d'Urbin, de 9 pieds de haut, d'un seul bloc de marbre ». Outre cette description de l'inventaire manuscrit de la Bibliothèque de Versailles, la lettre de Dom Germain et le texte du journal de Mansart, nos rensei-

les abords du Bassin d'Apollon, dans la même région des jardins; il est alors à l'entrée de l'Allée Royale. Mais ce n'est pas le terme de ses pérégrinations. Le même mouvement qui envoie le groupe de Bernin à l'extrémité de la pièce des Suisses le remplace par celui de Guidi, le Roi ayant ordonné, le 9 août 1702, « que l'on ferait un piédestal à la place, pour y poser dessus le groupe de Dominique Guido, qui est dans la place vis-à-vis l'Apollon, et que l'on ferait sur ce piédestal de Dominique Guido et sur celui opposé dans ladite place d'Apollon, deux groupes de figures par les sieurs Coustou et Coyzevox ».

Nos grands sculpteurs n'auront pas à remplir les deux piédestaux de l'entrée du Tapis-Vert; on y mettra plus tard les groupes qui y sont encore, ceux de Pierre Granier et de Sébastien Slodtz, d'après des modèles de Girardon. Mais l'ordre sera exécuté en ce qui concerne le marbre de Guidi qui prend sa place définitive devant le Bassin de Neptune. C'est un exemple des déplacements successifs qu'on n'hésitait pas à infliger, dans les jardins royaux, même aux marbres les plus considérables, à mesure qu'on leur trouvait une utilisation meilleure dans l'ensemble décoratif qu'il s'agissait d'équilibrer.

gnements sur la *Renommée du Roi* sont empruntés au travail de M. E. Coüard, dans le *Bulletin de la Commission des antiquités et des arts de Seine-et-Oise*, vol. XV, 1895, p. 73.

CHAPITRE CINQUIÈME

Si Louvois a présidé à l'achèvement des desseins du Roi sur Versailles, on doit toujours rappeler que Colbert seul en a conçu et ordonné l'ensemble; il en avait même fixé les détails avec assez de certitude pour que son rival, qui fut son successeur, n'eût qu'à bien comprendre ses plans et à en assurer l'exécution. Il y a notamment deux grandes opérations, entreprises à la fin de sa carrière de surintendant des Bâtiments, dont le mérite de direction doit légitimement lui revenir. L'une est la constitution du Grand Parc, l'autre est l'aménagement des eaux de Versailles, et l'histoire du Château serait incomplètement comprise, si l'on ne prenait une idée du vaste domaine dont il fait le centre.

Il n'est pas douteux que le Grand Parc, demeuré jusqu'à la Révolution un des plus considérables de la Couronne, ne soit l'œuvre des dernières années de Colbert. Bien que la constitution du domaine de Versailles n'ait pas été complètement étudiée et qu'une certaine confusion existe encore sur ce sujet, nous pouvons préciser assez clairement ce qui nous importe. Le parc de chasse, que Louis XIII avait fait planter et cultiver autour de son petit château, n'avait guère, comme l'assure Blondel, que la superficie des jardins de Louis XIV. Celui-ci l'agrandit très vite et, comme il conserva la clôture du terrain cultivé, qu'il transforma peu à peu en jardins et en bosquets, le nouveau parc, augmenté par des acquisitions successives, porta naturellement le nom de « Grand Parc ».

On distinguait alors sous le nom de « Petit Parc » la partie du terrain royal enfermée dans la première enceinte, et qui s'est appelée depuis « les Jardins ». Les limites du premier Grand Parc sont marquées dans la belle « Carte particulière des environs de Paris », dressée en 1674 par Messieurs de l'Académie royale des sciences. D'après cette carte, dont les neuf feuilles ont été achevées sur le cuivre par F. de la Pointe à la date de 1678, mais dont les relevés sont plus anciens, le parc de Versailles était limité au couchant par une muraille à peu près perpendiculaire au Grand Canal, qui le coupait fort au delà de la croix, laissant en dehors la moitié environ du bras inférieur. La longue allée qui se trouve actuellement en cet endroit, de chaque côté du Canal, et que les plans les plus anciens nomment allée de Choisy, marque le tracé de cet ancien mur. Il atteignait les collines de Satory, mais n'en embrassait point le plateau. Il existe, d'ailleurs, sur cette limitation primitive du parc, un document qui parle aux yeux : le mur relevé par les topographes de l'Académie des sciences est identique à celui qu'on voit sur le tableau de Patel, antérieur à l'achèvement du Canal, et qui se détache nettement dans le paysage[1].

Tel est le premier Grand Parc de Louis XIV. Hors de cette clôture assez restreinte, le Roi possédait certainement quelques terres, tout au moins du côté de l'ouest, où s'étendait le grand bras du Canal ; il avait acheté, en effet, en 1662, celle du Val-de-Galie à l'abbaye de Sainte-Geneviève de Paris, et peu après le château de Noisy, ancienne propriété des Gondi comme avait été Versailles. Le dernier seigneur, qui signa l'acte de vente, était François Bossuet, secrétaire du Conseil d'État pour la direction des finances. Dès le mois de juin 1672, on s'entretenait de ces acquisitions au bureau des nouvelles du *Mercure galant* : « Versailles était devenu le sujet de la conversation. On disait que le Roi en faisait agrandir le parc, que le château de Noisy, qui avait appartenu à M. Bossuet, devait être enfermé dedans, aussi bien que le Val-de-Galie, que le Roi paye à Messieurs de Sainte-Geneviève pour mettre dans son parc de Versailles. Il acheta encore, il y a quelque temps, un château qui n'est pas loin de cette

---

1. Cette première limitation du Parc paraît dans le plan manuscrit du Cabinet des Estampes, qui a été partiellement gravé et qui porte l'inscription : *Plan des parcs de Versailles avant que le Roi y ait fait bâtir*. Ce plan est antérieur au creusement du Canal, dont l'emplacement est marqué par une grande allée. La Ménagerie est indiquée ainsi que le village de Trianon, qui est resté hors de la muraille ; il s'y trouve compris un peu plus tard, d'après le tableau de Patel (V. aussi le carton de la banlieue de Paris annexé au plan de Jouvin de Rochefort (1676)

délicieuse maison et duquel on a fait le Chenil. »
Un peu plus tard, en 1676, d'autres terres furent
réunies du côté de Satory. Après ces diverses
acquisitions, le mur ne tarda pas à être reporté à
une assez grande distance, à l'ouest et au sud, et
une clôture nouvelle fut faite, atteignant la ferme
de Galie et englobant le village, bientôt détruit, de
Choisy-aux-Bœufs, le plateau, la ferme et les bois
de Satory et le bois du Cerf-Volant. Les murs
nouveaux furent élevés à partir de 1677. Il y avait
eu, à ce sujet, une contestation d'ordre religieux :
Choisy et Trianon étant du diocèse de Chartres,
l'évêque réclamait la partie de leur territoire déjà
enfermée dans le parc de Versailles; un arrêt du
Conseil d'État de 1670, obtenu par M. de Péréfixe,
déclara que tout le territoire du Château serait du
diocèse de Paris[1].

Cet agrandissement du Grand Parc paraît représenter un état intermédiaire, qui ne fut pas de
longue durée. Vers 1680, le nom de Grand Parc
est enlevé peu à peu à la partie du domaine qui l'a
porté jusqu'alors et qui devient exactement, dans
le langage courant, « le Petit Parc ». Elle contient
des faisanderies et des remises et peut suffire à
certaines chasses. Dangeau distingue soigneuse-
ment les jours où le Roi ou Monseigneur vont tirer
dans le Petit Parc, et ceux où les tirés ont lieu

1. Lebeuf, *Histoire du Diocèse de Paris*, t. VII, p. 319, 331.
La paroisse et le village de Choisy ont été supprimés en 1685.
La paroisse de Notre-Dame de Trianon l'avait été dès 1663 et le
village avait disparu entièrement en 1668. C'étaient deux prieurés
appartenant à l'abbaye de Sainte-Geneviève de Paris (Cf. E.
Coüard, dans *Versailles illustré*, année 1904-1905, p. 30 et 44).

dans le Grand. Mais le Petit Parc sert surtout aux promenades à cheval des princes et des princesses de la Famille royale. Il a pour principaux ornements, outre les Bosquets de Versailles, qui y sont compris, Trianon, la Ménagerie et une foule de belles routes, dont les plus nombreuses se réunissent à la Grande-Etoile du bout du Canal. Il embrasse les hauteurs de Satory, « où l'on dit que sont les beaux points de vue du Petit Parc, et d'où on le découvre tout entier »[1]. Le mur du Parc, « qui n'a le nom de Petit qu'à cause de la grandeur extraordinaire du Grand » (c'est encore le *Mercure* qui parle), se trouve percé, d'après les plans, de seize portes ou grilles. Ce mur existe encore en partie et, par suite des nouvelles habitudes, le nom primitif de l'espace qu'il enserre a reparu peu à peu dans l'usage. Le « Grand Parc » du domaine actuel de Versailles, appartenant à l'Etat, contient plus de 1700 hectares et se trouve être, à peu de chose près, le « Petit Parc » de Louis XIV.

Venons maintenant au Grand Parc proprement dit, tel qu'il est dénommé depuis 1680 environ jusqu'à la Révolution, et déterminons-en également l'origine et les limites.

L'installation projetée du Roi à Versailles et la nécessité d'y trouver de grandes chasses sur terrain royal amenèrent, dès l'année qu'on indique, de nombreuses acquisitions dans la contrée. Les

---

1. *Mercure galant*, novembre 1686. Le plan du Petit Parc a été levé bien des fois. Les meilleurs plans gravés et les plus commodes pour l'étude sont celui de Naudin, dédié en 1693 au duc de Bourgogne, celui de Pierre Le Pautre (1717), celui de l'abbé Delagrive (1716) et celui de Coutant de la Motte (1783).

achats, continués les années suivantes, s'élevèrent à plus de cinq millions. Ce fut une affaire « d'un détail affreux », nous assure l'intendant des Bâtiments chargé du difficile travail d'estimation et du règlement des comptes, et l'on y peut apprendre à quel point, dans cette région des environs de Paris, la propriété du sol se trouvait déjà morcelée.

Ces acquisitions constituèrent le nouveau Grand Parc de Versailles. A peine était-elles achevées qu'un vaste mur de clôture fut ordonné. Les entrepreneurs de maçonnerie reçurent de ce chef, dans la seule année 1684, la somme de 347.425 livres. Dangeau en fait mention au 22 août : « Le Roi alla faire le tour de son nouveau Parc et trouva les murailles à hauteur presque partout. » On pensait qu'il serait fini à l'entrée de l'hiver; les pluies et le froid du mois de novembre l'empêchèrent. Louvois écrit au Roi, le 10 novembre, que les Limousins abandonnent en masse le travail, devenu impossible par la gelée : « Ce qu'il y a de plus fâcheux à l'égard du parc dans la continuation du mauvais temps, c'est que les Limousins désertent tous les jours, quoiqu'on leur doive deux semaines. J'ai envoyé aujourd'hui autour du parc leur promettre trente-cinq sols de la toise, de ce qu'ils pourront faire dès que le mauvais temps aura cessé; c'est treize sols plus qu'on ne leur donne en été. Si cela ne les retient pas, il ne sera pas possible de parachever le parc auparavant le printemps[1]. » Il est assez singulier de voir le

---

1. Archives historiques du Ministère de la Guerre, vol. 719, fol. 350.

ministre tout puissant, et que Saint-Simon nous montrera si dur pour les pauvres soldats employés à l'aqueduc de Maintenon, tenu en échec, avec ses commis et son argent, par cette résistance de gâcheurs de plâtre, qui refusent de travailler au mur du Roi.

Les murailles de Louvois, qui n'avaient pas moins de quarante-trois kilomètres de tour, ont laissé des vestiges sur un certain nombre de points, et quelques-unes des vingt-deux portes dont il était percé sont encore debout. On en voit le tracé le plus ancien dans la curieuse *Carte générale des environs de Versailles*, dressée spéciacialement au point de vue de l'aménagement des eaux sous Louis XIV. On le retrouve dans la belle topographie gravée de l'Ile-de-France au dix-huitième siècle, dans les cartes de Cassini (1736) et de Dom Coutant (1773), dans la carte dite « des Chasses » et quelques autres. Mais il en faut chercher le détail, soit dans les *Environs de Paris* relevés par l'abbé Delagrive (1740), soit dans un plan manuscrit à grande échelle, qui en montre une disposition spéciale à l'usage qu'en faisait le Roi; c'est une « Carte particulière des Grands et Petits Parcs de Versailles, où sont distingués les bois, prés, labours, pâtures et friches, buissons et remises faites pour la commodité de la chasse ». Les visiteurs de Versailles connaissent aussi la table de stuc, qui est dans le Cabinet de la Pendule, sur un riche bois doré de style Louis XV, et qui présente, avec la date de 1736, une carte en couleur très nette des environs de Versailles; c'est celle sur laquelle les successeurs de Louis XIV ont tant de fois donné leurs ordres au grand veneur, au grand fauconnier et aux officiers du « vol du Cabinet »; et l'on a plaisir à étudier sur un tel document l'aspect et les limites de notre domaine royal.

L'enceinte du Grand Parc se détache de celle de la forêt de Marly un peu avant le village de Saint-Nom, atteint presque à l'ouest les premières maisons de Villepreux et plus loin celles de Trappes, englobe les villages de Bailly, Noisy, Rennemoulin, Fontenay-le-Fleury, Saint-Cyr, Bois-d'Arcy, ceux de Guyancourt et de Villaroy, auprès desquels le Roi avait fait établir dès 1677 des remises de gibier, les grands étangs de Bois-Robert, de Trappes, du Trou-Salé et du Pré-Clos, le village de Buc et le bois des Gonards. C'est un très vaste espace qui se trouvait ainsi circonscrit par le mur royal. Il comprenait comme aujourd'hui des terres de toute nature et beaucoup plus de terrain de culture que de bois. Quand Louis XIV, le 8 décembre 1685, s'enferma avec le Dauphin et le grand veneur, M. de La Rochefoucauld, « pour voir le plan de son Grand Parc et faire travailler à tout ce qui pouvait l'embellir pour la chasse », les décisions prises portèrent surtout sur le percement des routes et des avenues, qui manquaient encore. Une partie des beaux chemins des environs de Versailles et de Marly a pour origine ceux qui furent établis alors, par les soins de Louvois, « pour la commodité de la chasse du Roi », dans son Grand Parc.

La recherche des eaux n'a pas été oubliée dans la constitution et la délimitation du Grand Parc. On s'était contenté d'abord de celles que faisait monter de l'étang de Clagny le mécanisme très simple des moulins à vent. Cette installation s'était perfectionnée par la création de pompes nouvelles, de réservoirs de plus en plus grands et aussi de nouveaux moulins destinés à amener à Versailles, par-dessus le plateau de Satory, les eaux de la Bièvre. Malgré tant d'efforts, l'œuvre de Francine restait insuffisante ; l'eau manquait toujours non seulement pour les besoins des habitants de la ville, dont le nombre de jour en jour augmentait, mais surtout pour les fontaines et les effets d'eau des jardins. De nombreux essais furent faits, très coûteux, qui ne donnaient que des résultats partiels et ne pouvaient arriver à satisfaire le Roi. Ils avaient été si malheureux, alors que Louis XIV rêvait de faire oublier les « Nymphes de Vaux » et de surpasser celles de Chantilly même, qu'il fut sérieusement question, à une certaine époque, d'abandonner Versailles « pour aller bâtir dans un terrain plus heureux ». L'avenir de Versailles ne se trouva fixé que le jour où le maître eut l'assurance que les eaux ne lui manqueraient point.

La grande pensée fut d'atteindre les eaux des plateaux, de les aménager et de les conduire à Versailles. Ce projet, qui date du temps de Colbert, fut exécuté grâce à l'abbé Picard et à un ingénieur, Thomas Gobert, intendant des Bâtiments du Roi, qui trouvèrent le moyen de le rendre réalisable par des nivellements exacts. Il s'agissait d'utiliser les eaux pluviales et celles qui résultaient de la fonte des neiges sur les plateaux de Trappes et de Saclay et se perdaient jusqu'alors dans les petites vallées de la Vesgre, de l'Yvette et de la Bièvre. Le travail magnifique qui fut accompli pour amener ces eaux est conservé intégralement et constitue le fond principal du système actuel des eaux de Versailles.

Les progrès de l'art de l'ingénieur n'ont amélioré cette création que sur des points secondaires. C'est au temps de Louis XIV qu'a été établi cet immense réseau de rigoles et d'aqueducs, qui n'a pas moins de cent soixante-dix kilomètres de longueur et qui est encore entièrement en usage. Une partie de cette canalisation draine à ciel ouvert le sol argileux et en réunit les eaux dans plusieurs étangs, pouvant emmagasiner huit millions de mètres cubes; un autre système de rigoles et d'aqueducs, dont celui de Buc est le plus important, amène l'eau dans les réservoirs ou bassins de distribution de Montbauron et du Parc-aux-Cerfs[1] (ces derniers sont appelés aussi « étangs Gobert »), d'où l'eau se répartit par des conduites, suivant les besoins de la ville et des jardins. Il n'y a point ici à raconter le détail de ces travaux, qui remplacèrent en 1680 les installations des pompes. Les premiers étangs aménagés, de 1675 à 1678, sous la direction de l'abbé Picard, furent ceux de Trappes et de Bois d'Arcy[2]. Les

1. Ce nom d'un quartier de Versailles rappelle un très ancien aménagement des chasses royales.

2. Sur le réseau des étangs de l'abbé Picard, que Louvois fit continuer jusqu'à Rambouillet, et sur ceux de Thomas Gobert,

autres furent l'œuvre de Gobert, qui a exposé lui-
même ses travaux dans un traité technique, dont
voici la partie narrative :

En 1680, M. Colbert me proposa d'examiner les hauteurs
des plaines de Saclay et d'en prendre les niveaux exactement, disant qu'il avait dans l'idée qu'elles étaient plus
élevées que le terrain du Château de Versailles. Quelque
rapport qu'on lui eût fait du contraire, il ne pouvait s'en
dissuader et me pria d'y travailler et de lui en rendre
compte. Je fis faire un niveau d'eau... [ici, le récit des
opérations de nivellement].... Je fixai toutes mes stations à
la hauteur du parterre de Versailles comme mon principal
objet.

C'était une entreprise fort hardie de vouloir amasser de
l'eau dans une plaine très aride, la conduire près de cinq
lieues à cause des sinuosités, percer cinq montagnes par
des aqueducs sous terre, dont il y en avait à plus de cent
pieds de bas, n'avoir que dix pieds de pente et vouloir
commencer son travail par la tête. Après avoir fait un
projet général, j'en fis mon rapport à M. Colbert et, sur
l'étendue du pays que je projetais d'enceindre, j'avais fait
une supputation de l'eau qui se pouvait recueillir par rapport aux années plus ou moins pluvieuses, ce qui lui plut
extrêmement ; à quoi j'ose dire que l'événement a répondu
assez juste.... J'eus l'ordre de faire un mémoire de tous les
ouvrages à faire pour l'exécution de ce projet, tant pour la
maçonnerie des ponts, regards, esquisses, retenue à chaussée, transport de terres et rigoles, dont l'étendue était de
plus de 24 ou 23 lieues à cause des détours et traverses.
Ce projet montait à sept cents et quelques mille livres. Il
m'ordonna de faire incessamment des devis en forme
de chaque nature d'ouvrages, de les publier au rabais et
de les distribuer aux entrepreneurs, ce que j'exécutai. Le
Roi me fit l'honneur de me demander deux ou trois fois si

on se référera au livre déjà cité de M. L.-A. Barbet, *Les grandes
eaux de Versailles, installations mécaniques et étangs artificiels*,
Paris, 1907, p. 52-60. On y trouvera aussi l'histoire technique la
plus complète de la Machine de Marly.

je ne pourrais pas lui donner de ces eaux jaillissantes sur
son Parterre et qu'il serait content quand elles ne seraient
qu'à 18 ou 20 pieds de haut. A quoi je ne crus pas devoir
m'engager, ayant conservé, sans en parler à Sa Majesté ni à
M. Colbert, un secret plaisir de les surprendre agréablement, en donnant la plus grande partie de ces eaux pour
l'étang du Pré-Clos [ou du Trou-Salé] sur la Grotte [de
Théthys], dont le fond du réservoir était à trente pieds
au-dessus du Parterre.

[La première épreuve des rigoles] fit un très grand plaisir
à M. Colbert, qui était l'auteur de cette entreprise, parce
que ceux qui n'étaient pas de son parti le blâmaient extrêmement d'avoir engagé le Roi à une si grande dépense,
dont ils faisaient passer l'idée pour une vision et l'exécution pour impossible. Lorsqu'on y vit une si grande quantité d'eau, on se restreignit à dire qu'elle ne pourrait jamais
être conduite à Versailles. Cependant, elle y est actuellement et y fournit la plus grande partie des fontaines.
J'espère, de la manière que les ouvrages en sont construits,
qu'elles dureront autant que la gloire du Maître, c'est-à-
dire autant que le monde.

M. Colbert n'eut pas moins de joie de savoir l'eau en
haut de la montagne du côté de Versailles, qu'il en avait
eu à voir les étangs remplis. Il me donna l'ordre pour faire
mettre des tuyaux du Parc-aux-Cerfs jusqu'aux réservoirs
du Parterre. La Cour partit dans ce temps-là pour Fontainebleau [1683]. Outre les travaux, j'étais encore chargé
de l'estimation et de faire les remboursements des terres,
bois, prés et autres héritages que le Roi avait pris des
particuliers pour l'augmentation et l'embellissement de son
Château et Parc de Versailles. C'était une affaire de plus
de cinq millions, d'un détail affreux ; je l'avais défrichée
avec beaucoup de soins et des peines extrêmes. M. Colbert
me procura l'honneur de rendre compte au Roi de ces
deux affaires. Sa Majesté en fut tellement satisfaite qu'il
n'aurait pas été possible de rien ajouter aux termes obli-
geants dont elle eut la bonté de se servir pour me le
témoigner. J'avais lieu d'être plus que content. Trois jours
après, M. Colbert tomba malade et mourut. Trois semaines
ensuite, on mit l'eau dans les conduits : elle monta à la

hauteur des réservoirs, où elle fournit actuellement la plus grande partie des fontaines au-dessous du Parterre[1].

Telle fut la marche de ce beau travail hydraulique qui est demeuré un modèle en son genre et qu'avait suscité, comme tant d'autres, le désir de satisfaire un maître, dont quelques paroles savaient payer les plus grands efforts. L'œuvre de l'abbé Picard et de Thomas Gobert pour les eaux de Versailles est plus intéressante, à tous les points de vue, que la machine de Marly demeurée cependant beaucoup plus célèbre. La « Machine », telle qu'elle avait été construite, a cessé depuis longtemps de fonctionner, et c'est d'une façon toute différente que se puise l'eau de la Seine au même endroit de son cours; au contraire, le système de rigoles, d'étangs et d'aqueducs, qui amène à Versailles les eaux pures des plateaux, est encore, à quelques améliorations près, celui qui existait sous Louis XIV.

1. *Traité pour la pratique des forces mouvantes, à la fin duquel l'auteur a mis la figure d'un niveau qu'il a inventé et un récit de la manière dont il s'en est servi pour assembler et conduire les eaux des plaines de Saclay à Versailles,... par M. Gobert, cydevant Intendant des Bâtiments du Roy. A Paris, chez J.-B. Delespine,* 1702. Nous citons les pages 64-78 de cet ouvrage illustré de figures et dédié au Roi. Gobert n'aurait-il pas eu la plus grande part à la *Carte des environs de Versailles,* spécialement conçue pour le service des eaux, dont la Chalcographie du Louvre ne possède plus que deux planches sur quatre et dont la première feuille contient tout l'aménagement de la plaine de Saclay? Gobert, parlant des profils qu'il a exécutés, déclare : « J'en pourrais bien fournir deux cents lieues de long, avec l'affaire de la rivière d'Eure, où j'ai été depuis »; nous croyons retrouver aux Archives Nationales (O¹ 1793) quelques-uns de ces profils de Gobert relatifs aux travaux de la plaine de Saclay et de l'acqueduc de Buc; le travail de l'ingénieur s'y agrémente de curieux détails pittoresques.

La « Machine de la rivière de Seine », telle est l'appellation officielle d'Arnold De Ville, ingénieur de Liége, qui avait apporté au Roi son invention ; mais il en partagea l'honneur de l'exécution avec un charpentier liégeois Rennequin Sualem, qui avait amené avec lui tout son atelier, comprenant son frère Paul et plusieurs parents. Ce groupe d'étrangers, à partir de 1681, est occupé aux « ouvrages des îles de Croissy ». Il s'agit bien de la machine destinée à assurer, par un autre moyen, le résultat qu'on cherche ailleurs à atteindre par les étangs, c'est-à-dire l'alimentation hydraulique de Versailles. Les travaux d'Arnold De Ville pour y envoyer de l'eau de la Seine sont exclusivement mécaniques. Ils durent six ans, plus une année consacrée à la construction du grands aqueduc, et coûtent, pendant ce laps de temps, 3 millions 348.635 livres[1]. La partie la plus compliquée du matériel employé à la construction, par exemple le corps de pompe et les fers, est fabriquée au pays de Liège, et c'est Rennequin Sualem qui va en surveiller la fabrication. Les premiers essais en sont faits en 1692. On écrit de Versailles à la *Gazette*, le 26 juin : « Ces jours passés, le Roi alla voir les travaux que le sieur De Ville, gentilhomme et

---

1. Le chiffre que nous donnons pour les travaux de la Machine de Marly est supérieur à celui que l'éditeur des *Comptes des Bâtiments*, Jules Guiffrey, a obtenu lui-même dans ses tableaux toujours si exacts de totaux d'ensemble (t. II, 1311). C'est que nous y avons compté les travaux de 1681 aux îles de Croissy. Notre total porte par conséquent sur les années 1681 à 1687. L'approximation est d'ailleurs de règle en pareille matière, les divers chapitres des Comptes admettant parfois des dépenses étrangères à leur objet.

échevin de Liège, fait faire sur la Seine, afin d'élever les eaux de cette rivière à quatre cent soixante-dix pieds de haut pour être conduites ici; et la première épreuve en fut faite en présence de Sa Majesté avec beaucoup de succès. » Louvois activera les ouvrages de tout son pouvoir, et paraîtra lui-même, à maintes reprises, sur les chantiers[1]. L'ensemble du mécanisme fonctionnera complètement en 1686 et enverra l'eau de la Seine dans le plus haut des réservoirs de Versailles.

Louis XIV, qui était allé bien souvent au cours des travaux, soit à cheval, soit en calèche avec des dames, voir la machine de l'ingénieur De Ville, fut tellement satisfait de la merveilleuse réussite qu'il en récompensa royalement l'auteur : « Le Roi, écrit Dangeau au 3 juillet 1686, donna cent mille livres à M. De Ville, qui a fait la Machine

---

1. Un des premiers ordres de Louvois, comme Surintendant des Bâtiments, est adressé à M. de Ville, de Fontainebleau, le 18 septembre 1683, sur un ton qui doit être remarqué : « Je suis un peu mortifié d'avoir dit au Roi que l'eau pouvait arriver à Versailles le 10 du mois prochain et de voir que vous ne m'assurez pas que cela puisse être pour le 20. Je vous prie d'être assidu sur l'ouvrage et de faire tout ce qui pourra s'accommoder avec la solidité pour que l'eau monte le plus tôt qu'il se pourra. Ne ménagez point les charpentiers et, en cas que vous n'ayez point vu arriver aujourd'hui les bois que vous leur avez demandés, envoyez-en quérir à Paris à quelque prix que ce soit. Je vous adresse un ordre au Prévôt, afin qu'il aille chez tous les maîtres de Paris prendre tout autant de garçons charpentiers qu'il en faudra. Je vous prie d'obliger les maîtres charpentiers de les payer à raison de 5 sols par jour plus cher que les autres, afin de les désaccoutumer de me demander de pareils ordres.... » La lettre fort longue se termine ainsi : « Je vous prie de vous trouver jeudi à midi à Versailles, avec les mémoires de tout ce qu'il y a à régler pour les ouvrages dont vous êtes chargé » (Archives historiques de la Guerre, vol. 718, fol. 394).

qui élève la rivière de Seine, et, outre cela, Sa Majesté lui a augmenté sa pension de deux mille livres, si bien qu'il a huit mille livres de pension. Cette grande machine, qui en contient un millier d'autres, fait l'étonnement des connaisseurs. » Ils ne peuvent être qu'en petit nombre, puisque De Ville déclare, assez orgueilleusement, que M. de Vauban presque seul en a compris la plupart des effets; mais elle cause au public une admiration sans bornes, que soulignent naïvement les guides du temps, et qui la met au premier rang parmi les merveilles de tout genre que Versailles a fait naître.

Plusieurs estampes, une grande planche dessinée par Liévin Cruyl et un tableau de P.-D. Martin représentent la Machine de Marly dans son premier état, qui est, en effet, tout à fait curieux. Elle se compose alors d'un bâtiment de bois construit sur la rivière, où puisent quatorze roues à palettes, qui, par un système compliqué de manivelles et de chaînes de renvoi, grimpant sur la côte de Louveciennes, font mouvoir trois étages de corps de pompes, au nombre total de deux cent vingt-cinq, et élèvent ainsi les eaux sur une tour bâtie à une hauteur de cent cinquante-quatre mètres. Elles sont reçues de là par l'aqueduc à arcades qui couronne majestueusement la colline, et qui les distribue soit aux réservoirs de Marly, soit à l'aqueduc établi pour Versailles, soit aux réservoirs du Chesnay, de Roquencourt, de Chèvreloup et de Trianon, qui n'en fournissent qu'à Trianon. A la fin du règne, quand Louis XIV

ne songeait plus qu'à embellir Marly, les eaux de
la Machine furent détournées pour alimenter la
grande cascade et les fontaines de Marly. Elles
servent encore de nos jours pour Versailles, surtout dans les années de sécheresse, quand celles
des étangs ne suffisent pas. Mais le grand aqueduc, aujourd'hui inutilisé, n'est plus qu'un ornement du paysage ; la canalisation nouvelle est en
partie souterraine, et rien ne rappelle plus l'énorme
grincement de jour et de nuit qu'on entendait jadis
aux abords de la Machine et qui frappait si vivement l'imagination populaire.

L'aménagement des eaux des plateaux et
l'énorme appoint que pouvait fournir la Machine
de Marly permirent une augmentation considérable des effets d'eau des jardins de Versailles
et la création de ceux de Trianon. C'est à cette
époque que furent réglés de façon définitive les
jeux d'eaux fameux, qui ont tant ajouté à la célé-
brité de la ville royale. C'est, par exemple, en 1684
que furent maçonnés ces énormes réservoirs placés sur la clôture même des jardins et qui donnent
leur nom à la rue longeant le Château. On était
désormais fort loin du pénible système de pompes
qui causait bien des soucis à la surintendance de
Colbert ; on pouvait dépenser largement les eaux
et concevoir tous les effets possibles, sans risquer
d'être arrêté dans l'exécution. Il suffit de jeter
les yeux sur certains plans manuscrits de cette
époque, dressés spécialement au point de vue du
travail des fontaines, pour se rendre compte de la

complication merveilleuse de ces ouvrages et du jeu de ces conduites, robinets et soupapes, qui alimentent les pièces principales par des réservoirs différents et utilisent habilement, pour les effets inférieurs, les eaux des bassins placés au-dessus. On comprend que le chef des fontainiers du Roi ait célébré, en un ambitieux poème, cet agencement magnifique, et que les Denis, de père en fils, sous Louis XV comme sous Louis XIV, aient considéré comme un honneur de famille de se transmettre les uns aux autres la direction de cet important service.

La meilleure description ancienne qui ait été imprimée sur le sujet est celle que Blondel, au dix-huitième siècle, a insérée dans son *Architecture françoise*. On y trouve la claire exposition de cette canalisation de Louis XIV, dont les grandes lignes sont demeurées intactes. Bornons-nous à mentionner les principaux réservoirs. Ceux de Montbauron communiquent leurs eaux au Château d'eau, situé derrière l'aile nord des Ministres et où se trouve le logement héréditaire des Denis; elles font jouer le Parterre et les eaux supérieures. Les réservoirs du Parc-aux-Cerfs envoient leurs eaux à trois autres réservoirs, celui de Chèvreloup, qui sert aux effets des bosquets de Trianon, celui de Choisy, qui dessert la Ménagerie, et le grand réservoir appuyé à l'aile nord du Château, qui fait jouer toutes les fontaines basses et communique aussi avec deux réservoirs placés sous les terrasses du Parterre d'eau.

Au temps de Louis XIV, le grand jeu de toutes

eaux, qui est un rare spectacle, dure trois heures. A la fin du règne, « lorsque toutes les fontaines vont généralement pour un ambassadeur, elles dépensent la quantité de 69.000 muids en trois heures de temps[1] ». Plus tard, la suppression d'importants effets, comme ceux du Théâtre d'eau, réduit cette dépense : « Les eaux jaillissantes des bosquets de Versailles, dit Blondel, dépensent un volume d'eau si considérable, lorsqu'elles jouent toutes ensemble, qu'on se contente ordinairement, durant l'été seulement, de faire jouer depuis dix heures du matin jusqu'à huit heures du soir, pendant le séjour du Roi à Versailles, le Parterre d'eau et quelques bassins qui s'aperçoivent du Château et des terrasses; en sorte que les grandes eaux ne jouent publiquement qu'aux fêtes de la Pentecôte et de Saint-Louis, ou bien lorsque quelque ambassadeur ou quelque étranger de la première considération vient visiter cette maison royale. Le spectacle alors dure environ deux heures et demie et consomme la quantité de 35.292 muids d'eau.... Mais, lorsque les fontaines de ce jardin jouent seulement à l'ordinaire pendant la belle saison, elles consomment 48.300 muids d'eau seulement, depuis huit heures du matin jusqu'à huit heures du soir[2] ».

1. Voir la légende d'une planche gravée par Demortain : *Plan et coupe du réservoir nommé le Château d'eau, qui est à Versailles du côté de la Chapelle.* Cf. Blondel, *Architecture françoise*, t. IV, p. 94, et L.-A. Barbet, *Les grandes eaux de Versailles*, p. 46.

2. Ces quantités équivalent environ à 9.670 mètres cubes dans le premier cas, et 13.250 mètres cubes pour la journée entière. La canalisation des jardins, en tuyaux de fonte et de plomb, a

La canalisation souterraine des jardins de Versailles forme assurément une des parties les plus curieuses de cette immense œuvre d'art qu'est la maison du Grand Roi. L'excellent Blondel s'interrompt, dans la description d'un bosquet, pour s'écrier : « Malgré le coup d'œil intéressant qu'offrent aux spectateurs les chefs-d'œuvre que nous décrivons, combien de travaux cachés sous terre, qui seuls seraient capables d'illustrer le règne où se sont faites tant de merveilles! » On ne montrait point aux étrangers ces dessous, où le passage est cependant assez facile. En revanche, la visite complète de Versailles comportait une promenade aux réservoirs de Montbauron, qui passaient pour les plus parfaits. Ils occupaient le sommet autrefois assez élevé de la butte, qui avait été rasée et mise à plat par les régiments de la Ferté et de Languedoc et offrait à présent une assez large surface. C'était le premier grand travail exécuté par les Bâtiments sous la direction de Louvois et, comme il n'y devait rien à son prédécesseur, le ministre y attachait quelque orgueil. On s'explique que le peintre J.-B. Martin l'ait représenté, dans la vue qu'il a peinte des réservoirs de Montbauron, faisant au Roi les honneurs de ce lieu si singulièrement transformé. N'aimerait-on pas retrouver aussi, parmi les personnages du tableau, où sont

encore aujourd'hui une longueur d'une vingtaine de kilomètres. Le matériel de conduites et de robinets a été refait à neuf à la fin du second Empire et, depuis lors, les récentes restaurations ont très heureusement remis en usage quelques bassins abandonnés. On compte maintenant, dans les jardins de Versailles, 681 jets d'eau; mais, sous Louis XIV, il y en avait environ 1.400.

certainement plusieurs portraits, l'honnête figure de l'ingénieur Gobert?

Quand les ambassadeurs de Siam visitèrent Versailles en 1686, M. Le Fèvre, qui les guidait, ne manqua point de les initier à quelques-uns des secrets de ces eaux qui avaient fait leur émerveillement dans les jardins :

On leur fit voir le jour même l'aqueduc de Buc, les réservoirs, qu'ils trouvèrent très profonds, et l'étang de Cressé [ou des Gressets]. Ils virent aussi les réservoirs qui sont au lieu que l'on appelait auparavant la butte Montbauron. Elle est en face le Château de Versailles, derrière le Chenil. Avant que le Roi y fît travailler, elle s'élevait en pointe et faisait un mauvais aspect à la vue du Château. On en a coupé la cime environ jusqu'à la hauteur du comble des Écuries, et de la terre qu'on a répandue à l'entour avec ce qui restait du haut de la butte, on en a fait une grande esplanade ou plate-forme, où l'on a construit cinq grands réservoirs pour conserver l'eau, tant de la machine de Marly que de la rivière d'Eure. Ces cinq bassins consistent en quatre carrés longs à pans par les angles extérieurs, et au milieu des quatre est un petit bassin rond de dix toises de diamètre, appelé « le réceptacle des eaux », c'est-à-dire l'endroit où les canaux et les conduits viennent se rendre.... Les quatre contiendront 896.000 muids d'eau. Il y a deux de ces bassins achevés et remplis de l'eau de la machine de Marly, qui est conduite par un aqueduc depuis la montagne de Picardie jusqu'aux réservoirs.... Comme les ambassadeurs s'attachent surtout à considérer les choses qui marquent particulièrement la grande puissance du Roi, ils examinèrent cet ouvrage, qui est digne d'être comparé à ceux de l'ancienne Rome et auquel des armées entières, si l'on peut parler ainsi, ont travaillé, puisque, outre les ouvriers nécessaires pour instruire et pour conduire les autres, plusieurs régiments y ont été employés. C'est le premier ouvrage que M. de Louvois ait fait faire après avoir été nommé surintendant des Bâtiments. On pourrait juger, par de pareils coups d'essai, de quoi ce ministre est capable, si l'on n'en était pas déjà convaincu par tout ce qu'il a fait.

Les fameux ouvrages de la rivière d'Eure se rattachent naturellement à l'histoire des travaux hydrauliques de Versailles. Ils ont servi plus que tous les autres à faire condamner et maudire la mémoire de Louis XIV. Un troisième projet, en effet, avait été présenté au Roi pour augmenter le volume des eaux dans sa nouvelle résidence; il s'agissait d'y faire venir par canaux et par aqueducs les eaux d'une grande rivière coulant à un niveau plus élevé que celui de Versailles. Riquet l'avait proposé pour la Loire, après un essai très insuffisant de nivellement. Le traité allait être signé avec le créateur du canal de communication des Deux Mers, qui inspirait alors pleine confiance au Roi et à Colbert; mais on fut arrêté à temps par un avis de l'abbé Picard, et le travail plus consciencieux de ce mathématicien et de ses collègues de l'Académie des Science prouva avec évidence qu'on échouerait. L'idée, du moins, correspondait admirablement aux désirs de Louis XIV, qu'on voyait alors dans toute l'ardeur de ses créations. C'était sur la petite montagne de Satory que devait être établi le réservoir de Riquet : « M. Le Nôtre dit, il y a deux jours, au Roi, en l'accompagnant sur les bords du Canal de Versailles, que ce serait une belle chose de voir descendre les vaisseaux de la rivière de Loire avec leurs voiles le long de la montagne en matière de ramasse, et s'en venir flotter sur le Canal. » Dangeau n'était pas le seul à s'émerveiller.

Au même temps fut proposé le projet moins singulier, mais non moins chimérique, de prendre l'eau de la Bièvre ou rivière des Gobelins, un peu au-dessous du village de Bièvre, et d'en élever une partie jusqu'à Versailles ; certains bourgeois de Paris se faisaient les cautions et les associés des ingénieurs ; ils se fussent assurément ruinés dans une entreprise qui ne pouvait réussir : « Je crois, raconte Charles Perrault, que M. Colbert le voyait aussi bien et mieux que moi ; mais tout ce qui pouvait aller à donner des eaux à Versailles était si sacré et si bien reçu du Roi, que ce ministre écoutait tout avec une bénignité inconcevable et se donnait des peines incroyables pour vérifier tout ce qu'on proposait, quoique convaincu, la plupart du temps, que ce n'était que de pures visions. »

Le manuscrit des mémoires de Perrault fait connaître un projet d'adduction de rivière, qui semble d'une importance plus grande encore, car il intéressait l'avenir de la ville de Paris ; ce projet se rattache aux idées du Roi sur Versailles, que certains courtisans proposaient d'abandonner à cause de l'insuffisance des eaux :

Environ ce temps-là, il se présenta un homme qui s'offrait de faire venir à Paris la rivière d'Étampes ou du moins une partie, moyennant une somme qu'il demandait. La chose est très faisable, et il fit graver une carte, qui est parmi nos estampes, où le chemin qu'il lui aurait fait prendre est marqué. A l'endroit où la rivière d'Orge passe entre Viri et Savigni, il faisait un aqueduc qui portait l'eau d'un coteau à l'autre par dessus cette rivière. Cela me fit naître une pensée qu'on pourrait bâtir en cet endroit la plus belle maison royale qu'on puisse imaginer, à cause du bonheur de sa situation et de l'amas des eaux qui s'y rencontrent, savoir la rivière d'Orge qui passe dans une des plus belles prairies du monde, et la rivière d'Étampes qui viendrait la traverser et passer par dessus par des aqueducs qui, étant fort larges, feraient un canal de 15 ou 16 cents toises de long et de cent toises de large que formerait la rivière d'Orge. Les deux coteaux des côtés, celui de Viri et celui de Savigni, où il y a un nombre infini de sources, seraient ornés d'une infinité de fontaines. Le château serait planté sur le sommet du coteau de Savigni, au soleil levant, et aurait toute la vue de la rivière de Seine jusque et au delà de Corbeil. Il aurait, d'un côté, la forêt de Grigni, de l'autre, celle de Sénart, qu'un pont sur la rivière de Seine unirait l'une à l'autre. Si j'eusse eu le temps de faire un plan de tout ce que j'avais imaginé, comme on était en branle de quitter Versailles en ce temps-là pour aller bâtir dans un terrain plus heureux, peut-être aurait-on choisi cet endroit. La pensée de faire venir la rivière d'Étampes le long du coteau n'allait qu'à embellir Paris ; la proposition ne fut pas écoutée. Cependant, la chose est très faisable et serait d'une très grande beauté et d'une plus grande utilité encore[1].

Le projet d'amener la rivière d'Eure prévalut sur tous les autres. Ce qu'il était impossible de tenter pour la Loire, le plus illustre des ingénieurs du siècle, Vauban, le montra réalisable pour la rivière normande. Ce projet grandiose était fait pour séduire l'esprit du Roi. Son exécution eût été le

---

1. J'ai cité ce témoignage dans la *Revue des idées*, t. IV, p. 14, d'après le manuscrit de Charles Perrault. Il a pris place dans l'édition des *Mémoires de ma vie* donnée par P. Bonnefon, p. 102. Perrault note qu'il a dessiné en 1701 la maison royale qu'il projetait, « avec tous ses jardins, rivières, fontaines et forêts voisines ».

couronnement de l'œuvre de Versailles et eût rendu dans l'avenir les plus grands services pour Paris même. « Au lever du Roi, écrit Dangeau le 19 octobre 1684, on parla beaucoup de la rivière d'Eure que le Roi voulait faire venir à Versailles. On la fait niveler, et elle est de 80 pieds plus haute que les plus hauts réservoirs de Versailles. » Les opérations de nivellement furent rapidement poussées, et la construction du grand aqueduc de Maintenon, pour traverser la vallée de l'Eure, fut mise en adjudication au moyen d'affiches; les devis distribués aux entrepreneurs portaient une curieuse mention à l'avantage de celui qui serait choisi : « Il sera donné au dit entrepreneur, pendant les mois d'avril, mai, juin, juillet, août, septembre et octobre, assez de troupes pour que l'ouvrage soit autant avancé que Sa Majesté le désirera, et la journée des soldats sera réglée sur le pied de dix sols. » Les travaux commencèrent immédiatement; on y tint jusqu'à trente mille soldats, qu'on envoyait se reposer en quartiers d'hiver.

Dangeau suffit presque à nous renseigner sur l'histoire de ces grands travaux. Il note, le 26 février 1685 : « M. de Louvois partit hier pour aller à Maintenon et à Pontgouin voir les ouvrages qu'il faut faire pour amener la rivière d'Eure; il mène avec lui Chambay et De Ville, et trouvera là Vauban et Mesgrigny, qui sont depuis quinze jours à examiner tout ce qui peut faciliter et avantager ce dessein-là. » Il y a mention d'un autre voyage, le 8 juin : « M. de Louvois revint de la rivière d'Eure, où il était allé voir les travaux; il y a près de seize cents arcades aux aqueducs que l'on fait, desquelles il y en aura quelques-unes plus hautes deux fois que les tours de Notre-Dame. » Au commencement de septembre, la Cour, se rendant à Chambord, coucha à Gallardon et deux nuits à Chartres, pour permettre au Roi de parcourir à loisir les travaux; le 4, il fut à Maintenon et, le 5, « alla dîner à Pontgouin pour voir le lieu d'où l'on commence à prendre la rivière d'Eure qu'on veut mener à Versailles ».

En juillet 1686, Louis XIV vint loger au Château de Maintenon et trouva faites les premières piles de l'aqueduc : « Le Roi fit à Maintenon la revue de vingt-deux bataillons, qu'il vit sur une ligne et dont il fut très content »; Dangeau marque le lendemain la satisfaction du Roi « de tout ce qu'il a vu dans son voyage; les ouvrages s'avancent fort et on est assuré du succès ». Il y retourne au mois de septembre et passe la même revue, avec le même contentement. L'année suivante, il ne se lasse pas d'aller voir l'aqueduc de Maintenon; c'était, en effet, une majestueuse construction, qui devait avoir plus de cinq kilomètres et dont les plus hautes arcades atteignent 68 mètres. Les gazettes sont remplies de discussions à propos de la rivière d'Eure, qui se trouve, de 1685 à 1688, pendant les quatre années de travail, le grand sujet d'intérêt pour le public.

La dernière visite du Roi est du mois de mai 1688 : « Il a trouvé, écrit Dangeau, beaucoup moins de malades qu'on ne le disait... et toutes les troupes en fort bon état, hors le régiment d'Enghien. » Cependant Louvois est revenu de Maintenon avec la fièvre et, quelques jours plus tard, c'est le Roi lui-même qui a de forts accès et prend du quinquina. Puis les malheurs militaires surviennent, la détresse des finances s'annonce; brusquement, dès la fin du printemps, les ouvrages déjà très avancés des aqueducs sont suspendus et Louis XIV décide qu'ils ne seront pas repris.

On a toujours jugé les travaux de la rivière d'Eure sur quelques paroles violentes de Saint-Simon. Tout le monde connaît une page dont il suffit de rappeler les premiers mots et les derniers : « Qui pourra dire l'or et les hommes que la tentative obstinée en coûta pendant plusieurs années, jusque-là qu'il fut défendu, sous les plus grandes peines, dans le camp qu'on y avait établi et qu'on y tint très longtemps, d'y parler des malades, surtout des morts, que le rude travail et plus encore l'exhalaison de tant de terres remuées tuaient?... Il n'en est resté que d'informes monuments, qui éterniseront cette cruelle folie. » Il faut probablement beaucoup rabattre de ce réquisitoire contre Louvois et son maître. Pour l'or dépensé, on en fait le compte : il s'agit de huit millions de livres; quant aux hommes sacrifiés, est-il sûr qu'ils aient péri en plus grand nombre que dans les travaux analogues exécutés depuis? Un esprit équitable doit se refuser à traiter de « folie » une opération en tout cas grandiose, et dont l'idée a été reprise, en faveur de Paris, sous diverses formes. Peut-être pourrait-on démontrer qu'il n'en est aucune qui fasse plus d'honneur au génie des collaborateurs de Louis XIV, à Vauban en particulier et aux ingénieurs français du siècle. Le revirement général de l'opinion sur les entreprises du Roi date seulement du renversement de sa fortune. Le reproche mérité qu'on peut lui faire n'est pas d'avoir commencé les travaux de l'Eure, mais d'avoir, en les abandonnant, cédé au découragement devant la défaite et la pénurie. C'est sur ce point peut-être que manquèrent le plus les vues lointaines et les fermes conseils d'un Colbert.

CHAPITRE SIXIÈME

LA GALERIE DES GLACES

Lorsque Mansart avait été chargé par Louis XV de remanier et d'agrandir le Château, son premier soin fut de faire disparaître la terrasse ménagée sur les jardins et de la remplacer par une galerie magnifique. Cette galerie faisait partie de projets fort anciens. Au moment même où le Roi ordonnait d'envelopper de trois grandes façades le château primitif, qui vit les fêtes de sa jeunesse, il rêvait d'y construire une galerie digne de l'importance nouvelle qu'il attribuait à sa maison favorite. Mansart réalisa ce changement avec tant d'autres, peu avant l'installation définitive de la Cour ; et l'œuvre, pour laquelle son nom reste uni à celui de Charles Le Brun, est une des plus grandioses que l'art au dix-septième siècle aient conçues. Versailles n'en compte pas de plus fameuse, et qui soit plus digne d'une étude particulière.

Le premier projet de la Galerie apporte sous la signature de Colbert la date authentique de l'ordre d'exécution. Mansart a fait présenter au Roi, pendant le séjour de 1678 à Fontainebleau, la coupe de la construction à élever[1]. Il a même mis de sa main, sous le lavis sommaire qu'il a dessiné, l'inscription suivante, d'une incorrection d'artiste peu lettré : « *Coupe de la Galerie avect le salon comme il doit estre estan finy.* » On observe à première vue, dans ce dessin, la différence de masse entre « le château neuf » de Le Vau, dans lequel va s'emboîter la Galerie, et « le petit château » de Louis XIII, où se trouve le Salon du Roi, exhaussé pourtant déjà de toute la hauteur d'un attique.

Cet avant-projet de Mansart n'a qu'un intérêt historique, car il est facile de voir qu'on y a apporté, au cours du travail, un grand nombre de modifications. Quelques-unes tiendront au remaniement général que subiront les trois façades de Le Vau; les fenêtres carrées seront remplacées par des fenêtres cintrées beaucoup plus hautes, ce qui, à l'intérieur comme à l'extérieur, entraînera d'assez sérieux changements, mais produira incontestablement le meilleur résultat d'ensemble[2]. Ce remplacement ne se fit qu'après divers tâtonne-

1. J'ai retrouvé ce dessin au cabinet des dessins du Louvre et l'ai donné en fac-similé, au t. II de l'*Histoire du château de Versailles*. Ce n'est visiblement qu'un avant-projet. Sans parler du Salon du Roi (plus tard chambre à coucher de Louis XIV), qui sera exécuté en boiseries fort différentes du décor indiqué, la corniche de la Galerie, placée très bas, se trouvera relevée à l'exécution définitive, au point de dépasser la corniche de la façade extérieure; le cintre de la voûte est arrondi, dans le dessin, et non surbaissé; enfin, la porte ouvrant sur le salon du fond, au lieu d'être cintrée comme le sont les portes existant aujourd'hui sur les Salons de la Guerre et de la Paix, se montre carrée du haut, ainsi, du reste, que les fenêtres de la façade.

2. Les références de ce chapitre sont à chercher dans les notes de la *Revue de l'Art ancien et moderne* de 1903, t. I, p. 177-190 et 279-290.

ments et le premier projet de la Grande Galerie s'en tenait encore aux fenêtres carrées de la construction de 1670.

Le travail architectural de Mansart a été l'objet d'un jugement qui emprunte de l'intérêt à son époque et à son auteur. Le meilleur théoricien de l'architecture française au dix-huitième siècle, Blondel, décrit ainsi le chef-d'œuvre de son confrère, en une page où l'admiration sincère laisse place à quelques critiques assez curieuses :

Cette pièce est toute revêtue de marbre. Un ordre de pilastres corinthiens de vingt-un pouces de diamètre et de marbre de Rance, posé sur un fond de marbre blanc veiné, préside dans l'ordonnance de cette galerie. Ses chapiteaux sont composés de feuilles de palmier et ornés d'une tête de Soleil dans leur tailloir. au lieu de rose, le tout de métal doré ; et les bases, selon l'antique, sont de bronze doré d'or moulu. Dix-sept arcades en plein-cintre éclairent cette grande pièce et lui procurent le plus bel aspect qu'il soit possible d'imaginer, par le coup d'œil des fontaines jaillissantes et jardins de ce Palais, terminé par le Grand Canal. Vis-à-vis de chacune de ces arcades, en sont placées autant de feintes remplies de glaces, qui répètent, d'une manière fort intéressante, l'aspect des dehors de cette galerie. Dans les trumeaux qui séparent ces ouvertures, feintes et réelles, sont distribués quarante-huit pilastres, non compris ceux qui décorent chaque extrémité de cette galerie, dont deux de ces derniers sont angulaires et font place à autant de colonnes. Entre ces colonnes est une grande arcade, qui répond au milieu des Salons de la Guerre et de la Paix et qui procure, par les croisées placées dans ces salons en face de ces arcades, un autre coup d'œil qui laisse jouir de la plus grande partie de l'étendue des jardins de Versailles, depuis l'extrémité de la pièce des Suisses jusqu'à la fontaine des Pyramides, agrément qui relève les beautés de cette galerie, et qui ne contribue pas peu à la rendre le plus beau lieu du monde, la disposition et la situation étant un des premiers avantages des productions de ce genre.

L'inégalité des trumeaux de cette galerie, occasionnée par la décoration extérieure, et celle-ci devenue irrégulière par les restaurations de cet avant-corps faites à diverses reprises ont produit quelques pilastres inégalement accouplés et plusieurs pilastres solitaires, qui apportent un défaut de symétrie dans l'intérieur de cette pièce. Mais la grandeur du vaisseau, la beauté du tout-ensemble et la richesse des matières qui y sont prodiguées rachètent cette disparité, qui d'ailleurs a donné occasion de placer quatre niches vers le milieu de cette galerie, et dont la beauté des figures qu'elles contiennent dédommage de ce prétendu défaut, lequel n'empêche pas néanmoins que les côtés opposés ne soient égaux entre eux; en sorte que, bien loin de pouvoir envisager comme un abus cette irrégularité, celle-ci jette au contraire une agréable diversité dans toute cette ordonnance, qui peut-être est préférable à une décoration trop monotone et trop scrupuleusement régulière. On peut dire encore, en faveur de ces trumeaux dissemblables, qu'ils ont procuré une variété agréable dans les compartiments de la voûte, dont Le Brun a su profiter heureusement pour disposer le grand ouvrage de peinture que renferme cette galerie, et dont la composition, la vigueur du coloris, la correction du dessin et l'enchaînement qui règne dans la distribution des ornements qui contiennent les conquêtes du Roi qui y sont représentées, assurent une gloire immortelle à notre école Française[1]....

1. Blondel continue ainsi : « Nous observerons que cette voûte est en berceau de forme elliptique et qu'elle eût été mieux en arc-de-cloître dans ses deux extrémités; autrement une voûte terminée par deux parties verticales laisse toujours à douter si la pièce qu'elle met à couvert n'a pas été raccourcie sur sa longueur. D'ailleurs il résulte moins d'unité dans les compartiments d'une telle voûte et une interruption indispensable dans les sujets de peinture qui y sont distribués; défaut qui ne se rencontre pas dans un arc-de-cloître, ainsi qu'on peut le remarquer dans la plus grande partie des plafonds des appartements du Palais.... La retombée de cette voûte vient se terminer sur l'entablement de l'ordre corinthien. Cet entablement est d'un profil composé, orné de modillons et de consoles qui, dans leurs intervalles, produisent autant de métopes, dans lesquels sont distribués des

L'idée première de la Galerie vient assurément de l'Italie. La plus célèbre des galeries romaines, celle des Carrache au palais Farnèse, était admirée par le monde entier, et Félibien y louait, au milieu de l'extrême somptuosité, cette « beauté solide qui frappe l'esprit ». Mais, plus magnifique encore, c'est la galerie Colonna qui semble avoir inspiré Mansart et Le Brun, avec sa profusion de fresques, de trophées et de glaces, tout entière appliquée à la glorification d'un homme, Marcantonio Colonna, et d'une époque historique, celle de la victoire de Lépante[1]. Le modèle était tout trouvé pour celle de Louis XIV; il s'agissait de le dépasser et, s'il était possible, le faire oublier. Rien ne fut épargné pour réaliser ce dessein national, auquel ne manquèrent ni le génie inventif, ni l'effort soutenu de nos artistes. .

L'avant-projet de Mansart porte un autographe du ministre, qui l'autorise à se mettre à l'œuvre : « *Arresté à Fontainebleau ce 26ᵉ septembre 1678.*

---

trophées et des ornements de stuc doré. On a placé sur cette corniche des Génies et des Trophées de guerre en relief, derrière lesquels on a pratiqué des jours provenant des croisées attiques du jardin, dans l'intention d'éclairer par reflet les peintures de la voûte. »

1. Voir les observations de M. André Pératé dans l'*Histoire de l'Art* d'André Michel (t. V, 2ᵉ p., p. 629; t. VI, 2ᵉ p., p. 106). Les *Entretiens* de Félibien sont de 1679. La galerie du palais Colonna est l'œuvre de Giov. Coli et Fil. Gherardi, de Lucques. Elle est rapprochée de celle de Versailles par plus d'un voyageur, notamment par le président de Brosses : « Sa superbe galerie, préférable peut-être à celle de Versailles et remplie de tableaux exquis. Elle est soutenue par des colonnes démesurées de marbre jaune antique qui, en la divisant, forment deux salons aux extrémités; celle du Roi est plus longue et plus ornée, mais celle-ci est plus auguste ». (*Lettres,* éd. Babou, t. II, p. 71.)

Colbert. » Les Comptes des Bâtiments commentent aussitôt cette décision. Cette année même, l'entrepreneur Gabriel, de qui naîtront de grands architectes, démolit la terrasse de Le Vau et commence la maçonnerie de la Galerie et des deux Salons.

On peut suivre toute l'exécution, morceau par morceau. Dès 1679, les marbriers des Bâtiments font leurs premières fournitures pour les pilastres, les chambranles, les embrasures. Tubi reçoit déjà des acomptes pour ses bases de bronze doré destinées aux colonnes et aux pilastres, et Coyzevox partage avec lui pour « les trophées de stuc et ornements de sculpture qu'ils font au-dessus de la corniche »; Caffiéri et Lespagnandel sont occupés aux stucs de cette corniche. Le travail décoratif s'accentue l'année suivante, sous la haute direction, non point de Mansart, mais de Le Brun. Voici les stucateurs ayant à leur tête, pour l'importance du travail, cet Antoine Coyzevox dont le nom se retrouve désormais partout à Versailles; Le Conte, tantôt associé à ce maître, tantôt travaillant seul, Clérion, Le Gros, Massou, Flament, font les trophées d'enfants de la corniche. Au salon du bout de la Galerie, du côté de l'appartement du Roi (dit plus tard Salon de la Guerre), c'est l'association Coyzevox, Arcis et Le Conte, qui modèle les stucs; au salon du côté des appartements de la Reine (Salon de la Paix), ils sont confiés à l'association Coyzevox, Tubi et Prou. Tous les ateliers sont à l'œuvre, et les noms les plus modestes y voisinent avec les plus grands.

LA GRANDE GALERIE

Voici maintenant les fondeurs et les ciseleurs. A côté de Tubi, qui fournit les bases de bronze, Caffiéri fait les chapiteaux en « métal »; Lespagnandel et Legeret exécutent en association avec Caffiéri, pour 15.789 livres, les « trophées et roses de métal »; le bon ciseleur des Gobelins, Domenico Cucci, ciselle les ouvrages de bronze pour les dix-sept croisées de la Galerie et les tringles de cuivre doré, au décor fleurdelisé, destinées à fixer les miroirs « façon de Venise », que livre la « manufacture de glaces du Roi ». Un peu plus tard, en 1682, Le Gros, Massou et Coyzevox sont payés pour des trophées de plomb et d'étain et, en 1683, Caffiéri, pour des « trophées et ornements de métal au-dessus du cintre des croisées ». Ces quatre artistes sont, avec Tubi, les auteurs des trophées et chutes d'armes fixés sur des trumeaux de marbre qui compteront parmi les plus belles œuvres décoratives du temps. La même décoration s'étend aux deux Salons ménagés au bout de la Galerie; Coyzevox fournit, avec Prou, les trophées de celui qui sera le Salon de la Paix, tandis que Massou et Le Gros y placent le reste des bas-reliefs, de simple métal, il est vrai, mais du plus délicieux arrangement, des attributs pacifiques et champêtres encadrés de festons de fleurs et de fruits.

Pour le futur Salon de la Guerre, qu'on appelle le Salon du Roi, Lespingola et Buirette, qui ont travaillé ensemble dans les jardins aux trophées du Bosquet des Dômes, sont chargés de faire « en grand » six modèles de terre « représentant des trophées et chutes d'armes pour être fondus en bronze. » Ces bronzes sont posés en 1683, quand s'achèvent les détails derniers, ces menus travaux de cuivre tous traités avec le même soin que les œuvres plus apparentes[1]. Presque au même moment que les sculpteurs, c'est-à-dire dès le commencement de 1681, les peintres se sont mis à leur besogne et l'on a dressé les échafauds pour le gigantesque plafond de la Galerie. On voit quel immense chantier d'artistes est devenue cette partie du Château et avec quelle rapidité s'y placent successivement les ouvrages.

Les trophées de Lespingola et de Buirette, au Salon de la Guerre, sont les seuls de l'admirable série dont on ait commandé la fonte en bronze au

[1]. Les curieux peuvent se reporter, pour la mise en place du décor de la Galerie et des deux Salons, aux principaux passages des Comptes qui concernent ces travaux : t. I, 1156-1159, 1284-1286; t. II, 14, 138, 139, 159, 178, 314. Le 22 août 1682, Caffiéri reçoit son parfait paiement de 13.520 livres, « pour les chapiteaux, pilastres et colonnes de métal de la Grande Galerie ». — Notons aussi les premiers paiements en septembre-octobre 1682 : « A Coyzevox et Prou, sculpteurs, sur les neuf trophées de métal pour le Salon du bout de la Galerie, et bas-relief de bronze pour la cheminée dudit Salon, 1.200 livres »; et le 3 juillet 1683, « à Coyzevox et Prou, parfait paiement de 10.330 livres pour ouvrages de stuc et de métal faits pour le grand Salon au bout de la Grande Galerie » — On trouve, en 1696, un parfait paiement à Pierre Le Gros et à la veuve de Benoît Massou, pour « les bas-reliefs de métal qu'ils ont livrés et posés dans le Salon du bout de la Grande Galerie du côté de l'Orangerie ». — Les modèles du Salon de la Guerre, qu'on n'achève de payer qu'en 1693, ont coûté 3.300 livres, t. II, 139, 277; t. III, 869, 1005). Pour les petits travaux de cuivre, qui sont encore en place en partie, les crochets des fenêtres et les montures des glaces, Cucci reçoit, en 1682, 10.341 livres, en 1683, 8.558 livres, en 1684, 11.764 livres (t. II, 180, 314, 460). — Un plan original de Mansart, daté du 18 avril 1679, indique la répartition entre les marbriers de tout le travail du revêtement de la Galerie (Archives nationales, O¹ 1766)

moment de l'achèvement de la Galerie. Tous les autres ornements, y compris les trophées d'armes, sont indiqués comme faits simplement en « métal », c'est-à-dire en ce mélange de plomb et d'étain, dont la dorure peinte était loin d'avoir l'éclat de celle du bronze et qu'on devait souvent rafraîchir. A la fin du règne seulement, le Roi fit mettre en bronze doré l'ensemble des vingt-quatre trophées.

L'orfèvre Ladoireau en avait reçu la commande, en 1683, pour « six pentes de trophées de bronze doré d'or moulu »; mais il n'avait pu terminer son ouvrage, le malheur des temps n'ayant pas permis de lui continuer ses acomptes. Il ne fut payé intégralement qu'en 1702, et reçut la somme totale de 17.729 livres, plus 8.000 livres « par gratification, pour tenir lieu de partie des intérêts depuis vingt ans ». Ces favorables mesures indiquent qu'on se disposait alors à demander de nouveaux services à un artiste dont l'habileté s'était montrée si complète en ces difficiles et coûteux ouvrages. Le Roi fit d'abord poser les trophées exécutés; Mansart note l'ordre dans son journal, en octobre 1701 : « Sa Majesté a ordonné de poser dans le Salon du bout de la Galerie, vers le parterre du Nord, les six chutes des trophées de bronze doré d'or moulu faites par Ladoireau, lesquelles avaient été commencées du temps de M. Colbert ».

A ce moment, Louis XIV avait repris, après une assez longue interruption, les embellissements de Versailles. Il voulait que le plomb doré fût remplacé par le bronze, tout au moins dans les sculptures qui se trouvaient à la hauteur de l'œil et de la main, en cette partie glorieuse du Château. Ladoireau reçut une commande nouvelle, qui ne comportait pas moins de dix-huit trophées, les uns dans la Grande Galerie, les autres dans le Salon de la Paix, tout entier décoré des motifs en métal de Coyzevox. Ces bronzes furent finis et posés en 1703, et payés par acomptes au prix total de 53.187 livres[1].

Avec les chefs-d'œuvre de Ladoireau, les plus beaux morceaux décoratifs de la Galerie sont les vingt-quatre trophées de stuc, que soutiennent au-dessus de la corniche des couples d'enfants nus; Le Brun, qui a dessiné les groupes, en a varié heureusement les attitudes. Son temps appréciait aussi l'ornementation originale des arcades, les peaux de lions, les festons de lauriers et de fleurs, les roses et les soleils rhodiens », qui sont de beaux visages d'homme alternant avec les mufles léonins. Sous la corniche sont des couronnes de France et des colliers des Ordres de Saint-Michel et du Saint-Esprit; les mêmes ornements font partie de cet ordre d'architecture, où les chapiteaux portent des coqs, des soleils et des fleurs de

1. On rencontre avec étonnement, dans un dossier de la fin du règne de Louis XV, une supplique du petit-fils de l'orfèvre de Louis XIV réclamant au Roi le paiement de « dix-huit trophées placés dans la Galerie et le Salon du Midi ». L'excellente comptabilité des Bâtiments permit de rejeter cette prétention inattendue. La première commande à l'orfèvre Ladoireau est établie par les Comptes, t. II, 27; t. IV, 814, 865. La seconde, comportant « dix-huit trophées de bronze doré », commence à être payée en 1704 et a son parfait paiement en 1711 (t. IV, 1074, 1185; t. V, 511). La réclamation de la famille est aux Archives nationales, O¹ 1609.

lis, et qu'on appelait alors « l'ordre composite français ». C'est ici que Le Brun, après de fort nombreux essais, dont ses dessins conservent le témoignage, a créé ce chapiteau nouveau, employé plusieurs fois par Mansart[1]. On voit, par ces indications, combien les moindres détails ont été étudiés, de façon à ne rien introduire dans ce vaste hommage de tous les arts à la gloire de Louis XIV, qui ne soit de forme nouvelle ou renouvelée.

Toutes les inventions décoratives du Premier Peintre du Roi ont servi à préparer le cadre du morceau principal de la Galerie, qui est son œuvre personnelle, le plafond. Il y a transporté son escouade de peintres, aussitôt finis leurs travaux au Grand Escalier, sans qu'ils aient eu, pour ainsi dire, à quitter Versailles. Dès le 23 mars 1681,

---

1. La Galerie inaugure « l'ordre français »; un devis, qu'on peut citer sous sa forme intégrale comme un court exemple des devis de fournitures de l'époque, apporte la description des travaux demandés à Caffiéri, et pour lesquels cet artiste sera payé de 13.520 livres :

« *Devis des chapiteaux et pilastres de métail de l'ordre françoise inventés par M. Le Brun et qu'il convient faire, suivant ses desseins et soubz sa conduite, pour la grande Gallerie du Chasteau de Versailles, par Caffiéri.* — « Les susdits chapiteaux auront deux pieds de hault et 2 pieds 6 poulces de largeur, composés chacun de deux coqs sur les angles, le tiget de palmes qui forment les volutes et les colicoles, les feuilles composées de palmes avec une fleurdelis dans le milieu de chacune desdites feuilles, au milieu du tailloir une teste d'Apollon au lieu de la rose, lesquels cousteront tant par les modelles, creux, fonte que réparage, posés en place, la somme de cent quatre-vingts livres la pièce, sans comprendre le métail et en le fournissant, deux cens vingt livres chacun, et, à l'esgard des chapiteaux colonnes, ils passeront chacun pour trois chapiteaux pilastres » (Archives Nationales, O¹ 1796).

apparaissent les premiers acomptes « aux peintres de la Grande Galerie », qui reçoivent cette année-là 10.346 livres 5 sols. Leur activité ne s'est pas ralentie, puisqu'on peut, dès le mois d'août, découvrir pendant une semaine un grand morceau aux yeux du Roi et de la Cour :

Je croyais, — écrit un nouvelliste, — ne vous parler de la Galerie qu'on fait à Versailles qu'après qu'elle serait achevée ; mais il n'y a pas moyen de me taire d'un morceau qui, pendant sept ou huit jours qu'on l'a laissé à découvert, a fait l'admiration de toute la Cour et d'un nombre infini de curieux. Ce fut dans le dernier mois [août 1681] qu'on eut le plaisir de voir le commencement de ce magnifique ouvrage.

M. Le Brun en a fait tout le dessin, c'est-à-dire que les ornements, la sculpture et enfin toutes les choses qui contribuent à l'enrichissement de la Galerie, partent du génie de ce Premier Peintre de Sa Majesté. Les grands tableaux sont de sa main, et le tout ensemble représente l'histoire du Roi par allégorie. Les fortes expressions, qui sont si naturelles à cet homme tout merveilleux dans son art, jointes à la grandeur du sujet et à la crainte pleine d'admiration et de respect qu'imprime la personne de notre auguste Monarque représentée en plusieurs endroits, éblouissent tellement les yeux que, pour les tenir trop attachés à ce qu'on ne peut assez regarder, on demeure dans une agréable extase dont on voudrait ne sortir jamais.

Si vous aviez entendu parler ceux qui ont vu ce superbe ouvrage, vous diriez sans doute que je hasarde beaucoup à vous en vouloir entretenir, puisqu'on ne saurait trouver de termes qui puissent bien exprimer ce qu'il a de surprenant. Je crois pourtant que, quelques beautés qu'il ait, vous les comprendrez, quand je vous rapporterai ce qui en a été dit, qui est « qu'il était digne du Roi ». Dispensez-moi de rien ajouter à une louange qui comprend tout ce qui se peut dire. On a recouvert ce beau morceau qu'on ne reverra que dans deux ans et demi, que la Galerie doit être achevée.

La partie découverte alors est la plus voisine du Salon de la Guerre; elle présente la brillante composition double de Le Brun sur le passage du Rhin et sur la prise de Maëstricht, et aucune ne justifierait mieux l'enthousiasme des contemporains. La satisfaction du Roi s'est montrée par des libéralités particulières : au mois de mai 1681, le sieur Le Brun reçoit 22.000 livres par gratification, et le mois suivant 20.000 livres « pour bâtir une maison sur la place que Sa Majesté lui a donnée à Versailles ». La même somme pour bâtir une maison est également accordée à Mansart.

Le plafond doit être prêt exactement au jour annoncé. Les documents qui nous guident indiquent, par la diminution progressive des paiements, la marche du travail auquel Le Brun préside et participe de plus en plus de sa propre main, à mesure qu'on approche de la fin[1]. Enfin, dès son cahier du mois de décembre 1684, le *Mercure* donne la description complète du plafond; on peut considérer que l'œuvre est alors achevée et livrée à l'admiration publique. C'est bien la date promise au Roi au début des travaux;

---

1. Un des peintres employés par lui, Paillet, qui avance les énormes fournitures de couleurs et s'en fait rembourser par les Bâtiments, est chargé d'ordinaire de recevoir les sommes payées à ses camarades pour leurs journées. Les peintres et broyeurs, « qui ont travaillé sous la direction de M. Le Brun du 15 novembre 1681 au 21 novembre 1862 », touchent 13.010 livres 5 sols; ceux qui ont travaillé du 22 novembre 1682 au 13 novembre 1683, 7.834 livres; le prix des journées en 1684, faites jusqu'au 16 décembre, s'élève à 6.646 livres 5 sols. Il y a encore des paiements à Paillet, au cours de 1685 pour journées et fournitures, qui montent à 6.252 livres 8 sols 6 deniers; mais il s'agit sans doute de travaux aux deux salons ou de comptes en retard.

par cette étonnante exactitude, le Premier Peintre a su une fois de plus plaire à son maître qui, pas un moment, ne « faillit attendre ».

Le Grande Galerie était donc fort loin d'être terminée, au mois de mai 1682, quand le Roi s'était établi définitivement à Versailles. Elle n'avait pu être ouverte et meublée que sur la longueur des huit premières fenêtres du nord, et une peinture, exécutée peut-être en trompe-l'œil, en forma le fond. Il fut cependant impossible de se passer de cette galerie dans la nouvelle disposition des appartements royaux, car elle établissait une communication nécessaire à la circulation du Château. Il y eut, pendant dix-huit mois environ, un arrangement qui permit de s'en servir, tout en laissant au-dessus d'un plafond provisoire travailler librement les peintres de M. Le Brun. C'est le cahier du *Mercure* de décembre 1682 qui nous l'apprend, en même temps qu'il nous rend tout vivant le sentiment des contemporains sur l'immense œuvre d'art entreprise :

Les lieux qui sont ornés pour les divertissements que ce grand Monarque donne trois fois la semaine commencent par le bout de la galerie de Versailles [côté de la Guerre], qui n'est pas encore découvert, parce que la peinture et les ornements qui la doivent accompagner ne sont pas achevés. Vingt-six lustres de cristal et seize chandeliers d'argent portés par des guéridons dorés éclairent cet endroit. On y voit un billard, accompagné de vingt-quatre formes de velours vert à franges d'or. On passe ensuite dans le bout de la Galerie qui est découvert, parce qu'il est achevé. Ce qui s'en voit fait assez juger quel sera ce merveilleux ouvrage, où M. Le Brun peint dans la voûte l'histoire du

Roi. Il a représenté dans le morceau découvert la Hollande éperdue, qui oppose en vain ses digues, ses fleuves et ses rivières à la rapidité de ce conquérant que rien ne peut arrêter. Il paraît dans un char conduit par Minerve et accompagné par la Gloire ; Mars et la Victoire le suivent, et la Terreur et la Renommée marchent devant lui....

Des termes et des trophées peints soutiennent la voûte. D'autres trophées en relief et dorés sont sur la corniche, qui est dorée aussi bien que la frise et l'architrave. Les chapiteaux et les bases sont de bronze doré, et tous les pilastres sont d'un marbre choisi, aussi bien que le reste de l'architecture. Des glaces font de fausses fenêtres vis-à-vis des véritables et multiplient un million de fois cette Galerie, qui paraît n'avoir point de fin, quoiqu'il n'y ait qu'un bout qu'on en voie. Huit brancards d'argent portant des girandoles sont entre quatre caisses d'orangers d'argent, portés sur des bases de même métal, et garnissent l'entre-deux des fenêtres ; et huit vases d'argent accompagnent les brancards qui sont aux côtés des portes. Quatre torchères dorées portent dans les angles de grands chandeliers d'argent. Huit girandoles d'argent sont sur des guéridons dorés, posés au milieu des fenêtres de glace. Aux deux bouts pendent deux lustres d'argent à huit branches. Les tabourets sont de velours vert, entouré d'une bande de brocart d'or, avec une frange de même.

Cet état de la Galerie et la beauté des pièces voisines, où le Roi établit tout de suite l'usage du « Grand Appartement », sont l'occasion de la lettre fameuse de Mme de Sévigné, qui porte la date du 12 février 1683 et commence ainsi : « Je reviens de Versailles. J'ai vu ces beaux appartements ; j'en suis charmée. Si j'avais lu cela dans quelque roman, je me ferais un château en Espagne d'en voir la vérité. Je l'ai vue et je l'ai maniée ; c'est un enchantement.... » La marquise n'avait vu qu'une galerie inachevée, ce qui explique un passage d'une autre lettre, demeuré incompréhensible. Après avoir quitté Paris dans l'été de 1684, elle écrivait des Rochers, en avril 1685, à Mme de Grignan : « Je reviens à vous, ma fille. Rien n'est égal à la beauté de cette Galerie de Versailles. Cette sorte de royale beauté est unique dans le monde ; je la vois d'ici, *en prenant une partie pour le tout.* » Mme de Grignan avait pu voir, en effet, la Galerie terminée et en écrire à sa mère, qui vivait souvent à Versailles en pensée et s'intéressait, du fond de la Bretagne, à toutes les choses de la Cour.

Les rapports de Louvois à Louis XIV, conservés aux Archives historiques de la Guerre, attestent, au mois de novembre 1684, l'achèvement de la Galerie. Elle doit être inaugurée le 15, pour l'arrivée de la Cour qui revient de Fontainebleau, et on y travaille jusqu'à la dernière heure. Le ministre écrit, l'avant-veille du jour où le Roi a fixé son retour : « Le parquet de la Galerie est achevé de poser ; il ne reste plus qu'une des croisées feintes à couvrir de glaces. » Le Roi a mis en marge : « Je serai très aise de trouver la Galerie achevée. » En arrivant, il voit en place les deux grands tapis de la Savonnerie, payés au tapissier Dupont à raison de 165 livres l'aune, et les premières pièces de mobilier d'argent et de vermeil ; en même temps, tous les yeux se lèvent vers l'immense plafond, où se développe, désormais complète et fixée pour des siècles, l'apothéose du grand règne.

Pour la Galerie s'était constitué un ameublement digne d'elle. Une partie seulement existait en 1682 ; les comptes nous montrent, aux années suivantes, les orfèvres Delaunay, Merlin, Cousinet, occupés à finir les grandes bancelles et les tabourets d'argent, auxquels travaille également Ladoireau. Delaunay, Germain, Merlin et Cousinet reçoivent 34.169 livres « pour quatre grands chandeliers d'argent qu'ils ont faits pour la Grande Galerie ». C'est Delaunay qui semble au premier rang dans ce genre de travaux, comme étant sans doute, de tous les orfèvres du Roi, celui qui a le mieux hérité de la tradition de Claude Ballin, son maître, de qui il a épousé la nièce. Mais ce sont encore les ouvrages de Ballin lui-même, mort en 1678, qui forment la plus importante partie du mobilier de Versailles. Charles Perrault, qui a accordé une place à Ballin parmi ses *Hommes illustres*, rappelle comment sont nés et comment ont été détruits, dans les jours de détresse du règne, tant de chefs-d'œuvre dus à ce grand artiste et à ses émules : « Il y avait des tables d'une sculpture et d'une ciselure si admirables, que la matière, toute d'argent et toute pesante qu'elle était, faisait à peine la dixième partie de leur valeur. C'était des torchères ou de grands guéridons de huit à neuf pieds de hauteur, pour porter des flambeaux ou des girandoles, de grands vases pour mettre des orangers, et de grands brancards pour les porter où on aurait voulu [1], des cuvettes

1. L'*Inventaire du Mobilier de la Couronne* décrit la plupart de ces objets, par exemple, 24 bassins, 24 vases, 24 brancards, etc. (éd. Guiffrey, t. I, p. 69, 74).

des chandeliers, des miroirs, tous ouvrages dont la magnificence et le bon goût étaient peut-être une des choses du Royaume qui donnaient une plus juste idée de la grandeur du Prince qui les avait fait faire. Ils ont été fondus pour fournir aux dépenses de la guerre. Nous avons perdu par là un des grands ornements de notre siècle et un monument éternel de la gloire de la Nation.... »

On n'ignore point le détail de ce qui a été sacrifié aux nécessités de la guerre contre la Ligue d'Augsbourg. Les inventaires du Mobilier de la Couronne, par des descriptions précises, évoquent à la pensée, autant que les peintures de l'époque, l'œuvre des vaillants artistes des Gobelins[1]. Les

1. Voici des mentions intéressantes pour l'achèvement et l'ameublement. Paiements d'avril 1684, pour « les socles de marbre posés sous les figures qui sont dans la Galerie », et de juillet pour les ouvrages du parquet, pour la continuation des travaux de cuivre doré de Cucci. Du 23 janvier, parfait paiement aux sieurs Merlin, De Launay, Germain et Cousinet, orfèvres, « de 34.169 livres 17 sols 1 denier, pour quatre grands chandeliers d'argent qu'ils ont faits pour la Grande Galerie ». Paiements de 1685 : à De Launay, 48.000 livres, « à compte de trois bancelles d'argent », à Ladoireau, 40.000 livres, à compte d'une bancelle et quatre tabourets d'argent », à Merlin, 24.000 livres, « à compte de six tabourets d'argent », à Cousinet, autant pour le même travail. On ne peut songer à poursuivre ici ces énumérations pour les années suivantes. En 1685, on délivre 8.507 livres 16 sols 3 deniers au tapissier Dupont, « pour son paiement de deux tapis d'ouvrage de la Savonnerie, contenant ensemble 51 aunes 9/16 carrés, pour servir à la Grande Galerie de Versailles, à la place de ceux qui ont été envoyés en Danemark, à raison de 165 livres l'aune » (Comptes, t. II, 431, 442, 480, 590, 593). Les descriptions de ces pièces et de tout l'ameublement de Versailles à cette époque doivent être cherchées dans l'*Inventaire général du mobilier de la Couronne sous Louis XIV*, publié en deux volumes par Guiffrey, Paris, 1885. (Sur les huit statues antiques des niches et piédestaux de la Galerie emportées à Paris en 1798, avec le *Cincinnatus* du Salon de Vénus, v. le mémoire cité de M. Et. Michon, p. 178.)

registres portent, en marges, en face de chaque article rayé, la mention : « Déchargé, ayant été porté à la Monnoie, suivant le récépissé du sieur Rousseau, directeur général des Monnoies[1] ». Il y a près de douze cents articles ainsi effacés, qui représentent environ 2.500 objets détruits, dont la fonte rapporte en poids, suivant le procès-verbal des opérations, 82.322 marcs, 5 onces, 9 gros, et, en valeur, deux millions et demi de la monnaie d'alors (exactement 2.505.637 livres, 4 sols, 9 deniers). Le chapitre des filigranes d'argent, qui rappelle alors une mode déjà ancienne, est rayé d'un bout à l'autre de l'inventaire et disparaît tout entier d'un seul coup, coffres, bahuts, sièges, cabinets, boîtes, vases, chandeliers, aiguières, etc. La vaisselle de service à l'usage du Roi, de la Reine et des princes est à peu près épargnée : elle ne sera sacrifiée qu'en 1709, avec les filigranes d'or réservés jusque-là, au moment de la pénurie nouvelle amenée par la guerre de la Succession d'Espagne. Dès 1690, c'est tout l'effort artistique d'un règne qu'on voit s'anéantir, lorsqu'on lit cette énumération d'œuvres admirables impitoyablement détruites : tables, guéridons, coffres, fauteuils, tabourets, bancelles à dossier, torchères, chandeliers, bras, miroirs, nefs, bassins, buires, seaux, plats, brancards, caisses d'orangers, et jusqu'aux deux balustrades qui fermaient les alcôves du Roi et de la Reine ! Tous ces objets,

---

1. L'ordre général du Roi est du 3 décembre 1689; les récépissés commencent dès le 9 décembre, pour prendre fin au 19 mai 1690.

dont la plupart dataient à peine de quelques
années, étaient bien plus précieux encore par le
travail que par la matière, et on peut assurer qu'ils
formaient le plus magnifique mobilier royal qui
ait jamais été réuni.

Le plafond de la Grande Galerie est l'œuvre
principale de Charles Le Brun. Le Premier
Peintre du Roi avait réalisé à plusieurs reprises
ces agencements de grandes fresques à la mode
italienne, au milieu d'un décor d'architecture qui
soutenait et harmonisait la composition. Sans
parler des plafonds de Vaux, qui étaient presque
une œuvre de jeunesse, ni du pavillon de l'Aurore
au château de Sceaux, il avait donné, à Versailles
même, un modèle du genre dans la voûte du
Grand Escalier ; à Paris, on admirait de lui deux
galeries analogues à celle que le Roi lui demandait,
la galerie d'Hercule, à l'hôtel Lambert, la galerie
d'Apollon, au Louvre. Le sujet qui s'imposait
était naturellement la glorification de Louis XIV ;
mais on la conçut d'abord sous les formes ordi-
naires de la pure allégorie mythologique.

Le projet primitif, gardé aujourd'hui parmi les
dessins du Louvre, met en scène cette légende
d'Hercule victorieux et bienfaisant, dont l'apothéose
sera reprise plus tard pour le plafond de Le Moyne,
et qui se prête si aisément à flatter les souverains.
Le manuscrit de Nivelon, élève de Le Brun, raconte les vicissitudes que subit la composition de
son maître pour la Galerie : « Pendant la construction de ce lieu et que l'on travaillait au marbre

sur l'ordre qu'il en donna, il composa dans sa belle maison de Montmorency le dessin de la voûte, ... contenant en général tous les travaux d'Hercule, tous allégorisés sur les actions du Roi et au sujet de la guerre qui se faisait alors contre l'Allemagne, l'Espagne et la Hollande. Tous ces sujets enchâssés ensemble, avec leurs arcs, bordures et ornements, forment des variétés à l'avantage de la peinture. Les deux cintres des extrémités sont remplis, le premier de la désolation de Troie par Hercule, qui enleva les trois filles du roi Laomédon, et l'autre ce même héros ôtant le baudrier fameux d'Hippolyte, reine des Amazones, après sa défaite.... » La voûte est occupée par de grands ovales accouplés deux à deux, où le dessinateur a indiqué les travaux d'Hercule. Le sujet du milieu est la préparation du festin des dieux et déesses, dans l'Olympe où Hercule divinisé est accueilli. Mais cette grande allégorie risquait de n'être pas comprise de tous, et le Roi décida qu'il serait représenté sous ses traits véritables :

Toutes les études nécessaires étaient faites pour l'exécution d'un si beau sujet qui était agréé, mais le Conseil secret de Sa Majesté trouva à propos et résolut que son histoire sur les conquêtes devait y être représentée. Ce changement subit, qui aurait embarrassé les plus habiles génies, ayant à changer si promptement d'idées, a servi au contraire à faire juger quelle était l'étendue du génie de notre auteur, représentant des actions qui étonneront la postérité et donneront de l'occupation aux plus délicates plumes du temps. La résolution étant prise sur ce changement, M. Le Brun se renferma deux jours dans l'ancien hôtel de Grammont et produisit le premier dessin de ce grand ouvrage, qui est le tableau du milieu, qui fait le nœud principal de tout, sur lequel lui fut ordonné d'en continuer la suite sur ces mêmes principes et ces belles lumières, avec cette prudente restriction de la part de M. Colbert de n'y rien faire entrer qui ne fût conforme à la vérité, ni de trop onéreux aux puissances étrangères que cela pouvait toucher ; ce qui est exécuté d'une manière si savante qu'eux-mêmes, intéressés en faveur de leur patrie, les voyant ou entendant ce récit, sont charmés de la beauté et de la noblesse de ce langage pour perpétuer à la postérité les actions des grands rois[1].

La décoration de cette longue voûte au cintre profond a été exécutée par Le Brun, aidé de quelques élèves. Les grands sujets, encadrés de stucs ouvragés, furent peints sur toile marouflée d'après des esquisses très poussées, véritables tableaux de chevalet, où toutes les indications étaient données et qu'il suffisait d'agrandir aux énormes proportions de l'œuvre. Un tableau d'une double dimension occupe le centre, et de chaque côté sont réparties dix vastes compositions, qui, se reliant à deux autres placées à l'extrémité des voûtes, racontent d'une façon complète, à la date de l'ouvrage, l'histoire du règne.

Le morceau central, point de départ de cette

1. Nivelon nous conserve aussi une anecdote sur son maître, qui mérite d'être rapportée : « Ce ne fut pas sans crainte, tant de la part de Sa Majesté que de celle de M. Colbert dans son commencement, lesquels, demandant à M. Le Brun *quel âge il avait,* marquèrent qu'il serait bien fâcheux si un tel ouvrage, dont personne n'avait les lumières ni la clef, venait à être interrompu par la mort de son auteur. Mais le bonheur de Louis XIV, qui est comme l'âme qui anime tout ce qui est entrepris dans ses états, est comme la cause, par le vouloir divin, que ce labeur a été mis dans l'état qu'il se voit à présent, pouvant dire que ces pressentiments étaient indices de la fin de l'auteur, qui n'a guère survécu après la fin de ce grand ouvrage » (Bibliothèque nationale, *Fonds français,* 12987, fol. 359).

histoire figurée, oppose en deux tableaux le Roi qui commence à gouverner par lui-même (1661) et le Faste des puissances voisines de la France, que celle-ci va bientôt humilier. Les douze médaillons ovales, enclavés dans les fonds d'architecture, et les six camaïeux du bandeau de la voûte, qui séparent les peintures principales, racontent surtout les heureux effets du gouvernement intérieur[1]. Les gloires militaires de Louis XIV, de 1671 à 1678, ont fourni les sujets des grandes compositions. Plusieurs de celles-ci sont comme la traduction allégorique de ces tableaux, plus directement inspirés de la réalité, que Le Brun et ses élèves avaient préparés pour l'*Histoire du Roi* en tapisserie et qui ornent aujourd'hui les Grands Appartements.

Il y fallait des inscriptions explicatives, et ce point encore fut médité longuement. Après un essai en français, puis en latin[2], c'est à Boileau,

---

1. L'Ordre rétabli dans les finances, 1662; le Soulagement du peuple pendant la famine, 1662; la Fureur des duels arrêtée, 1662; le Rétablissement de la navigation, 1663; la Protection accordée aux Beaux-Arts, les Ambassades envoyées aux extrémités de la terre, la Police et la Sûreté rétablies dans Paris, 1665; la Jonction des Deux Mers par le canal du Midi, 1667; la Réformation de la Justice, 1667. On a rappelé aussi les premiers succès du Roi hors du royaume : la Prééminence de la France reconnue par l'Espagne, 1662; l'Acquisition de Dunkerque, 1662; le Renouvellement d'alliance avec les Suisses, 1663; la Défaite des Turcs en Hongrie par les troupes du Roi, 1664; la Réparation de l'attentat des Corses à Rome, 1664; la Hollande secourue contre l'évêque de Munster, 1665; la Guerre contre l'Espagne pour les droits de la Reine, 1667; la Paix d'Aix-la-Chapelle, 1668.

2. L'essai d'inscriptions latines de la Galerie ressort d'assez curieux billets inédits de Louvois à Le Brun. Ils se rapportent

qui se fit aider de Racine, que revint l'honneur de les rédiger. L'auteur de l'*Ode au Roi sur la prise de Namur* en a dit lui-même les circonstances, non sans malice pour un confrère compté parmi ses ennemis littéraires :

M. Charpentier, de l'Académie française, ayant composé des inscriptions pleines d'emphase, qui furent mises par ordre du Roi au bas des tableaux des victoires de ce prince, peintes dans la Grande Galerie de Versailles par M. Le Brun, M. de Louvois fit entendre à Sa Majesté que ces inscriptions déplaisaient fort à tout le monde; et, pour mieux lui montrer que c'était avec raison, me pria de faire sur cela un mot d'écrit qu'il pût montrer au Roi, ce que je fis aussitôt. Sa Majesté lut cet écrit avec plaisir et l'approuva, de sorte que, la saison l'appelant à Fontainebleau, il ordonna qu'en son absence on ôtât toutes ces pompeuses déclamations de M. Charpentier et qu'on y mît

aux textes demandés à l'abbé Tallemant de Boileau, après ceux de Charpentier:

« A Fontainebleau, le 14 septembre 1683. — La lettre que vous avez pris la peine de m'écrire m'a été rendue. J'écris à M. l'abbé Tallemant de m'apporter les inscriptions pour la Galerie de Versailles et aussitôt que je les aurai fait voir au Roi, je vous les enverrai. Vous serez averti du temps que je pourrai aller aux Gobelins. — Sa Majesté fait état d'aller à Versailles dans les premiers jours du mois prochain et se fait un grand plaisir de voir la partie de la Galerie que vous lui avez promis de rendre achevée ».

« A Fontainebleau, le 16 septembre. — J'ai reçu votre lettre du 13 de ce mois. Le Roi a vu les devises de l'abbé Tallemant que Sa Majesté a approuvées, à la réserve de celle où il y avait *Novæ leges sancitæ*, et d'une autre où, en parlant de l'Espagne, l'on la qualifie d'*Æmula Galliæ*. Vous pourrez faire peindre toutes les autres. — Je n'irais point aux Gobelins sans vous en avertir et, afin de ne vous point détourner de ce que vous faites à Versailles, j'attendrai que le Roi y soit retourné pour aller auxdits Gobelins. » (Archives historiques de la Guerre, vol. 696, fol. 244 et 340.) Cf. une lettre du 6 septembre 1685 : « C'est le sieur Rainssant qui a les nouvelles inscriptions qui doivent être mises dans la Galerie. Ayez soin de les faire peindre à peu près du même caractère que celles qui y sont » (Vol. 749, fol. 18).

les inscriptions simples qui y sont, que nous composâmes presque sur-le-champ et qui furent approuvées de tout le monde[1].

Les contemporains surent y goûter « cette noble simplicité dont les Anciens nous ont donné des exemples ». Voici les textes concis, dus à deux poètes, qui ont résumé sous les regards de tant de générations l'histoire d'une éclatante période : « Résolution prise de faire la guerre aux Hollandais, 1671 ; le Roi arme sur terre et sur mer, 1672 ; le Roi donne ses ordres pour attaquer en même temps quatre des plus fortes places de la Hollande, 1672 ; Passage du Rhin en présence des ennemis, 1672 ; le Roi prend Maëstricht en treize jours, 1673 ; la France-Comté conquise pour la seconde fois, 1674 ; Prise de la ville et de la citadelle de Gand en six jours, 1678 ; Mesures des Espagnols rompues par la prise de Gand. » Ce dernier épisode marque la fin de la coalition qui fut si dangereuse pour la France et qui est figurée dans le cintre, au dessus de l'entrée du Salon de la Guerre (« Alliance de l'Allemagne et de l'Espagne avec la Hollande, 1672 »). A l'autre bout, du côté du Salon de la Paix, se place une contre-partie ingénieuse et triomphale : « La Hollande accepte la paix et se détache de l'Allemagne et de l'Espagne, 1678. » « Sous les deux tableaux des extrémités, écrit un

1. La mortification essuyée par Charpentier de voir effacer ses inscriptions est amplement justifiée par les exemples qu'en cite Boileau, en ce petit *Discours sur le style des inscriptions* qui est dans ses œuvres : « *Le Passage du Rhin*, écrit-il, dit beaucoup plus que *Le Merveilleux Passage du Rhin* ». Tout l'art classique est dans cette observation.

contemporain, on a peint vers le Salon de la Guerre, dans les ouvertures de l'architecture feinte, de grands tapis de velours où sont tissés les Trophées des premières campagnes du Roi et que des Victoires et des Satyres détachent comme pour faire place aux Trophées de ses dernières conquêtes. Du côté du Salon de la Paix, les tapis ne paraissent plus et les Victoires y ont déjà placé des Trophées, que de jeunes Amours attachent avec des festons de fleurs, tandis que d'autres Victoires élèvent des étendards et tracent des inscriptions sur l'airain. » En ce siècle qui n'improvisait rien, les plus modestes détails prenaient partout une signification.

Dans une seule des compositions principales, quelques portraits ont trouvé place : autour de Louis XIV donnant ses ordres pour l'attaque des places hollandaises, on reconnaît le duc d'Orléans, son frère, et les nobles visages de Condé et de Turenne. Lui-même est représenté sans cesse en héros, les bras et les jambes nus, la poitrine souvent protégée d'une cuirasse d'or ; mais la tête n'en est pas moins couverte de l'énorme perruque du temps, nécessaire pour caractériser sa physionomie. Nos yeux acceptent par habitude cette convention singulière, sauvée d'ailleurs par la noblesse des attitudes et le grand style des tableaux.

Il existe au Louvre et dans plusieurs collections quantité d'études et d'avant-projets de Le Brun pour la Galerie de Versailles. Les variantes y sont considérables ; la fantaisie créatrice de l'artiste s'est essayée à reprendre chaque sujet plusieurs fois, et sous des formes très diverses, pour le présenter au choix du maître[1].

Les moindres détails avaient de l'importance aux yeux de celui-ci. Il faut avoir étudié ces peintures sur place, ou même dans les estampes du xviiie siècle gravées sur les dessins de J.-B. Massé, pour se rendre compte de la puissante invention décorative qu'elles révèlent et de la multiplicité des allégories qui s'y accumulent. Inspirées, mais de façon à les faire oublier, par les compositions dont les Carrache et leurs élèves avaient peuplé les palais romains, elles exigent de nous un effort qu'il était beaucoup plus aisé de demander aux contemporains de Louis XIV. L'allégorie dans

[1]. Voici, par exemple, trois compositions distinctes, destinées à représenter la seconde conquête de la Franche-Comté. Une esquisse peinte sur toile se trouve exposée à Versailles même ; elle a été précédée par trois dessins, dont les deux premiers sont tout à fait dissemblables, bien qu'on y compte, à peu de chose près, les mêmes personnages et les mêmes allégories. Le motif principal est Louis XIV ayant à ses pieds les villes de la Franche-Comté, figurées par des femmes en pleurs. Mais, dans le premier projet, le Roi s'élance vers elles, leur tendant la main, tandis que, dans le second et dans les peintures, il est majestueusement debout, appuyé sur son sceptre, et c'est le dieu Mars qui lui présente les villes suppliantes tout autrement groupées. Hercule, à qui on n'a pas entièrement renoncé, paraît dans les deux compositions ; mais dans la première, il défie, la massue basse, un lion furieux représentant l'Espagne sur le rocher de la citadelle de Besançon ; dans la seconde, il se précipite, la massue levée, et une figure guerrière est à côté du lion, sur un rocher beaucoup plus escarpé. La peinture en place présente, sur la gauche, une belle victoire tenant deux couronnes, en souvenir des deux conquêtes de la province, et attachant des armes aux branches d'un palmier ; cette figure n'existe dans aucun dessin, ni dans l'esquisse ; sauf un personnage, un soldat tenant haut glaive et bouclier et courant au premier plan, tout a été remanié hardiment par le peintre, dont l'imagination toujours en travail renouvelait aisément les mêmes sujets.

tous les arts était familière aux esprits d'alors, et chacun appréciait cette nouvelle mode renouvelée des Anciens, « qui, pour jeter plus de merveilleux dans la poésie et dans la peinture, n'ont point trouvé de meilleur moyen que d'y mêler partout des personnages allégoriques ». Il n'était pas inutile cependant que des guides spéciaux se chargeassent de fournir aux visiteurs des explications autorisées; c'est ce que firent pour la première fois, dès 1684, l'académicien Charpentier, puis, en 1687, un livret intitulé *Exposition des Tableaux de la Galerie de Versailles et de ses Salons*. Ce dernier ouvrage, écrit par ordre, est signé de Rainssant, garde des médailles de Sa Majesté. C'est là qu'on doit chercher la pensée même de Louis XIV, et telle description, celle qui s'applique par exemple à l'épisode tant célébré du *Passage du Rhin,* est un excellent document d'histoire[1].

1. L'épisode importait si fort à Louis XIV qu'il devait bien plus tard ordonner aux frères Coustou d'en tirer un bas-relief de marbre; il avait inspiré déjà, outre le poème de Boileau, le bas-relief de Coyzevox, encore en place dans le Salon de la Guerre, et une autre composition de Le Brun et Van der Meulen, destinée à être traduite en tapisserie et dans laquelle les figures allégoriques volent dans le ciel et sont séparées des personnages réels exacment peints. Le sujet est beaucoup plus compliqué dans le plafond que dans le modèle des Gobelins. L'explication des tableaux de la Galerie nous apprend que l'on a voulu y marquer, non seulement les circonstances de ce fameux passage, mais les conquêtes qui le précédèrent et les progrès qui le suivirent, « aussi bien que l'étonnement qu'il causa à toute la terre » :

« Le Roi y paraît sur un char de guerre, tiré par deux chevaux qui semblent voler. Il a la foudre en main; l'impétuosité de sa course est marquée par l'agitation des cheveux, que le vent rejette en arrière, et son visage est animé d'une colère majestueuse, qui imprime la terreur et le respect. La Gloire et Minerve, ses compagnes fidèles, volent devant le char, qu'Her-

Le plafond de Le Brun vaut par d'autres mérites que ces abondantes pages d'allusions et de symboles, dont on se lasserait vite après en avoir goûté l'ingéniosité. Le charme durable de l'ensemble est assuré par la puissante harmonie d'un décor aussi riche qu'on le puisse rêver. Les tons divers de l'or et du cuivre se marient partout aux couleurs les plus éclatantes. De nobles figures,

cule, symbole de la vertu héroïque, pousse d'une main par-dessus les flots. L'Espagne s'avance le masque à la main, et semble vouloir arrêter le vainqueur. Mais tâchant de saisir les rênes des chevaux, elle ne peut s'attacher qu'à l'un des traits, et elle est elle-même entraînée; par où l'on a voulu figurer les vains efforts qu'elle fit en ce temps-là par ses pratiques secrètes, pour s'opposer aux desseins du Roi. Le Rhin, qui se reposait sur son urne, se relève tout épouvanté de voir traverser ses eaux avec cette vitesse prodigieuse, et laisse d'effroi tomber son gouvernail. Cependant le char avance, et tout cet amas d'hommes et de femmes renversés sous les pieds des chevaux sont autant de figures symboliques des obstacles que le Roi avait déjà surmontés et des villes qu'il avait prises. La Hollande se présente sur son lion, au-devant du char, l'épée à la main, et oppose pour toute défense son bouclier, où se lit cette insolente inscription qui bravait tous les souverains. Mais la frayeur est peinte sur son visage, et l'on voit bien qu'elle ne peut pas seulement soutenir les regards du vainqueur. L'abaissement de son orgueil est marqué par une figure qui a les ailes à moitié coupées, et qui mord la poussière en laissant échapper une couronne qui semble tomber hors du tableau.

« Le désordre de son commerce est représenté par un homme renversé entre des ballots de marchandises, qui tient un livre de comptes tout brouillé et qui a de l'argent répandu autour de lui; la perte de ses forces maritimes par un matelot qui tombe près d'une ancre, la tête la première; et la consternation de ses peuples par des hommes qui viennent de loin apporter les clés de leurs villes. Le haut du tableau est occupé par des Victoires qui volent de tous côtés et entre lesquelles on en distingue une qui tient quatre couronnes dans ses mains, par où elle fait assez connaître qu'elle a présidé aux quatre sièges qui ont servi de prélude à la campagne. Il y en a encore une qui se fait remarquer à l'extrémité du tableau. Elle porte un étendard où est écrit le mot de *Tolhuis*, pour désigner l'endroit où les Français passèrent le Rhin. »

presque toutes accouplées, belles déjà par le contraste de leurs lignes, respirent et se meuvent au
milieu de l'architecture fictive qu'elles soutiennent. Mâles cariatides supportant les entablements
dorés, petits génies nus jouant parmi des guirlandes et des écussons, Victoires ailées agitant des
drapeaux et suspendant des trophées, c'est tout
un peuple imaginaire qui s'interpose entre le spec-
tateur et les grandes scènes de l'allégorie, pour
préparer son esprit à les mieux comprendre.

La magnificence de la Galerie devait être incomparable, avec ses meubles d'argent, ses caisses
d'orangers, ses statues, ses vases de porphyre,
les trophées appliqués sur ses marbres, les deux
immenses tapis et les dix-neuf lustres de cristal
suspendus dans toute la longueur de son grand
plafond. Elle joignait deux salons revêtus de marbre et de bronze, dits plus tard Salons de la Guerre
et de la Paix, et pour l'un desquels Coyzevox et
les Coustou achevaient alors le grand bas-relief de
Louis XIV victorieux. Les plafonds furent aussi
confiés à Le Brun. Le Premier Peintre entama en
personne ce dernier ouvrage dans l'été de 1685,
pendant les voyages de la Cour; Louvois écrivait
de Chambord à son agent de Versailles, le 15 septembre : « Vous ne me mandez point si M. Le
Brun travaille dans les Salons de la Galerie de
Versailles, et si son ouvrage avance; ayez soin de
me le faire savoir. » Le travail des Salons commençait, alors qu'on mettait en français les inscriptions de la Galerie. Les plafonds nouveaux

étaient peu de chose auprès du grand ; il y avait cependant deux coupoles et huit larges voussures à recouvrir, sans parler de la décoration ornementale. Les peintres descendirent des échafauds, l'ouvrage entièrement terminé, le 12 octobre 1686[1]. Telle est la date de l'achèvement de ce grand ensemble, le plus important qui existe en France et le plus considérable peut-être qui soit l'œuvre d'un même artiste.

Les plafonds des Salons, exécutés les derniers, ont une signification historique qui complète celle de la Galerie et donne définitivement à la peinture de Le Brun la portée d'un témoignage politique. Conçus l'un et l'autre sur le même plan, abondamment fournis de détails symboliques opposés, on peut dire qu'ils se correspondent et se font équilibre. Les deux calottes représentent la France ; mais, dans le Salon consacré à la Guerre, cette France, sous son manteau bleu fleurdelisé, a le casque en tête et la cuirasse ; elle tient d'une main un bouclier où paraît la tête laurée de Louis XIV,

---

1. Comptes, t. II, 889. On lit au 10 mars 1686 : « A François Girardon, sculpteur, pour son payement de modèles de draperies, ornements et façon des corps de marbre des huit bustes à tête de porphyre, qu'il a faits et placés dans les deux Salons au bout de la Grande Galerie, 2.380 livres. » Six bustes d'empereurs romains, répondant à la description ci-dessus, sont encore en place dans chacun des Salons. Dangeau donne la date de l'installation des statues et des vases, au 11 avril 1685 : « Nous vîmes dans la Galerie, entre plusieurs statues et vases qu'on a apportés de Rome, deux vases de porphyre taillés nouvellement. On a depuis peu retrouvé le secret de tailler le porphyre ; il y a plus de mille ans que ce secret-là était perdu » (Journal, t. I, p. 152). Les statues qui sont actuellement dans les niches datent de l'époque de la Restauration. Le plafond a été restauré par Heim, Abel de Pujol et J.-B. Mauzaisse.

et de l'autre lance la foudre ; autour du nuage qui la porte, volent des Victoires chargées de palmes, de couronnes et d'étendards ; l'une d'elles, appuyée sur l'écusson de Strasbourg, rappelle la prise sans violence de cette ville. Dans le Salon de la Paix, la figure de la France, revêtue du même manteau royal, la couronne sur la tête et le sceptre à la main, traverse les airs sur un char que tirent des tourterelles attelées par des amours ; elle l'entoure d'un brillant cortège, où l'on reconnaît l'Hyménée, la Gloire, la Paix, l'Abondance, la Magnificence, les Grâces, et aussi la Religion renversant l'Hérésie, et l'Autorité chassant du royaume l'Envie et la Discorde.

Dans les voussures s'accentue l'antithèse de la composition. La violente figure de Bellone en fureur est remplacée par celle d'une Europe paisible, assise sur un monceau d'armes ottomanes, tenant d'une main une corne d'abondance, de l'autre la tiare pontificale, et entourée de la Justice et de la Piété. Les trois puissances en lutte avec Louis XIV, l'Allemagne, la Hollande et l'Espagne, paraissent dans le premier Salon en posture de combat ou accablées au milieu de leurs emblèmes, alors que, dans le second, elles sont représentées de la façon la plus honnête du monde. L'Espagne s'agenouille, comme en extase, devant un génie qui descend du ciel, un rameau à la main, tandis qu'à ses pieds se repose le lion de Castille et que des danses et des jeux d'enfants annoncent le retour de la Paix. L'Allemagne reçoit du génie, qui la visite avec le rameau d'olivier, une

branche de laurier pour les victoires que le secours
de la France l'a aidée à remporter sur les infi-
dèles, dont les dépouilles forment un trophée. La
Hollande enfin, dans la voussure qui lui est
consacrée, est représentée, non plus au milieu de
la destruction de ses vaisseaux et des désastres de
l'inondation, que montre une voussure du Salon
de la Guerre, mais recommençant à jouir de sa
tranquille prospérité; ses magistrats à genoux
rendent au ciel des actions de grâces, et le rétablissement de son commerce est indiqué par les
matelots qui construisent et chargent ses navires.

Ainsi Louis XIV croyait avoir célébré par le
pinceau de ses peintres, sans qu'elles eussent lieu
d'en prendre ombrage, les triomphes remportés
sur les puissances étrangères. Mais les plafonds de
Versailles s'achevaient à l'heure où cette narration
figurée cessait d'être acceptable. L'Europe entière,
cette fois, se coalisait contre la France, rejetant
comme humiliante et désastreuse cette même
paix que le Roi se flattait de lui avoir imposée
pour toujours et dont son palais chantait les
gloires. La guerre de la Ligue d'Augsbourg commençait, et ses dangers s'annonçaient déjà, au
moment où Le Brun terminait son œuvre. A
quelles allégories, en vérité, aurait-il pu avoir
recours, s'il avait dû raconter un jour le déclin
du règne, comme il en avait dit les splendeurs?

CHAPITRE SEPTIÈME

LES GRANDS APPARTEMENTS

LA vie fastueuse de Versailles, celle qui donne, pendant les belles années du règne. son caractère particulier à la Cour de France, se déploie en deux parties distinctes du Château. L'une comprend les chambres où vit le Roi et qu'on nomme communément le Petit Appartement; l'autre forme le Grand Appartement, où l'on trouve bien un lit de parade. mais qu'il n'habite jamais et qui est réservé à un tout autre usage. C'est là que la Cour se réunit à certains jours, qui sont précisément des jours de « Grand Appartement », pour remplir auprès du souverain les devoirs les plus aimables du métier de courtisan.

Ces magnifiques pièces ont été conçues par Le Vau et depuis longtemps décorées de plafonds à l'italienne par les peintres du Roi, sous la haute direction de Le Brun; mais on n'a pas manqué de les remanier en partie, de les restaurer et de les meubler à neuf, lors de l'installation définitive. Saint-Simon dit d'un mot ce qu'elles sont et quelle couleur y domine : « Le Grand Appartement, c'est-à-dire depuis la Galerie jusqu'à la tribune [de la Chapelle], était meublé de velours cramoisi, avec des crépines et des franges d'or. » En 1682, l'aspect n'en pouvait être définitif ; la Galerie, qui allait en devenir l'accès ordinaire, était encore occupée par les ouvriers, et le Salon de la Guerre possédait seulement son revêtement de marbre ; en 1686, tout s'achevait et la beauté des intérieurs se trouvait fixée. Mais Louis XIV n'avait pas attendu ce moment pour faire usage du Grand Appartement, et ce fut précisément pendant les derniers travaux que s'y donnèrent, par exemple, les plus brillants carnavals du règne.

Au mois de décembre 1682, alors que pour le Roi et la Cour commence à Versailles le premier hiver, le *Mercure Galant* décrit la disposition et l'ameublement des salons où se tient le « Grand Appartement ». Il énumère un grand nombre des beaux tableaux du Roi placés sur les murs et que nous verrons de nos jours au Musée du Louvre[1].

1. Un état de répartition des tableaux pour quatre pièces existe aux Archives nationales (O¹ 1793). Voici ce document avec son orthographe :

« *Mémoire des tableaux que l'on pose dans les Grands Appartements du Roy, l'hyver, sur les tapisseries de velours.*

Chambre du Trône [Apollon]. — Les quatre tableaux des travaux d'Hercule, du Guide ; la Tomirice, de Rubens ; Saint-François, du Vallentin ; La Vierge et la Madelaine, de Vandek ; Les portraits des princes palatins, de Vandek.

Chambre [Mercure]. — Le Christ au tombeau, du Titien ; Les pèlerins en Emaüs, du Titien ; La Vierge et Sainte-Agnès, du Titien ; La Musique, du Dominicain ; Andromède, du Titien ; L'Assomption, d'Annibal Carache ; Le portrait de la reine Marie de Médicis, de Vandek ; Le portrait de la même reine, de Rubens.

Antichambre [Mars]. — Les pèlerins d'Emaüs, de Paul Véronèse ; La nativité de la Vierge, de Pietre de Cretone ; La nativité de Jésus-Christ, du Dose ; La Vierge, Saint-Jean, Sainte-

Puis, après avoir marqué l'état d'avancement de la Galerie, il décrit d'abord la pièce appelée plus tard Salon de la Guerre, où l'on vient de placer le grand bas-relief en plâtre de Coyzevox. Certain de plaire à des lecteurs avides de détails sur tout sujet qui touche au Roi, le nouvelliste s'étend partout avec abondance :

Le Salon qui suit la Galerie est de marbre enrichi de trophées en relief doré. Le Roi à cheval, grand comme le naturel, est en relief sur la cheminée. Ses ennemis vaincus sont renversés sous les pieds de son cheval, et la Victoire, la Valeur et la Renommée l'accompagnent. Dans la fermeture de la cheminée, on voit l'Histoire qui est toute entière appliquée à décrire tant de grands événements. Huit grands brancards d'argent portent des chandeliers de deux pieds. Deux vases de même hauteur accompagnent chaque brancard et garnissent les entre-deux des fenêtres et des portes. On voit dans les angles des vases d'argent posés sur quatre guéridons or et azur. Un grand chandelier d'argent à huit branches pend au milieu de ce salon ; et au-dessous il y a un foyer d'argent.

De ce salon on entre dans la Chambre du Trône [Salon d'Apollon], dont la tapisserie est d'un velours cramoisi, enrichi d'un gros galon d'or. La table, les guéridons, la garniture de cheminée et le lustre sont d'argent. Au fond de la chambre, s'élève une estrade couverte d'un tapis de Perse à fond d'or, d'une richesse et d'un travail particulier. Un trône d'argent, de huit pieds de haut, est au milieu. Quatre enfants portant des corbeilles de fleurs soutiennent

Catherine, de Paul Véronèse ; La Vierge, du vieux Palme ; La visitation de la Vierge, de Sébastien Delpiombau ; La famille de Darius, de M. Le Brun ; Saint-Jean au désert, de Raphaël ; La Vierge et Saint-Pierre, de Guarchin.

Vestibule du Cabinet des Médailles [Abondance]. — Notre-Dame du Pillier, du Poussin ; Enée qui porte son père, du Carache ; La fuite en Égypte, du Guide ; La femme de l'Evangille, qui présente son fils à Jésus-Christ, de Paul Véronèse ; Saint-Pierre, de La Marre ; Saint-Paul, de La Marre. »

le siège et le dossier, qui sont garnis de velours cramoisi, avec une campane d'or au relief. Sur le haut du cintre que forme le dossier, Apollon est en pied, ayant une couronne de laurier sur la tête et tenant sa lyre ; la Justice et la Force sont assises sur les deux tournants. Le dais est de même que la tapisserie[1]. Aux deux côtés du trône, sur l'estrade, deux scabelons d'argent portent des carreaux aussi de velours. Aux deux angles sont posées des torchères de huit pieds de haut. Quatre girandoles portées par des guéridons d'argent parent les quatre coins de la chambre. Un *David* du Dominiquin est à la droite du Trône. On voit à la gauche une *Thomiris*, qui trempe la tête de Cyrus dans le sang ; elle est peinte par Rubens[2]. Dans les côtés, on a mis quatre grands tableaux du Guide, des *Travaux d'Hercule*.... Apollon est dans le milieu du plafond, entouré des Saisons et des Mois[3]. Quatre tableaux cintrés par le haut accompagnent le rond ; on y voit des Rois qui ont aimé les Sciences et fait fleurir les Beaux-Arts. Des festons peints en relief dorés ornent les bordures, les angles et la frise. Sur les deux portes sont deux tableaux du Vendeik [Van Dyck] ; l'un représente le Prince Palatin et son frère [le duc de Bavière et le duc de Cumberland], et l'autre une Vierge, un David, et une Madeleine. Ils sont hauts de quatre pieds, sur quatre pieds huit pouces [remplacés plus tard par des allégories, dont l'une, la *Révocation de l'Édit de Nantes*, est de Vernansal]. C'est dans cette Chambre que le Roi donne audience aux Ambassadeurs. Elle est destinée pour la musique et pour la danse, dans les trois jours que l'on joue ; et ces jours-là sont nommés *Jours d'Appartement*.

Après la Chambre du Trône, on voit celle de Mercure,

---

1. On voit encore les trois ferrures qui soutenaient ce dais. L'ameublement de cette chambre et des suivantes est décrit dans l'*Inventaire* publié par Guiffrey, t. II, p. 421-440.

2. J'allège le texte cité des dimensions, données en pieds et en pouces, de tous ces tableaux suspendus sur les tentures de velours. Je supprime aussi quelques mesures des meubles d'argent.

3. C'est le plafond de Lafosse. Sur la décoration picturale de toutes les pièces, voir la *Création de Versailles*, éd. Conard, p. 178.

où est le lit. Ce Dieu paraît au haut du plafond [par Jean-
Baptiste de Champagne], dans un char traîné par des Coqs ;
la Vigilance, le Soin, l'Adresse, la Science, l'Industrie et
la Musique le suivent ou le précèdent. Quatre grands
tableaux accompagnent ce milieu et représentent des
Princes qui ont vaincu leurs ennemis par adresse, et
qui par leur industrie ont mérité une gloire immortelle.
Des caducées liés avec des fleurs forment des festons
qui entourent des bas-reliefs en rond, rehaussés d'or,
où sont dépeintes les actions de Mercure, et soutenus
par les Vertus qui l'ont fait révérer. La frise est aussi dorée
et ornée de festons. La tapisserie est pareille à celle de la
Chambre du Trône. Le lit, de même étoffe et de même
parure, est entouré d'une grande campane d'or en relief et
doublé d'or plein. Quatre pommes blanches et couleur de
feu, garnies de grandes aigrettes blanches, sont au-dessus
des piliers. Les fauteuils, les tabourets, les portières et les
paravents sont comme la tapisserie. Une *Assomption* et un
Saint Sébastien d'Annibal Carrache parent le fond de
l'alcôve. Au côté droit pend une *Musique* du Dominiquin,
et à gauche une *Vierge* du Titien.... Une *Descente de Croix*
sur la cheminée et vis-à-vis une *Cène*, du même maître,
montrent jusqu'où peut aller l'effet des couleurs et de la
lumière, quand elles sont bien entendues. Sur les portes
on voit deux portraits du Vendeik [remplacés plus tard par
des allégories de Blanchard et de Favannes]. Une balustrade d'argent, de deux pieds et demi de haut[1], sur laquelle
posent huit chandeliers de même matière, entourent l'estrade qui est de marqueterie. Deux scabelons d'argent
portent dans les angles deux cassolettes de cinq pieds.
Quatre bassins d'argent portent aux côtés de la cheminée,
et à l'opposite, des vases. Deux chenets d'argent parent le
foyer. La corniche de la cheminée est enrichie de vases et

---

1. Dans ce merveilleux mobilier d'argent, cette pièce est la plus
importante. L'inventaire la décrit au moment où elle est portée
à la Monnaie pour être fondue avec la balustrade de la chambre
de la Reine et tous les grands ouvrages mentionnés ici : « Une
balustrade d'alcôve d'argent ciselé, composée de 28 balustres,
20 demi-balustres et 17 pilastres ciselés de cornes d'abondance
et d'un soleil, pesant le tout 4076 marcs 2 onces... ».

de cassolettes de même matière. Un très grand lustre d'argent à six branches, portant chacune trois bougies, pend au milieu de la chambre. Entre les fenêtres, au-dessus d'une grande table, on voit un miroir de neuf pieds de haut. L'Abondance et la Magnificence soutiennent dans les côtés un manteau royal qui fait la bordure. Sur le fronton sont posées deux Renommées qui portent les Armes du Roi et en publient la grandeur. Deux amours soutiennent la couronne. La table est garnie d'une grande corbeille et de quatre chandeliers, deux grands et deux petits. Aux deux côtés sont des girandoles à sept branches, portées par des guéridons posés sur des brancards ; le tout d'argent et a sept pieds de haut. Une table pentagone, une carrée et une en triangle sont dans le long de la chambre et servent pour le Jeu du Roi, de la Reine et de toute la Maison Royale ; mais quoique ces tables soient marquées pour eux, ils ont la bonté de se mêler avec tous ceux qui jouent dans les chambres suivantes.

Après la Chambre de Mercure, on trouve celle de Mars, choisie pour l'assemblée des joueurs. Ce dieu des batailles est dans le milieu du plafond [par Audran], environné d'armes qu'on prend soin de lui préparer. La Gloire et Bellone sont peintes dans les deux tableaux des côtés. Quatre bas-reliefs ronds, et deux en ovale, sont aux côtés de ces trois tableaux, et font voir des Héros marchant à la guerre [par Audran, Jouvenet et Houasse]. Les bordures, les angles et la frise sont enrichis de trophées d'armes en relief doré. Six portraits du Titien sont sur les quatre portes [remplacés par des figures de Simon Vouet], et sur deux cabinets de marqueterie d'une délicatesse merveilleuse. Six groupes de figures d'argent, quatre statues et quatre buires de même métal ornent les deux cabinets. Deux cuvettes d'argent en ovale portent des vases et quatre seaux les accompagnent. Quatre grandes buires, de six pieds de haut, sont aux angles et deux grands lustres, le tout d'argent, pendent aux deux bouts de la chambre. Deux grands miroirs, avec des bordures d'argent à cartouche, sont au-dessus de deux tables, sur lesquelles posent deux grandes corbeilles, quatre grands chandeliers et quatre petits aussi d'argent, ainsi que les tables. Des girandoles portées par quatre guéridons de même richesse accompagnent ces deux tables, et parent les entre-deux des fenêtres.

Des chenets et des vases d'argent ornent la cheminée, au-dessus de laquelle on voit un tableau de Paul Véronèse, représentant la *Sainte Famille*. Au côté droit est un grand tableau, où le même Paul Véronèse a peint *Notre-Seigneur avec les Pèlerins d'Emmaüs*. De l'autre côté, on voit *La famille de Darius aux pieds d'Alexandre*. Ce tableau est de M. Le Brun ; Sa Majesté, dont le discernement est si juste en toutes choses, l'ayant choisi pour l'opposer à celui de Paul Véronèse, je crois que ce choix fait aussi son éloge, sans qu'il soit besoin que j'en dise davantage.

Un trou-madame de marqueterie, posé sur une table de velours vert entouré de pentes de velours cramoisi à frange d'or, est au milieu de la chambre. Une table carrée, quatre en triangle et six à pans, sont autour. Toutes ces tables sont couvertes de velours vert, galonné d'or, et garnies de flambeaux d'argent à tous les angles, posés sur de petits guéridons. On joue sur ces tables à plusieurs sortes de jeux de cartes, ainsi qu'à divers jeux de hasard. La bassette et le hoca en sont bannis, la prudence du Roi l'ayant ainsi jugé à propos pour le bien de ses sujets. On voit encore dans la même chambre des tables pour plusieurs autres jeux nouvellement inventés et qui, selon toutes les apparences, n'ont point de quoi engager les joueurs à se servir d'une adresse qui n'est pas permise pour gagner.

De cette grande salle, on passe dans celle de Diane. Cette déesse est peinte au milieu du plafond [par Blanchard]. Le Sommeil et les Songes agréables, sont à ses côtés, et les Nymphes qui l'accompagnent préparent des filets pour la pêche et pour la chasse. Quatre tableaux cintrés représentent dans les côtés de la voûte les Princes qui ont le mieux réussi dans la navigation ou qui se sont le plus adonnés à la chasse [par Audran et Lafosse]. Des ornements convenables enrichissent les bordures, les angles, la frise et les bas-reliefs qui sont sur les portes de marbre. Le sujet du tableau de la cheminée est Iphigénie que Diane enlève, lorsqu'elle est prête à être sacrifiée ; et vis-à-vis le peintre a représenté cette déesse qui, oubliant sa fierté et la résolution qu'elle avait prise de n'aimer jamais, vient trouver Endimion. Quatre grands lustres d'argent et quatre chandeliers de même matière, posés sur des guéridons dorés, sont aux angles d'un billard couvert d'un grand tapis traînant à terre, de velours cramoisi garni d'une frange d'or au bas. Quatre formes du même velours galonné d'or, posées sur deux estrades couvertes de tapis de Perse rehaussés d'or et d'argent, servent aux dames quand elles veulent s'asseoir pour regarder jouer au billard. Quatre caisses d'orangers d'argent.... et quatre girandoles d'argent portées par des guéridons dorés sont aux côtés des formes. Une grande cassolette, quatre grands vases et quatre plus petits parent le bord de la cheminée, et deux chenets d'argent sont au foyer.

La Salle de Vénus suit celle de Diane. On la voit dans le milieu du plafond [par Houasse] couronnée par les Grâces ; Vulcain lui apporte des armes que cette déesse lui a fait forger. Quatre tableaux carrés accompagnent ce milieu et représentent des Héros que l'Amour a portés aux grandes actions. Deux bas-reliefs de lapis rehaussés d'or, des festons colorés en relief sur les portes, dans les angles du plafond, aux bordures et dans la frise, enrichissent le sujet et servent à montrer combien la beauté a de pouvoir sur les plus grands cœurs.

Cette salle est d'un très beau marbre. Dans une niche, entre deux grandes portes, est une statue du Roi en relief, vêtu à la romaine ; elle est de feu M. Varin. Deux grands lustres d'argent... deux foyers, huit girandoles de cristal, portées par des guéridons dorés, éclairent les quatre coins de la salle. Les portières et les tabourets sont de velours vert galonné d'or, Cette salle étant destinée pour la collation, on voit tout autour plusieurs tables sur lesquelles elle est dressée. Ces tables sont couvertes de flambeaux d'argent et de corbeilles de filigrane, rondes, longues et carrées.

Les fruits crus, les citrons, les oranges, les pâtes et les confitures sèches de toutes sortes, accompagnés de fleurs, les remplissent en pyramide. Comme toute cette collation n'est servie que pour être entièrement dissipée, elle demeure exposée pendant les quatre heures que durent les divertissements, et chacun choisit et prend soi-même ce qui est plus de son goût.

On entre ensuite dans un salon où sont dressés les Buffets. Des bas-reliefs représentant l'Abondance sont au-dessus de la porte de marbre ; la frise est enrichie de festons convenables à ce sujet [plafond par Houasse]. La tapisserie, les portières et les tabourets sont de la même richesse que dans la Salle de Vénus. A la droite de la grande porte, est un tableau d'une hauteur médiocre où le Carrache a peint *Énée qui porte son père Anchise*. A la gauche, un tableau de pareille grandeur, fait par le Guide, représente une *Fuite en Égypte*. Un *Saint Pierre* et un *Saint Paul* sont aux côtés des portes de cette salle et du Cabinet des Raretés qui donne dans ce lieu. On voit à la droite un portrait du Roi peint à cheval, grand comme le naturel ; et vis-à-vis il y a un grand *David près de Betsabée*, peint par Paul Véronèse. Huit bustes de porphyre, posés sur des scabelons de même matière, sont aux côtés des portes et de la fenêtre. Plusieurs guéridons or et azur, qui portent des girandoles, éclairent ce salon aussi bien qu'un lustre d'argent qui pend au milieu. Trois grands buffets sont aux trois côtés du même salon. Celui du milieu, au-dessous duquel on voit une grande coquille d'argent, est pour les boissons chaudes, comme café, chocolat, etc. Les deux autres buffets sont pour les liqueurs, les sorbets et les eaux de plusieurs sortes de fruits. On donne de très excellent vin à ceux qui en souhaitent, et chacun s'empresse à servir ceux qui entrent dans ce lieu, ce qui se fait avec beaucoup d'ordre et de propreté.

Si j'avais voulu entrer dans le détail des ouvrages qui remplissent ces neuf pièces, il aurait fallu plusieurs volumes. Il n'y a point de morceau d'argenterie qui ne soit historié. Des chandeliers représentent les douze Mois de l'année. On a fait les Saisons sur d'autres, et les Travaux d'Hercule en composent une autre douzaine. Il en est de même du reste de l'argenterie. Tout a été fait aux Gobelins, et exécuté sur les dessins de M. Le Brun. C'est malgré lui que je marque cette circonstance : mais il manquerait quelque chose à cette relation, si je n'en instruisais pas le public. Il est à propos de citer les grands hommes du siècle, pour acquérir un peu de créance dans la postérité ; car le Roi étant aussi grand dans tout ce qu'il fait que dans ses conquêtes, l'avenir aura autant de peine à croire ses fêtes que ses merveilleuses actions. Les peintures des romans, où les auteurs se sont donné l'essor selon toute l'étendue de l'imagination, et qui dans leurs descriptions de palais ont été au delà du possible et du vraisemblable, ne nous ont jamais fait voir tant de belles choses ensemble, que celles dont je viens de vous parler.

Répétons ici combien devait être éphémère cet état d'absolue magnificence. Ce prodigieux mobilier d'argent qu'achevaient de ciseler les orfèvres royaux allait disparaître quatre années plus tard, alors que le Roi, mettant justement le salut du royaume à plus haut prix que le décor de sa propre vie, envoyait fondre à la Monnaie toutes ces merveilles. Le bois doré qui les remplaça ne put les faire oublier. On ne dira jamais assez quelle perte ont faite les arts français, en 1689 et 1690, pour satisfaire aux dépenses de la guerre et ce que coûta la défense du pays à la splendeur de Versailles.

Nous apprenons ensuite comment est réglée l'étiquette des jours d'Appartement :

Toutes choses étant ainsi disposées, chacun se présente à l'heure marquée pour être reçu dans ces superbes appartements. Si l'on en examine la magnificence, si l'on fait réflexion sur les plaisirs qu'on y trouve et sur l'avantage d'y voir aisément le Roi, et d'en être vu, on croira que la confusion doit être fort grande pour y entrer. Cependant Sa Majesté, qui veut donner du plaisir à sa cour, ne veut pas qu'elle l'achète par l'embarras de la foule, toujours presque inévitable dans les grandes fêtes. La volonté de ce prince étant connue, il n'est plus besoin d'avoir quantité de gardes comme autrefois, et aucun ne se

présente qu'il n'ait su auparavant que l'entrée lui est permise. M. le duc d'Aumont, Premier Gentilhomme de la
Chambre en année, qui sait les intentions du Roi, les fait
observer avec un grand ordre. Ainsi tout ce que la France
a de plus considérable se peut rencontrer ensemble, sans
rien souffrir des incommodités qui accompagnent ordinairement les nombreuses assemblées, surtout lorsqu'elles se
font a la Cour, ce qui n'a point encore eu d'exemple.

Tous ceux qui ont le bonheur d'entrer dans ces magnifiques lieux s'attachent, à mesure qu'ils entrent, aux plaisirs qui les touchent davantage. Les uns choisissent un jeu
et les autres s'arrêtent à un autre. D'autres ne veulent que
regarder jouer, et d'autres que se promener, pour admirer
l'assemblée et la richesse de ces grands appartements.
Quoiqu'ils soient remplis de monde, on n'y voit personne
qui ne soit d'un rang distingué, tant hommes que femmes,
et quoique l'assemblée soit toujours très grande, la foule
qu'on y remarque étant sans confusion n'y cause aucune
incommodité. La liberté de parler y est entière, l'on s'entretient les uns les autres selon qu'on se plaît à la conversation. Cependant, le respect dans lequel chacun se tient
fait que, personne ne haussant trop la voix, le bruit
qu'on entend n'est point incommode. Le Roi, la Reine et
toute la Maison Royale descendent de leur grandeur, pour
jouer avec plusieurs de l'assemblée qui n'ont jamais eu un
pareil honneur. C'est ici où les bontés et les manières du
Roi doivent paraître toutes engageantes. Ce Prince va
tantôt à un jeu, tantôt à un autre. Il ne veut ni qu'on se
lève, ni qu'on interrompe le jeu quand il approche. Sa
présence console ceux qui perdent; et ceux qui gagnent
ont tant de plaisir en le voyant, qu'ils oublient même leur
gain, pour donner toutes leurs pensées à la gloire qu'ils
reçoivent. On dirait, d'un particulier chez qui l'on serait,
qu'il fait les honneurs de chez lui en galant homme[1].

1. Dans la même livraison du *Mercure galant*, décembre 1682,
p. 56, se trouvent d'autres détails sur les jours d'Appartement :
« .....Lorsque l'on est las d'un jeu, l'on joue à un autre. On
entend ensuite la symphonie, ou l'on voit danser. On fait
conversation; on passe à la chambre des liqueurs, ou à celle de
la collation; et comme on y trouve en abondance tout ce qui

L'admiration universelle qu'excita en son plus beau temps le Grand Appartement de Versailles éclate dans les lettres de Mme de Sévigné à M. de

peut satisfaire le goût, l'imagination n'a qu'à chercher ce qui lui plaît, les yeux à le regarder, et la main à le prendre. Enfin l'on peut dire que dans ces lieux enchantés on est au-dessus des souhaits, puisqu'on y peut facilement voir un monarque moins grand par la naissance et par les conquêtes que par les vertus.

« La manière dont on y est servi a des agréments qu'on ne saurait concevoir. Personne ne s'embarrasse en servant, parce qu'il n'y a que le nombre suffisant pour servir. La trop grande quantité de gens incommode ; il faut seulement qu'ils aient de l'intelligence et qu'ils soient bien instruits. On y voit ceux qui servent sans qu'on s'imagine qu'ils soient mis là pour servir, puisqu'ils ont tous des justaucorps bleus, avec des galons or et argent. Ils sont derrière toutes les tables des joueurs, et ont soin de donner des cartes, des jetons et les autres choses dont on peut avoir besoin ; même selon les jeux où l'on joue, ils épargnent aux joueurs la peine de compter, comme au Trou-Madame, où ils calculent les points qu'on fait et les écrivent. Enfin, quoi qu'on puisse souhaiter des choses destinées pour les plaisirs dans ce grand nombre de chambres, il suffit de marquer qu'on les souhaite pour les avoir aussitôt. Il semble même que ceux qui servent devinent, puisqu'ils les présentent dans le même instant. On en sera aisément persuadé, quand on saura que ce service se fait par l'ordre et par les soins de M. Bontemps, dont on connaît l'activité sans égale pour servir et faire servir le Roi.

« Comme la vue, l'ouïe, le goût et même l'odorat, par les fleurs naturelles qui sont dans les caisses, sont satisfaits dans ces magnifiques lieux, on peut dire que presque tous les sens y ont du plaisir, et que l'âme étant toute ravie, on ne peut que voir, admirer et se taire ; que le siècle d'or y est bien représenté dans ces appartements, et qu'ils donnent une parfaite idée du Palais de la Joie. On disait autrefois, en exagérant, que les Jeux et les Ris étaient à la Cour ; mais c'était une manière de parler en ces temps-là, et ce n'est que d'aujourd'hui qu'on les y trouve effectivement. Aussi jamais n'avait-on eu soin de leur faire une si éclatante demeure, puisqu'on ne voit dans tous les lieux qui leur sont destinés qu'un éblouissant amas de richesses et de lumières mille fois redoublées en autant de glaces et formant des perspectives plus brillantes que le feu, et où il entre mille choses autant et plus éclatantes. Joignez à cela l'éclat que la Cour parée y ajoute encore, et le feu des pierreries dont la plupart des habits des dames sont garnis. Il n'y a point de prince

Guitaut, écrites en 1683[1]. Cette même année, un écrivain moins illustre apportait au public un témoignage qui complète à merveille celui de la marquise. Un vieil érudit septuagénaire, Pierre Michon, connu sous le nom d'abbé Bourdelot, médecin de M. le Duc, correspondant et familier de Chantilly, a laissé le récit le plus circonstancié, d'un ton familier et piquant, de tout ce qu'offrait de curieux, à un profane comme lui, le spectacle de la Cour du Grand Roi. Il n'y a pas de document plus significatif de la politesse et de la magnificence de cette Cour que la *Relation des Assemblées faites à Versailles dans le Grand Appartement du Roy pendant le Carnaval de l'an 1683*, relation adressée à la princesse de Brunswick-Lunebourg, duchesse de Hanovre[2]. Les compliments en prose

sur la terre qui puisse donner de pareils divertissements à sa Cour, ni de Cour qui pût remplir tous les jeux et répondre par sa magnificence à celle des Appartements. Cependant celle de France en remplirait dix fois autant, ce qui est cause que l'entrée n'en est permise qu'à des personnes distinguées. »

1. Moins connues sont celles d'une autre marquise, où l'accent est le même, bien que de l'année 1681. Mme de Maintenon y parle des « délices de Versailles » et précise, dans une autre lettre du mois de mai, ce qu'elle entend par là : « Versailles est d'une beauté étonnante et je suis ravie d'y être: on y va goûter toutes sortes de plaisirs. Il y aura souvent bal chez le Roi, comédie chez Monsieur, promenades partout, médianoches chez nous... ».

2. *Relation des assemblées faites à Versailles... et des Divertissements que Sa Majesté y avoit ordonnés. Adressés à Son Altesse Sérénissime Madame la Princesse de Bronswic et de Lunebourg, Duchesse d'Hanover. Avec quelques vers qui y ont esté ajoûtés, parlans des Victoires du Roy et des personnes de grande qualité qui estoient dans les Appartements. A Paris, chez Pierre Cottard, 1683.* Il n'y qu'un simple permis d'imprimer signé De La Reynie, du 21 juillet 1683. Le nom de l'abbé Bourdelot n'est cité que parmi les vers, où figurent aussi un sonnet

et en vers y abondent, pour toutes les personnes de la famille royale et de la Cour; on y voit louées assez joliment la vivacité de l'esprit et l'excellence du style de Madame[1], la grâce de la comtesse de Fiesque ou de la comtesse de Grignan; on y trouve la description du bal en masques suivi de comédie, donné au Roi par la marquise de Thianges[2] dans son appartement au Château, attenant à celui de Monseigneur et augmenté pour la circonstance de ceux de Mademoiselle[3], de M. le duc du Maine et de M. le cardinal de Bouillon. On y apprend que « MM. Racine et Despréaux s'y trouvèrent; ce sont les deux plus grands hommes du Royaume ». Les deux poètes purent voir quel

sur Versailles de l'abbé Tallemant et un autre, en italien, de Marco-Antonio Campo-Pio. L'avant-propos explique à quelle occasion fut imprimé cet opuscule, qui est devenu extrêmement rare :

« Il n'y a jamais eu tant de réjouissances à la Cour, qu'il s'en est vu pendant ce Carnaval à Versailles. La France, qui a été triomphante par tant de glorieuses campagnes et dont les armes formidables jettent encore la terreur dans le sein des ennemis, dès que le printemps commence, fait pendant l'hiver l'admiration de tous les peuples de la terre, par les fêtes magnifiques, magnificences et divertissements qui s'y voient.... Jamais Cour royale n'a été si nombreuse, et jamais souverain ne s'est communiqué et mêlé plus familièrement avec ses sujets dans une joie publique.... Il a fait depuis peu des Assemblées dans son Grand Appartement de Versailles, avec une somptuosité inouïe; il a donné des courses de chevaux, des opéras, des comédies.... » Tous ces témoignages, à leur date, ont un intérêt. (Consulter sur l'auteur le livre de MM. J. Lemoine et A. Lichtenberger, *Trois familiers du Grand Condé*, Paris, 1909, p. 1, 126, 267, 231.)

1. C'est « la Palatine », mariée au duc d'Orléans en 1671.

2. La marquise de Thianges, née Mortemart, était la sœur de Mme de Montespan. « On prétend, dit Saint-Simon, qu'elle avait encore plus d'esprit ».

3. Mademoiselle de Valois, fille de Monsieur.

souvenir reconnaissant gardait la Cour à l'écrivain qui l'avait amusée, car le bal fut suivi d'une comédie-impromptu, dont le sujet était précisément les Appartements de Versailles, visités par les principaux personnages de Molière et célébrés par des vers de Trissotin. Le morceau le plus jovial du récit de Bourdelot se rapporte aux Grands Appartements :

Il y avait deux ou trois ans que je n'avais été à Versailles ; j'y allai donc pour voir le Grand Appartement du Roi nouvellement bâti, l'assemblée nombreuse et les illuminations qui s'y font trois fois la semaine, dont j'avais ouï tant faire de bruit. Rien ne peut être plus beau dans le monde, plus magnifique, ni plus surprenant. Le vestibule, la salle, les chambres, la galerie et le cabinet qui est au fond, sont d'une longueur infinie ; figurez-vous quel est l'éclat de cent mille bougies dans cette grande suite d'appartements ; je crus que tout y était embrasé, car un grand soleil au mois de juillet est moins étincelant. Les ameublements d'or et d'argent avaient encore leur éclat particulier, comme la dorure et les marbres. Toutes les décorations y étaient riches et somptueuses : on y voyait des tapisseries, statues, tableaux, de l'argenterie, des vases, des fleurs, brasiers, lustres, chandeliers, portières, tapis, tous différents et rares.

Les divertissements, en quelques endroits qu'on se rencontrât, étaient singuliers et galamment imaginés. Au commencement, on trouvait toutes sortes de musiques, d'instruments et de voix, et après toutes sortes de jeux. Il y avait des lieux pour le seul apparat ou magnificence, ornés avec des guéridons, vases, buires, corbeilles, coquilles, tables d'argent massif d'un prix inestimable. Les chambres suivantes avaient des tables longues chargées de liqueurs ; dans une autre, il y avait une collation dressée, opulente, qui se renouvelait toujours à mesure qu'elle était dégarnie. Quelques dames y mangeaient, d'autres y faisaient leur provision de confitures. Au fond, on trouvait une chambre remplie de bustes et de tableaux rares; sur la droite, il y avait un grand cabinet voûté éclatant de pierreries, de statues de bronze et de marbres antiques; en entrant, les yeux en étaient éblouis, pour moi j'en fus enchanté.

Monsieur, frère du Roi, le prince le plus obligeant du monde, me fit entrer, comme il me l'avait fait espérer le matin.... C'est pourquoi je ne dédirai point un homme de qualité, qui dit tout haut qu'il m'avait fait un trait d'ami, de m'avoir donné entrée dans le sanctuaire. Il faut savoir comment cette action de charité fut assaisonnée. Quand je fus entré dans le vestibule, je questionnais M. Bontemps, qui prend garde à tout avec des yeux d'Argus; je vis M. Joyeux, un de mes meilleurs amis, qui venait à grands pas : « Suivez-moi, dit-il, je vous cherche; Monsieur est dans la Chambre des Bustes; il vous y attend pour vous faire entrer dans le Cabinet des Raretés. » J'admirai la bonté de ce prince, je pris mon vol et poussai sept à huit personnes pour m'y rendre en diligence; on ferma la porte à l'instant; je me trouvai au milieu de la Maison Royale; la Reine y était avec Madame la Dauphine, Madame et Madame la Duchesse[1], qui avait à son côté Mademoiselle de Bourbon et Mme la princesse de Conti[2]; M. le duc de Vermandois s'approcha de moi pour me parler....

J'étais enseveli dans les vases, urnes, bas-reliefs et restes d'antiques; je vis ces choses exquises trop à coup, je ne pus les digérer; j'y suis affriandé; je me dispose à y retourner et espère d'en donner un bon plat....

Au Grand Appartement, où la fine fleur de la Cour était assemblée, tous les princes et princesses, les dames, grands seigneurs officiers de la Couronne, les généraux d'armée, un nombre infini de gens de qualité superbement vêtus n'y laissaient guère de place vide. Je me trouvai, au milieu de cette pompe, le seul homme venu de l'Université, accoutumé à la retraite. Ce qui me surprit le plus, c'est la chambre qui était pleine de tables couvertes de dés et de

1. A cette date, c'est Anne de Bavière, belle-fille du grand Condé, mère de Mlle de Bourbon ici nommée.

2. La princesse de Conti est Mademoiselle de Blois, fille de Louise de La Vallière et sœur du comte de Vermandois.

cartes[1] ; elles étaient occupées par toutes sortes de joueurs
et de joueuses ; il y en avait tant que je n'en saurais pas dire
le nombre, et tant de sortes de jeux qu'il y en a plus de la
moitié dont je ne sais seulement pas le nom. La foule était
épaisse, mais sans aucun bruit ni tumulte ; le lieu est
auguste qui imprime du respect et principalement la personne du Roi, qui était près de là, où il y avait un billard
d'une grandeur extraordinaire. Il est dans une chambre
que j'appelle la chambre des applaudissements. On y fait
de beaux coups ; il y avait d'excellents joueurs.... La jus-
tesse du Roi à exécuter tout ce qu'il a judicieusement
pensé est incompréhensible. Qui que ce soit ne lui résiste ;
il est maître en ceci comme en toute autre chose ; il prend
adroitement tous les avantages et pousse si rudement un
compétiteur de gloire, qu'il est impossible qu'il s'en
relève. M. de Vendôme et M. le comte de Grandmont,
deux hommes de bon esprit, les meilleurs joueurs du
royaume et des plus adroits, ne tiennent pas devant Sa
Majesté.

De là, je passai dans une salle qui enchante par tous les
objets qui se présentent aux yeux. Le Trône du Roi y est
élevé ; la tapisserie de velours cramoisi avec des pilastres
d'or broché et rebroché impriment du respect. Ces pilastres
sont relevés en bosse ; leur piédestal et leur chapiteau
semblent être d'orfèvrerie ; rien n'est plus auguste ni plus
majestueux. Je les regardais attentivement et ne pouvais
m'en détacher, bien que j'eusse devant les yeux cinq originaux d'Italie les plus beaux et des plus grands maîtres.

Ne faut-il pas se mettre à genoux devant celui de Paul
Véronèse où Notre Seigneur fait la Cène[2] ? Je l'ai vu à San-
zorzi, près de Venise ; tous les étrangers l'allaient voir par
admiration ; la République en a fait présent au Roi ; on
l'estime vingt mille écus, je l'estime un million d'or. C'est
la plus belle ordonnance à mon gré et la peinture la plus
parfaite qui soit au monde. Je vis, parmi ces grands ori-

1. C'est le Salon de Mars ; plus loin on reconnaît le Salon de
Diane, où est le billard, et le Salon d'Apollon, où est le trône.

2. C'est le *Repas chez Simon* de Véronèse, qui était au Roi
depuis 1665. Bourdelot confond avec les *Noces de Cana,* qui ne
quittèrent qu'en 1797 le réfectoire de San Giorgio Maggiore.

ginaux, un tableau d'Alexandre victorieux, fait par Le Brun ; il l'a mis dans le rang des autres : *bello è l'ardire ;* mais enfin il s'y soutient ; il a de l'entente, de l'esprit et de la vaguesse [*vaghezza*], qui réjouit. Il est certain qu'il pense noblement. Le portrait du Roi à cheval est aussi d'une grande dignité et d'un bon dessin, fait par Mignard, homme docte, correct et infaillible[1]. Ce sont deux très braves peintres qui font honneur à leur patrie.

La Peinture a pour moi tant de charmes que je ne me saurais tenir d'en parler. Elle m'a entraîné hors de la salle du bal où les dames étaient ; il y en avait de fort belles et jeunes, toutes brillantes de pierreries, leur grâce était merveilleuse. Mme la princesse de Conti la belle emporte le prix de la danse ; tous les yeux étaient attachés sur cette jeune princesse ; on ne pouvait en regarder une autre. Mlle de Laval s'approcha d'elle ; sur la fin, elles se tenaient sous les bras ; elles paraissaient être attachées ; c'étaient deux corps qui n'avaient qu'une âme, tant les pas de leur danse étaient réglés et mesurés.... Mais le grand objet où était le charme, c'est le Roi. Il n'était pas sur son trône ; il y avait trois carreaux sur le bord de l'estrade ; je fus étonné qu'il se fût assis là sans façon. Il se tournait à droite ou à gauche pour ordonner de la danse ou de la musique, parlant souvent à Madame la Dauphine, qui lui répondait agréablement avec beaucoup de complaisance ; je la vis même danser et fort bien ; c'était une des meilleures danseuses de toute l'assemblée. J'admirais les airs que Sa Majesté commandait que l'on chantât ; ils étaient bien choisis, touchants et d'une belle composition ; Sa Majesté y prenait plaisir et témoignait être satisfaite que toute la troupe fût contente, parlant familièrement à ceux qui se trouvaient près de sa personne. Je songeais quelle différence il y avait de le voir à la tête de ses armées formidables, conquérant, où il est le terrible des terribles, au lieu qu'ici, parmi les siens, il est accessible à tout le monde....

La narratrice des beautés du premier Versailles,

1. Il est aujourd'hui placé au Salon d'Hercule.

Mlle de Scudéry, retrouve pour peindre celles du nouveau château son abondant enthousiasme. On n'a jamais cité les *Conversations nouvelles sur divers sujets*, écrites en 1682 et parues l'année suivante, dont le premier dialogue, *De la Magnificence et de la Magnanimité*, tout entier consacré à Versailles, justifie la dédicace du recueil au Roi[1]. L'auteur rapporte qu'un seigneur français, absent de la Cour pendant huit ou dix mois, s'étonne à son retour des changements qui y sont survenus à l'occasion de l'installation définitive. Il a notamment entendu, à la Cour, « un bruit général de l'Appartement »; c'est un terme qu'on n'employait point auparavant et dont le sens lui est expliqué par un ami obligeant :

N'avez-vous pas vu tous les beaux appartements de Versailles, la nouvelle Galerie au moins commencée ?... N'avez-vous pas admiré, en cent occasions différentes, cet amas prodigieux de meubles riches et éclatants, des vases rares et précieux, les admirables tableaux du Roi, anciens et modernes, tout ce qu'on a fait aux Gobelins de beau et d'extraordinaire par la grandeur, ou de merveilleux par l'art en orfèvrerie, cette prodigieuse quantité de lustres ou d'argent, ou de cristal de roche ? N'avez-vous pas vu cent fois le jeu du Roi, des collations magnifiques aux fêtes

1. Le petit livre de Mlle de Scudéry ne porte point de nom d'auteur. Il est intitulé : *Conversations nouvelles sur divers sujets, dédiées au Roy*. A Paris, chez Claude Barbin, 1684. Le privilège est du 16 décembre 1683, et l'achevé d'imprimer, du 22 juillet 1684. Le frontispice représentant la Galerie de Versailles est gravé d'après le dessin de Séb. Le Clerc, que nous avons reproduit. L'édition hollandaise, faite à Amsterdam, chez H. Wetstein et H. Des Bordes avec la date de 1685, donne le même sujet avec la signature de Van Swidde, le graveur qui a produit, vers le même temps, une série de grandes planches assez rares sur Versailles.

qu'il a faites, où l'on joignait des voix, de la danse et de l'harmonie ?... Et cependant je puis vous assurer, sans exagération, que vous n'avez jamais rien vu de semblable à ce qui est enfermé sous ce nouveau mot d'Appartement, et qu'ainsi vous avez vu tout ce que comprend ce mot Appartement, sans jamais avoir vu l'Appartement. Pour le nouveau mot, qui vous a surpris en Danemark, le hasard l'a fait plutôt que le choix ; mais je prévois que, veuille l'Académie ou non, il sera aussi immortel que la gloire de Louis Quatorzième, car il s'est établi tout d'une voix, sans nulle contestation, et jamais un seul mot en nulle langue, sans exception, n'a signifié un aussi grand nombre de belles choses, ni donné une plus belle idée que celle qu'il exprime....

Je me hâte donc de vous dire, Philémon, que Louis le Grand, n'ignorant pas que les rois doivent à leurs sujets le repos, la tranquillité, la sûreté, les plaisirs honnêtes, qui sont les fruits de tout le reste et de la paix qu'il a donnée à toute l'Europe, a, comme on vous l'a déjà dit, rassemblé tous les divertissements innocents et magnifiques dans l'Appartement, où l'on peut être depuis six heures du soir jusques à dix. On entre à cet Appartement, composé de neuf pièces différentes, également bien éclairées par une allée de lumière, s'il est permis de parler ainsi, dont la longueur surprend agréablement, et qui sera un jour beaucoup plus belle, quand le fameux Le Brun aura achevé de la peindre aussi bien qu'il a commencé. C'est cette belle Galerie que j'appelle une allée lumineuse, parce qu'elle est éclairé comme si le soleil lui-même l'éclairait, qu'elle a des perspectives de miroirs qui en redoublent la longueur, des orangers dans de grandes caisses d'argent, et qu'on s'y peut promener sans avoir chaud, comme si on se promenait à l'ombre....

Je sens bien que, si j'entreprenais de représenter la belle architecture de la Galerie, celle du superbe Salon de Marbre, la Chambre où l'on voit un trône si magnifique accompagné de tout ce qui peut y convenir ; de dépeindre celle de Mercure, où l'on voit un miroir admirable qui surpasse tous les autres et par la grandeur et par le travail, et cent autres choses qui l'accompagnent, que rien ne peut égaler ; que j'aurais essayé de décrire celle où l'on joue à toutes sortes de jeux, où Mars est représenté au plafond : que j'aurais fait remarquer la beauté des cabinets, des tables, des miroirs et de cent autres choses magnifiques qu'on y voit ; que j'aurais essayé de dépeindre cette autre chambre superbe où le Roi joue au billard à la vue de toute la Cour, conservant pourtant toujours l'air du Maître du Monde ; que de là, toujours environné de lumière et de magnificence, j'aurais fait passer Philemon au lieu où la collation est préparée et où l'on trouve, avec une abondance magnifique et un arrangement merveilleux, tout ce que l'Automne elle-même pourrait offrir de plus delicieux ; et que de là j'aurais encore conduit Philémon au lieu où sont les Buffets aussi propres que magnifiques, où l'on voit une belle coquille d'orfèvrerie, aussi grande et plus précieuse que celle où la Fable fait aborder Vénus à l'île de Cythère, et où l'on trouve, s'il faut ainsi dire, que l'Art a imité ce que la Nature a fait en divers lieux du monde, de faire des sources chaudes et froides les unes auprès des autres, puisqu'on y trouve du chocolat, du thé, du café, des eaux glacées, de la limonade, du sorbet et de cent autres liqueurs....

Comme la danse de l'Appartement est singulière, et que c'est Madame la Dauphine qui la règle, je veux bien vous en dire quelque chose.... Ce que vous ne savez pas, c'est que, les jours d'Appartement, ce n'est pas un bal régulier où les hommes soient pour danser ; ce ne sont que des dames qui dansent avec Madame la Dauphine, et cela, joint à son port noble et modeste, lui donne un air de Diane au milieu de ses nymphes, sans aucun mélange d'hommes, qui fait un objet nouveau et infiniment aimable. Les courtisans, ce jour-là, ne sont que les spectateurs de ce bal, qui est composé de belles et jeunes princesses de la Cour, des Filles d'honneur de Madame la Dauphine, et presque de tout ce qu'il y a de beau, de jeune et d'aimable parmi les femmes de qualité ; et comme elles dansent toutes fort bien, on ne peut rien voir de plus agréable....

L'aimable romancière énumère et décrit les plaisirs divers de ces galantes soirées, où l'on peut même se ménager celui de la conversation « en se tirant à part pour s'asseoir et parler deux ou trois ensemble ». Elle en prend occasion de disserter sur les qualités du Roi, sur sa « magnificence héroïque » et ses grandes vues ; elle rappelle la création de l'Hôtel des Invalides et de l'Observatoire de Paris, la fortification des places, l'encouragement assuré aux inventions nouvelles, enfin la jonction des Deux Mers et tous ces projets qui ont en vue l'avantage de la postérité la plus éloignée : « S'il fait des palais superbes, s'il embellit tous ceux des rois qui l'ont précédé, c'est un présent qu'il fait à son successeur. » L'auteur du *Grand Cyrus* revient volontiers aux détails où se complaît son imagination de femme, et qui lui révèlent tous un grand monarque : « La magnificence de ses meubles étonne tous les ambassadeurs qu'il reçoit, et les célèbres voyageurs, qui ont vu celle du grand Mogol et de tous les autres rois, la mettent mille fois au-dessus. » Ces récits contiennent çà et là d'heureuses formules, propres à caractériser l'esprit du siècle, cette distinction par exemple, qui rend raison de tout l'art de Versailles : « Le Libéral se contente de donner de l'or ; mais le Magnifique veut que la beauté de l'art se joigne à la richesse de la matière, et ne veut donner que des chefs-d'œuvre. »

CHAPITRE HUITIÈME

L'APPARTEMENT DU ROI

ON veut savoir comment s'est installé
Louis XIV dans le Château achevé sous
ses yeux. Tout le Petit Appartement du
Roi, sauf quelques pièces secondaires, s'éclaire
sur la cour de Marbre, dant il occupe le pourtour.
Comme c'est le véritable décor de la vie du souverain et comme tout, à Versailles, aboutit à
l'appartement du maître, il importe d'en bien
déterminer l'emplacement, d'y suivre les transformations principales et, d'abord, d'en connaître
l'aspect durant l'importante période qui va de
1682 à 1701. Si les descriptions de cet état ancien
ne font point défaut, les plans en sont fort rares,
les dessins plus rares encore; certaines pièces ont
changé de destination; enfin, les remaniements
répétés de l'époque de Louis XV ont fait disparaître complètement, dans les parties retirées, la
trace des travaux de Louis XIV.

Sur le palier de l'Escalier de marbre, se trouvent, à gauche, les Appartements du Roi; à droite,
l'entrée de l'Appartement de la Reine, qu'habite
depuis 1683 Madame la Dauphine, femme de Mon-

seigneur. Le vestibule, alors décoré de menuiserie, a deux fenêtres en face du mur de l'escalier dans lequel s'ouvrira plus tard l'arcade de marbre que nous y voyons. Une porte, à droite, donne accès dans l'appartement de Mme de Maintenon, que le Roi a voulu installer aussi honorablement que possible, et il lui est aisé de s'y rendre chaque jour, d'ailleurs publiquement et au su de tous. Le logement fort bien placé, mais assez restreint, de l'épouse secrète du Grand Roi occupe, depuis 1684, la partie la plus avancée du Petit Château, à gauche, faisant face à la galerie peinte par Mignard[1]. A côté se trouvent la grande Salle des

1. Voici des ordres de Louvois au sieur Lefèvre, qui donnent sur l'appartement de Mme de Maintenon des détails instructifs, en même temps qu'ils indiquent la façon dont le Surintendant faisait travailler aux intérieurs pendant les voyages du Roi :

« A Fontainebleau, le 30 septembre 1685. — J'ai rendu compte au Roi de tout ce que nous avons dit sur les deux parties les plus avancées du Petit Château, c'est-à-dire sur celle du corps de logis où est Mme de Maintenon et sur celle de la Petite Galerie que peint le sieur Mignard. Sa Majesté trouve bon que tout ce que nous avons projeté soit exécuté, c'est-à-dire que le comble de l'appartement de M. le duc de Créqui soit joint par une terrasse à celui de l'appartement de Mme de Maintenon et que celui du corps de logis où est le Grand Degré soit joint par une terrasse à celui qui couvre la Galerie que peint le sieur Mignard, que la terrasse de M. le duc de Créqui soit condamnée et couverte de plomb à la hauteur nécessaire pour jeter les eaux sur le comble de l'appartement de Mme de Maintenon, c'est à quoi vous ferez travailler incessamment de la manière dont nous sommes convenus ensemble Le Roi serait bien aise de faire mettre des poëles de terres cuites dans la Galerie. Informez-vous s'il y a quelqu'un à Paris qui les sache faire. Il ne faut point poser le bas-relief du sieur Coesvaux jusqu'à ce que le Roi l'ait vu. J'ai besoin d'un plan qui contienne l'appartement de Mme de Maintenon, la salle des gardes que l'on dore, le passage par où l'on va chez Monseigneur le Duc de Bourgogne, la pièce où était autrefois le billard, le degré qui en est voisin, et que l'on me marque la différence qu'il y a du niveau du plancher de toutes

Gardes (salle 140) et un passage qui communique avec l'appartement du duc de Bourgogne situé dans la Vieille Aile.

L'appartement de Mme de Maintenon comprend deux antichambres entresolées, une assez grande chambre à coucher s'éclairant sur la cour Royale, et un grand cabinet, élevé de cinq marches, réunis à la chambre par un étroit passage. Ce cabinet (salle 143), qui a contenu un billard avant 1685, a une sortie particulière; c'est là que se réunissent les demoiselles de Saint-Cyr, pour les premières répétitions d'*Esther*, au mois de janvier 1689; plus

les pièces à celui de l'appartement de Mme de Maintenon. Faites faire cela exactement et me l'envoyez au plus tôt. »

Le 13 octobre, Louvois renvoie de Fontainebleau le plan qu'il a reçu et donne des ordres sur le passage à établir entre la chambre et le cabinet (salle 142) : « Je vous renvoie le plan de l'appartement de Mme de Maintenon, afin que vous fassiez exécuter le dessin que le Roi a résolu, pour le passage que Sa Majesté demande de la chambre de Mme de Maintenon dans la salle de billard. C'est celui marqué sur le petit papier coté A, hors qu'au lieu du pan qui est marqué dans l'angle de la chambre de Mme de Maintenon, le Roi veut que sa chambre demeure tout comme elle est, et que dans l'angle il y ait deux demi-portes..., lesquelles s'ouvriront en dedans le passage, chacune contre le mur auquel elles seront attachées et porteront leur lambris par le côté de l'appartement de Mme de Maintenon, moyennant quoi, quand elles seront fermées, la tapisserie qui sera tendue dans l'angle étant rejointe avec des agrafes, il ne paraîtra point qu'il y ait là de portes, et quand on voudra y passer en levant les deux côtés de la tapisserie et ouvrant les portes, le passage se trouvera tout comme si on avait fait le pan proposé sur ledit plan.... Du côté de la pièce où était ci-devant le billard, il faut qu'il y ait une grosse porte de deux pouces d'épais, laquelle se ferme du côté de l'appartement de Mme de Maintenon par deux gros et longs verrous. » Les ordres sont aux Archives historiques de la Guerre, vol. 749, fol. 270; vol. 250, fol. 289. Un croquis de lambris de la chambre de Mme de Maintenon est conservé dans les papiers de Mansart au Cabinet des Estampes (*Gazette des Beaux-Arts* de 1902, t. II, p. 36).

tard, il servira au jeu et aux comédies de la
duchesse de Bourgogne, qui passera chez sa chère
« tante » une partie de ses journées. Dès 1686,
Dangeau notait que Sa Majesté demeurait chez
Mme de Maintenon les après-soupers et s'y rendait « de même qu'il allait chez Mme de Montespan ». Il a pris bientôt l'habitude d'y travailler
avec les ministres et cette partie du Château est
devenue de plus en plus une dépendance de son
appartement. En 1698, le Roi donnera à la marquise, « trop étroitement logée », l'appartement
du cardinal de Furstenberg, qu'elle joindra au
sien. C'est chez elle qu'en 1701 sera commencé le
grand portrait de Louis XIV, destiné au roi d'Espagne ; un matin de janvier de l'année suivante,
le souverain, n'ayant pas de conseil à tenir, aura
« la patience de se faire achever de peindre, chez
Mme de Maintenon, par Rigaud »[1].

La Salle des Gardes du Roi (salle 120) est la
grande pièce qui est à l'angle de la cour de Marbre.
Louis XIV y fera mettre le tableau de Parrocel, le
Combat de Leuze, rappelant la journée du 18 septembre 1691, où la vaillance de la Maison du Roi
a décidé du sort de la bataille[2]. La première antichambre (salle 121), ornée également de tableaux
de guerre, s'appelle ordinairement « la salle où le
Roi mange ». La belle cheminée de marbre, qui

---

1. Dangeau parle continuellement de l'appartement de Mme de
Maintenon, notamment aux passages suivants : II, 402 ; VI, 283,
290 ; VIII, 29.
2. Il y est encore, au-dessus de la cheminée.

demeure en place, a été refaite en 1701. Quand
Louis XIV prend son repas chez lui en public,
c'est là « où l'on dresse la table de Sa Majesté et
où on la sert à dîner et à souper en cérémonie »
suivant une étiquette exactement réglée. Tous
les lundis au matin, les garçons de la Chambre
couvrent cette table « d'un tapis de velours vert
et mettent un fauteuil devant pour le Roi. M. de
Chamillart, secrétaire d'État, se tient debout à la
gauche de ce fauteuil et, après le Conseil, environ à midi et demi, avant que le Roi descende à
la Chapelle pour y entendre la messe, s'il ne l'a
déjà entendue, toutes les personnes qui ont des
placets à présenter au Roi les viennent poser avec
respect sur cette table. Ces placets sont tous
recueillis par un commis de M. de Chamillart, qui
rapporte le rôle au Roi, qui le lit avec attention,
marquant de sa main à la marge à quel ministre
ou secrétaire d'État chaque placet doit être renvoyé[1] ».

La deuxième antichambre du Roi et sa chambre
à coucher, achevée en 1684, occupaient ensemble
l'espace où est maintenant l'antichambre de l'Œil-
de-Bœuf. La première de ces pièces s'appelle
aussi le « Salon des Bassans », du nom des maîtres
vénitiens dont les toiles se trouvaient encastrées
au-dessus des portes et dans les lambris. Le

1. *État de la France* de 1708. — Au mur méridional de la
pièce, s'ouvrit en 1699 une porte qui existe encore ; elle donnait
accès dans le « petit appartement de nuit » du duc de Bourgogne,
qu'on venait de bâtir sur la cour intérieure, pour sa commodité
d'époux, et qui devint par la suite le petit appartement ou plutôt
les « Cabinets de la Reine ».

tableau de la cheminée était l'*Apparition de Jésus-Christ à la Madeleine sous la figure d'un jardinier*, par Lambert Zustris[1]. Outre l'entrée de la grande antichambre, il y avait trois portes dans cette pièce ; l'une ouvrait sur la chambre à coucher, l'autre sur la Grande Galerie, la troisième sur un escalier de dégagement « par où Monseigneur monte de son appartement à celui du Roi[2] ». Dangeau mentionne quelquefois ce salon, par exemple le 26 janvier 1687, où « il y eut un grand souper dans l'antichambre où sont les tableaux du Bassan » et où l'on compta trente-trois dames à table.

La chambre du souverain est particulièrement importante. C'est là que se passent les actes principaux de la vie royale. Elle est ainsi décrite par Félibien le fils : « Des pilastres dorés d'ordre corinthien ornent les lambris. Il y a des glaces de miroir au-dessus de la cheminée, un grand trémeau de glaces vis-à-vis dans le côté opposé, deux autres trémeaux semblables entre les fenêtres vers l'Orient, et le côté vers l'Occident, où le lit du Roi est adossé au dedans de la balustrade, est souvent d'une tenture de velours rouge en hiver ou de brocart d'or et d'argent à fleurs en été. Le lit, les sièges et les portières sont aussi de brocart ou de velours selon les différentes saisons. Quatre tableaux, qui représentent les neuf Muses avec

---

1. Le tableau de ce Hollandais, élève du Titien, aujourd'hui au Musée de Lille, s'accorde, on le remarquera, avec les œuvres vénitiennes de Jacopo et Leandro da Ponte, qu'on a au Louvre.
2. C'est l'escalier à vis du temps de Le Vau.

quelques Amours ou Génies, ornent le dessus des portes. » Une de ces portes ouvre sur la Galerie, mais n'est pas d'usage ordinaire dans les cérémonies du lever ou du coucher; les deux autres conduisent dans « le salon où le Roi s'habille ». L'alcòve n'occupe pas tout le fond de la pièce et le balustre qui l'entoure est en forme coudée. Les indications du mobilier et des tentures font songer qu'on a parlé souvent du service de Molière à Versailles, à propos de cette pièce aujourd'hui détruite; il est évident cependant qu'il n'a pu y exercer les fonctions de « tapissier de la chambre du Roi », puisqu'elle n'a été faite qu'en 1682 et terminée deux ans plus tard, c'est-à-dire onze ans après sa mort. Parmi les souvenirs authentiques qui s'y rattachent, rappelons l'opération de la fistule faite à Louis XIV le 18 novembre 1686.

Le grand salon carré, souvent désigné par Dangeau comme celui « où le Roi s'habille », est nommé, dans les récits du temps et les descriptions de cérémonies, « le grand salon de l'appartement du Roi ». Il est situé au milieu de l'ancien Petit Château et remplace un autre salon, qui séparait alors l'appartement du Roi de celui de la Reine. Ce premier salon donnait sur la terrasse de Le Vau par trois arcades, qui ouvrirent ensuite sur la galerie de Mansart et furent condamnées en 1701. De tous ceux de l'époque, c'est le seul où des parties essentielles du décor ancien soient en place. Bien loin d'être un ouvrage de la fin du règne, l'ensemble architectural, les pilastres, la corniche, les chambranles datent exactement de l'installation de la Cour. Transformé en 1701 en chambre à coucher du Roi, on avait cru jusqu'à présent qu'il était tout entier de la même époque que l'Œil-de-Bœuf ; il y a cependant une vingtaine d'années d'intervalle entre les deux créations. Notre Salon du Roi, avec son attique élevé, dont la construction a changé l'aspect extérieur de la façade de la cour de Marbre, a été construit en même temps que la Grande Galerie, avec laquelle on le réunissait aisément les jours de fête[1]. Il date de 1679 et, l'année suivante, les prévisions ont fixé une certaine somme « pour achever les ouvrages de marbre du vestibule sous le Salon ». Les travaux intérieurs ne peuvent avoir tardé après cette date ; c'est donc un ouvrage de la première manière de Mansart, spécimen unique à Versailles, car à Trianon il en existe beaucoup d'autres[2].

Ce salon, dit Félibien, est « plus exhaussé qu'aucune autre pièce du premier appartement du Roi.... Dans son lambris, dont tous les ornements sont dorés, on voit seize grands pilastres d'ordre composite. Il y en a huit proche des angles, et les huit autres, placés de distance en distance dans les

1. Le dessin lavé par Mansart, qui porte l'ordre d'exécution de Colbert, présente à la fois, dans un premier projet, la Galerie et le Salon du Roi.

2. Tous les emblèmes de l'ornementation, dans la Chambre de Louis XIV, rappellent ceux du Roi-Soleil. Les motifs de la frise sont des soleils surmontés de couronnes à cinq pointes aiguës et des têtes d'aigles avec la foudre. La tête rayonnante du Soleil occupe le milieu de l'ébrasement des trois fenêtres. Les *L* enlacés des volets sont surmontés de la couronne royale. On trouvera les références et d'autres détails dans notre étude publiée par la *Revue de l'Art ancien et moderne* de 1897, t. II, p. 221 et 315.

quatre faces, y forment avec ceux des angles douze
intervalles presque égaux. » Fenêtres et arcades
remplissent six de ces intervalles; quatre autres
sont occupés par des portes, au-dessus desquelles
sont les tableaux suivants : le portrait de François
de Moncade par Van Dyck et celui de Van Dyck
par lui-même, un *Saint Jean Baptiste* du Caravage
et une *Madeleine* du Guide. Il n'y a point encore
de glaces dans la pièce. « Le grand tableau de
Sainte Cécile du Dominiquin est au-dessus de la
cheminée dans l'intervalle du milieu du côté du
midi, et le grand tableau de *David jouant de la
harpe*, du même peintre, est placé vis-à-vis vers le
septentrion. » L'attique est partagé en autant
d'intervalles que le grand ordre inférieur, dont
trois contiennent des fenêtres et les neuf autres des
tableaux religieux ou profanes, que la décoration
postérieure réduira à six, tous religieux. Les neuf
tableaux sont : *Agar dans le désert*, par Lanfranc,
*La Vierge tenant l'Enfant Jésus qui met une bague
à Sainte Catherine*, par Alexandre Véronèse, une
scène de jeu par Manfredi, enfin six tableaux de
Valentin, les *Quatre Évangélistes*, qu'on y voit
encore et qu'a gravés Rousselet, les *Pharisiens
montrant à Jésus la pièce d'argent du tribut* et une
Bohémienne disant la bonne aventure. D'après les
ordres donnés par le Roi le 6 septembre 1701, on
ne conservera de ces tableaux de l'attique que les
Évangélistes de Valentin, son tableau des *Pharisiens* et la *Vierge* d'Alexandre Véronèse. Les deux
derniers, aujourd'hui au Louvre, ont été remplacés par des compositions allégoriques réunis-

sant les reines Anne d'Autriche et Marie-Thérèse.

Une étroite pièce voisine est le Cabinet du Roi, appelé aussi Chambre du Conseil et fort important dans l'histoire de la Monarchie. C'est là que Louis XIV remplit, par son travail assidu avec les ministres, les devoirs les plus graves de sa charge royale. Sous sa forme ancienne, le cabinet a deux fenêtres seulement et quatre portes, au-dessus desquelles sont des tableaux de Lanfranc (*La séparation de Saint Pierre et de Saint Paul*) et de Poussin (*La fuite du jeune Pyrrhus*, une *Bacchanale* et *L'Aveugle-né*). Les tableaux, aux bordures sculptées par Caffiéri, ne seront pas changés lors du remaniement de la pièce en 1701. On agrandit alors le Cabinet du Conseil aux dépens de la pièce suivante (Cabinet des Termes); il devient carré et se décore, en face des fenêtres, de trois arcades, dont les cintres ont des compartiments remplis de roses et « surchargés des chiffres et du corps de la devise du Roi », disposition qu'on retrouve dans les voussures des fenêtres encore conservées et qui datent du même moment. Le Cabinet du Roi est alors, dit Félibien, « une grande et magnifique pièce ». Elle est tendue de velours rouge et le Roi y fait placer une large table d'albâtre bordée de bronze et soutenue par un pied magnifique[1]. Mais

---

1. Il y a, en 1682, « pour le Cabinet où le Roi tient conseil », des portières de velours rouge doublées de taffetas avec franges d'or, un lit de repos de velours rouge cramoisi, garni de franges d'or. Sur la table on peut voir l'encrier et le poudrier d'argent ciselés par De Villers. Cette table est ainsi décrite dans l'inventaire de 1701 : « Une grande table pour le Conseil du Roi couverte de velours vert, garnie autour du bord d'un galon d'or, avec soubassements traînant jusqu'à terre et faisant coins arrondis et

les embellissements restent dans le caractère général de la décoration, qui est en 1701, comme en 1684, tout entière « de glaces de miroir » arrêtées par les tringles de cuivre de Cucci.

Cette profusion de miroirs est un luxe véritable pour l'époque. On en a mis au-dessus et aux côtés de la cheminée, « dans la face vis-à-vis, entre les chambranles des portes, du côté de l'Orient, contre les trémeaux des fenêtres, et du côté de l'Occident, où il y a des chambranles remplis aussi de glaces pour faire symétrie avec les fenêtres. Quantité de consoles de bronze doré attachées sur les glaces sont chargées de vases faits d'agate, de prime d'émeraude et d'autres pierres précieuses [1]. Cet arrangement de consoles sur des miroirs devait être repris pour l'appartement qu'offrit Louis XIV à la duchesse de Bourgogne dans le petit château de la Ménagerie; certains dessins qui s'y rapportent rappellent ce genre de disposition, dont on peut avoir une idée exacte par les pièces destinées aux mêmes usages dans la Galerie Verte de Dresde. Il n'y a pas de meilleure façon de présenter les objets précieux, qui doivent être

amples, de riche brocart à la Persienne de grand dessin, fond de satin rouge cramoisi, broché or et argent et nué de soie verte, violette et bleue, garnis par le bas de grande frange d'or et doublés de toile rouge.... Un tapis de maroquin rouge à pentes, doublé de taffetas rouge cramoisi, garni autour de molat d'or, aussi pour la table ». Il y a encore dans la pièce : « Cinq fauteuils couverts de riche brocart à la Persienne, à grand dessin, fond de satin rouge cramoisi, broché or et argent, nué de soie verte, violette et bleue, les derrières de même brocart », et « dix sièges ployants couverts de pareil brocart à grand dessin ». N'y évoque-t-on pas tout le Conseil du Grand Roi ?

1. Ces consoles étaient parfois en bois doré finement sculpté.

vus sur tous leurs côtés et en bonne lumière. Ces objets, achats du Roi ou présents d'ambassade, sont extrèmement nombreux à Versailles. Dans le cabinet où le Roi passe la plus grande partie de son temps, où il réunit les princes et les princesses, où il donne ses audiences particulières et reçoit les ambassadeurs, il est naturel qu'il veuille exposer le plus beau choix des raretés qu'il possède et qui remplissent, au Château même, l'incomparable « Cabinet des Curiosités ». Le sieur Tourolle, garde-meubles du Roi, et ses successeurs ont la charge de placer ici et de renouveler de temps en temps les morceaux du travail le plus fini et de la plus riche matière.

Le Cabinet du Roi devait être remanié et agrandi en 1701, puis agrandi encore en 1755, pour faire place à la belle pièce qui existe aujourd'hui et qui a servi jusqu'à la Révolution aux mêmes fins que le cabinet de glaces de Louis XIV[1]. Elle occupe, outre l'emplacement de ce cabinet, celui du Cabinet des Termes ou des perruques, qui ouvrait sur le Cabinet du Billard, où devait être faite plus tard la petite chambre à coucher de Louis XV. C'étaient là les premiers des cabinets

1. La décoration actuelle du Cabinet du Roi ou du Conseil est tout entière de 1755 et a pour auteur le sculpteur Antoine Rousseau. Les portes seules sont conservées de l'époque Louis XIV. La fausse porte qui fait face à l'entrée de la Chambre a été sculptée des deux côtés ; la face cachée montre le travail du bois. Il y a toujours eu une porte de glace donnant accès dans la Galerie et qui servait au passage du Roi, pour se rendre à la Chapelle et en revenir ; mais, sous Louis XIV, cette porte se trouvait placée où est aujourd'hui la cheminée. L'histoire du nouveau Cabinet du Roi se trouve dans *Versailles au* xviii° *siècle.*

intérieurs du Grand Roi où, comme dit Dangeau, des « arrières-cabinets », qui faisaient la suite de l'appartement et dans lesquels cessait la représentation royale. Louis XIV y aurait pu vivre en simple particulier, s'il en avait eu le bon plaisir, et Louis XV les fit agrandir et aménager pour s'en faciliter l'agrément.

Avant d'y pénétrer, racontons d'ensemble la grande transformation qui s'accomplit, en l'année 1701, dans les pièces publiques ou demi-publiques que nous venons de parcourir. Elles seront le décor principal de la vie de Louis XIV pendant la dernière partie de son règne. Deux salles du Château actuel, l'Œil-de-Bœuf et la Chambre de parade, datent de ce moment; la première a fait disparaître le Salon des Bassans et la chambre de 1684, et la seconde a remplacé le Grand Salon du Roi. Le Cabinet du Roi et celui des Perruques ont été changés à cette occasion; enfin, nous avons vu que la modification de l'Escalier de marbre a été décidée presque en même temps. Toutes les volontés royales, immédiatement exécutées sous la direction de Mansart, sont notées au jour le jour par celui-ci, dans un registre général des ordres du Roi, qu'il commence à tenir en janvier 1699, à la date même où il vient d'être élevé de la charge de Premier Architecte à celle, singulièrement plus importante, de Surintendant des Bâtiments de Sa Majesté. Les extraits de ce journal donneront quelques exemples des décisions quotidiennes de Louis XIV pour ses bâtiments; on va voir l'importance des ouvrages d'art qu'elles suscitent et dont la plus grande partie nous est conservée :

Le 8ᵉ de juillet 1701, Sa Majesté a ordonné d'abattre le mur qui sépare l'Antichambre des Bassans et sa Chambre, pour des deux pièces n'en faire qu'une, de mettre une forte poutre à la place du mur qu'on démolira pour porter le comble au-dessus et les deux bouts des deux cintres, de percer trois portes dans les arcades de la Galerie, outre celle qui y est déjà naturellement pour entrer dans ladite Galerie, de rompre la corniche de ladite pièce des Bassans pour y en refaire une semblable à celle de la chambre, laquelle régnera tout au pourtour.

Percer dans ladite nouvelle pièce un grand vitrage en ovale dans le cintre de la croupe du côté de la petite cour, pour mieux l'éclairer. Démolir une lucarne de pierre au comble du bâtiment en retour sur ladite petite cour, pour qu'elle ne se voie pas au travers dudit vitrage, et faire un *œil-de-bœuf* à la place. Faire une cheminée neuve de marbre dans ladite pièce, avec glaces dessus jusqu'en haut ; y faire toutes les décorations de menuiserie et de glace marquées aux dessins que Sa Majesté a réglés.

Le 14ᵉ de juillet 1701, Sa Majesté a réglé de ne plus mettre de poutres entre les deux cintres de la nouvelle Antichambre, de faire des fermes solides à la place du mur qui était au-dessus de la poutre pour soutenir le comble, de joindre les deux cintres en un et, comme celui de l'Antichambre des Bassans est plus haut que celui de l'ancienne Chambre, y faire un faux cintre par-dessous qui se raccorde au plus bas. Faire tourner les croisées et portes qui entrent à la Galerie de ladite nouvelle Antichambre en arrière-voussure par le haut, pour les exhausser jusque sous l'architrave de la corniche, recouper les embrasements desdites croisées par le dedans, en sorte qu'elles aient 6 pieds 1/4 d'ouverture d'un écoinçon à l'autre, pour tirer plus de jour.

Sa Majesté a ordonné de boucher la porte de ladite nouvelle Antichambre, qui avait été percée dans le mur de la Galerie, joignant l'angle du petit escalier qui descend chez Monseigneur et d'en faire une armoire par le côté de ladite

Antichambre. Sa Majesté a aussi ordonné d'ouvrir la porte feinte qui est au côté droit de la cheminée de la salle où l'on mange, pour entrer dans ladite nouvelle Antichambre vis-à-vis une ouverture de la Galerie.

Le 24ᵉ d'août 1791, Sa Majesté a ordonné d'abattre complètement le cintre et le comble sur la nouvelle Antichambre que l'on fait à son appartement, que l'on nomme à présent le Grand Salon, pour l'exhausser à 30 pieds de haut, d'en relever la corniche du pourtour aussi haut que le carré le pourra permettre et, comme le rampant du comble ne peut donner lieu d'y faire un cintre, de faire au-dessus de ladite corniche un attique d'environ 7 pieds de haut qui suive le rampant, lequel attique sera couronné d'une seconde corniche qui renfermera un renfoncement cintré, et pour orner ledit attique rampant d'y faire une espèce de frise courant en bas-reliefs de plâtre moulé, *qui représenteront des jeux d'enfants*, et comme la grande corniche s'exhausse plus qu'elle n'était, d'allonger tous les lambris de menuiserie qui ont été commencés pour cette pièce, en y ajustant les décorations, le tout suivant les nouveaux dessins qui en ont été montrés à Sa Majesté et qu'elle en a réglés, et, quoique ce changement ait été fait tard, d'y travailler avec tant d'application et de diligence qu'il soit fini comme le reste de l'appartement avant le retour de Fontainebleau.

Nous assistons, par la lecture de ces ordres successifs, à la création de l'admirable Salon de l'Œil-de-Bœuf, constitué en quelques semaines tel qu'il nous est demeuré. La longue frise en bas-relief, où des enfants dansent, manient des armes, poursuivent des oiseaux, jouent avec des animaux, est l'œuvre d'art la plus importante de la pièce et l'une des plus heureusement inspirées dans la décoration du Château. Le mémoire contenant les instructions de Mansart donne des indications techniques intéressantes sur ce grand ouvrage, auquel travaille tout un atelier installé dans l'Orangerie. Il faut « modeler les bas-reliefs de trophées et jeux d'enfants sur un fond de mosaïque qui doivent être posés sur le pourtour de l'attique rampant du dit salon, les mouler ensuite pour les jeter en plâtre et séparer, afin de les poser en place, y employer un aussi grand nombre de bons sculpteurs qu'il se pourra, pour faire cet ouvrage avec une extrême diligence; observer de sécher avec du feu ladite sculpture avant de la poser, pour être plus prête à dorer[1] ». La frise de l'Œil-de-Bœuf a été préparée, comme on le voit, pendant cet été de 1701, sous les voûtes de l'Orangerie vide d'orangers. Elle sera payée, au total, 4.200 livres. Les sculpteurs qui y ont été employés sont, d'après les Comptes, d'une part Hardy, Poulletier et Poirier, de l'autre, Corneille Van Clève, Hurtrelle et

---

[1]. Voici la suite des ordres de Mansart : « Achever pour l'Œil-de-Bœuf toute la menuiserie et sculpture en bois du Salon, la poser à mesure qu'elle sera faite, redorer les vieilles serrures de bronze pour les y faire resservir et les attacher en place, y poser la cheminée de marbre, les glaces dessus et toutes celles des trémeaux, des lambris avec les moulures de bronze pour les tenir. — Dorer d'or brun les corniches, bas-reliefs de jeux d'enfants du pourtour de l'attique rampant dudit Salon, les ornements des deux ovales dans les groupes de toutes les moulures et sculptures des lambris de menuiserie, rechampir tous les fonds de beau blanc... » (Archives nationales, O[1] 1795). Les premiers paiements aux sculpteurs sont du mois d'octobre 1701; le compte est réglé en 1707 et 1711 aux deux associations d'artistes, à raison de 1.200 livres seulement pour chacune. Il n'y a qu'un versement supplémentaire de 400 livres « à Corneille Van Clève et au nommé Flament, autre sculpteur, pour leur paiement d'un bas-relief de deux figures, qu'ils ont fait en plâtre aux deux côtés de l'ovale, qui est au-dessus de la cheminée du Salon de l'appartement du Roi, pendant 1701 » (Comptes, t. IV, 709; t. V, 125, 526).

Flament; la partie où le style est le plus libre, le mouvement le plus élégant, est du côté de la Grande Galerie, et peut-être faut-il l'attribuer à l'association où figure Van Clève. L'art de Versailles semble se rajeunir dans cette délicieuse composition, d'une légèreté incomparable, qui annonce déjà l'art du dix-huitième siècle.

Le Roi a décidé quels tableaux vont être placés dans les quatre pièces qui se renouvellent. Ceux de l'Œil-de-Bœuf sont en tête de la liste qu'il a dictée au surintendant, le 6 septembre 1701 : « Sa Majesté a réglé tous les tableaux à mettre dans son nouvel appartement, savoir : dans le grand Salon, entre les deux portes d'entrée, *Esther et Assuérus*, de Paul Véronèse; sur lesdites deux portes, *la Naissance de Jésus-Christ* et *Son corps que l'on met au tombeau*, du même; sur les deux autres portes qui entrent à la Chambre, *la Fabrication de l'Arche*, d'un côté; et l'*Entrée des animaux dans l'Arche*, de l'autre, tous deux du Bassan; dans les deux angles de la face du côté de la Galerie, deux autres grands tableaux de Paul Véronèse, un représentant *David et Bethsabée* et l'autre *Judith qui tient la tête d'Holopherne*, et dans l'ovale feinte au-dessus de la cheminée, *la Fuite en Égypte*. »

Il est aisé de placer par la pensée toutes ces toiles. Le premier des Véronèse, par exemple, figurait à l'endroit où est aujourd'hui la famille de Louis XIV, peinte en groupe allégorique par Nocret pour le château de Saint-Cloud. La Roi a ordonné de « bien nettoyer et rétablir tous lesdits tableaux, *en les allongeant de mesure* suivant les places où ils doivent être posés ». On n'a pas à s'étonner de cette façon expéditive d'utiliser les œuvres d'art; ainsi se trouvaient traitées, dans toutes les maisons royales, celles qui recevaient l'honneur de les décorer.

Voici maintenant la transformation du Grand Salon en Chambre du Roi. Si l'on se reporte à la description ancienne donnée ci-dessus, on verra sur quels points Mansart fait remanier son œuvre primitive et on y suivra clairement l'exécution successive des ordres du Maître :

Faire une balustrade de menuiserie sculptée très richement dans le Salon, pour y mettre le lit du Roy et en faire la Chambre. Boucher les trois portes qui entrent dudit Salon dans la Galerie avec brique, savoir celle du milieu de toute son épaisseur, les deux aux côtés de la moitié de l'épaisseur du mur, dont celle à droite du lit fera une armoire par le côté de la Chambre, l'autre à gauche une armoire par le côté de la Galerie. Ne point faire de décorations de menuiserie entre les pilastres du fond, pour y mettre dans ces espaces des pièces de tapisserie.

Le 10ᵉ de juillet, Sa Majesté a réglé de changer la cheminée de la nouvelle Chambre et de la mettre dans le mur de refend qui la sépare d'avec le Cabinet du Conseil... et en se servant du tuyau de la cheminée dudit Cabinet du Conseil. De faire une nouvelle cheminée de marbre à ladite Chambre, ornée très richement, avec dessus de menuiserie renfermant des glaces jusqu'en haut et de faire un trumeau semblable dans la partie opposée entre les pilastres.

Le 24ᵉ d'août 1701, Sa Majesté a réglé de faire dans le cintre de la grande arcade renfoncée du fond de la nouvelle Chambre, au-dessus de la grande corniche, un fond de mosaïque richement orné, dans le milieu duquel il y ait une belle figure représentant *la France assise sur des trophées* et sous un riche pavillon attaché au haut du cintre, soutenu dans les coins par deux génies, et d'orner les angles du cintre au-dessus de l'arche de deux Renommées, le tout suivant les dessins et modèles que Sa Majesté en a vus.

Le 1er septembre 1701, Sa Majesté ayant vu les croisées neuves faites pour sa chambre posées, en a trouvé le bois trop gros et ordonné d'en faire d'autres et de faire des volets, ébrasements et arrière voussures à ces croisées ornés très richement. Sa Majesté a ordonné d'orner de sculptures les cadres des volets de toutes les croisées du Salon, du Cabinet du Conseil et du Cabinet des Perruques, comme aussi ceux des portes, et de faire sculpter des ornements riches et légers à tous les panneaux des portes de sa Chambre, du Cabinet du Conseil et dudit Cabinet des Perruques ; de peindre de mosaïque et rehausser d'or les ébrasements et plafonds des trois croisées de l'attique de sa Chambre. Faire quatre nouveaux cadres pour les tableaux sur les portes de ladite Chambre à la place de ceux qui y sont, étant trop pesants[1].

Il n'y a à ajouter à des renseignements aussi précis que les noms des artistes qui ont travaillé à satisfaire un goût de perfection toujours difficile et prompt à se raviser. Les ferrures des portes et des fenêtres sont entièrement changées, d'après de nouveaux modèles approuvés par le Roi, et c'est Julien Lochon qui en a la commande[2]. Pour

1. Un autre ordre, noté par Mansart en son registre, montre que Louis XIV n'était pas satisfait de la nudité de la voûte et qu'il désirait d'autres ornements, en attendant sans doute les peintures que les circonstances ne permettaient pas d'entreprendre : « Le 29 décembre [1701], Sa Majesté a ordonné de faire des modèles des cintres et calottes de la Chambre et du Cabinet du Conseil à Versailles, pour chercher des figures et autres ornements à y ajuster dans les angles » (Archives nationales, O¹ 1809).

2. Quelques-uns des ordres pour la Chambre sont à remarquer : « Ferrer et poser en place les trois croisées de ladite chambre, y fixer toute la sculpture en bois sur la vieille menui-

l'ornementation des portes, des ébrasements et des voussures de la Chambre, ainsi que pour les travaux analogues des pièces voisines, on peut indiquer les noms des sculpteurs Pierre Taupin, André Goupil, Marin Bellan et Jules Dugoulon, qùi figurent à ce moment dans les Comptes pour des sommes assez fortes et décorent les appartements du Château. On leur attribuera volontiers, aux quatre dessus de portes, les huit belles figures drapées en très haut relief, qui soutiennent des guirlandes. Il faut noter aussi parmi les parties ajoutées aux anciennes sculptures, qu'on s'est borné à redorer, les bordures des glaces dont le cintre est surmonté d'une cassolette fumante, accompagnée de deux petits génies ailés représentant des zéphyres[1].

Des ouvrages plus importants encore sont décrits par Félibien, dans la grande arcade surbaissée

serie, et achever de la poser en place, aussi bien que le lambris d'appui du fond derrière le lit, le dessus de cheminée et trémeau opposé. — Poser la cheminée de marbre de ladite chambre et les ornements de bronze doré d'or moulu, qui doivent être attachés dessus, poser les glaces sur ladite cheminée, au trémeau opposé et aux carreaux des trois croisées avec toutes les moulures de bronze qui doivent les tenir. — Achever de dorer d'or bruni les corniches, les pilastres, bases et chapiteaux en entier, les cadres, chambranles, et sculptures de ladite chambre, et réchampir tous les fonds de beau blanc. — Achever la balustrade du lit, la ferrer, dorer et poser en place. — Faire toutes les ferrures de bronze des portes et croisées de ladite chambre, suivant les nouveaux modèles qui en ont été réglés, les dorer d'or moulu et les poser en place... » (Archives nationales, O[1] 1795).

1. Ces zéphyres ont pour auteurs les sculpteurs Nourrisson, Guyot, Armand et Julien, portés aux Comptes « pour la sculpture en bois de quatre enfants qu'ils ont faits dans la Chambre du Roi ».

LA CHAMBRE DU ROI

ménagée en face des fenêtres. Elle sert « à augmenter la profondeur de cette chambre pour y placer plus commodément le lit du Roi. Deux figures de femmes assises sur l'archivolte de l'arcade tiennent des trompettes en leur main, pour représenter des Renommées. Tout le dedans du cintre de la même arcade est rempli d'un compartiment doré de cadres et de roses, qui forment sur un fond blanc une espèce de mosaïque. C'est là que l'on a représenté, dans toute l'étendue du même cintre, par des sculptures toutes dorées, la France assise sur un amas d'armes, sous un riche pavillon. » Toute cette sculpture de stuc doré a été faite par Nicolas Coustou et Lespingola, payés en commun, à partir du 25 septembre 1701, « pour les ouvrages de sculpture en plâtre qu'ils font dans le fond de la Chambre du Roi »; et les très hauts-reliefs du centre, notamment la belle figure de la France qui semble veiller sur le lit du Roi, sont du seul Coustou.

L'ameublement de la Chambre au temps de Louis XIV serait assez difficile à reconstituer. Le lit est, selon Félibien, « d'un dessin aussi beau que magnifique », et de « velours cramoisi couvert de broderies si tissu d'or qu'à peine on peut en reconnaître le fond ». Une description complète du mobilier de la Chambre, conservée sous Louis XV comme « chambre de parade », est fournie par un inventaire du Garde-Meuble datant de la fin du règne, qui décrit tout un meuble de velours comme au temps de Louis XIV. On y trouve : « Deux pièces de tapisserie de velours cramoisi, ensemble de seize léz sur 12 pieds 4 pouces de haut. Un riche ameublement de velours cramoisi à franges d'or sur un lit *à colonnes*, complet de ses étoffes avec entour de gros de Tours cramoisi garni de franges..., 2 fauteuils, 12 pliants, 2 écrans, 2 carreaux. Un beau lustre en cristal de roche à 12 bobèches..., une pendule à répétition ayant 18 pouces de haut, à cadran d'émail et argent doré..., 4 portières des *Saisons* fond or. » Les portières à fond d'or, d'après le dessin de Le Brun, sont encore celles dont Félibien a expliqué les cartons, dans un opuscule spécial, et qu'il a vu installer ensuite dans la nouvelle chambre; « des ornements ingénieusement travaillés et des figures au naturel y représentaient les Quatre Saisons[1] ». Aucune des descriptions du lit royal ne se rapporte à celui qui est placé actuellement dans la chambre de parade[2].

1. Le détail même du lit de parade nous est donné par un état général du mobilier en 1787, bien précieux pour remeubler par la pensée Versailles à la veille de la Révolution : « Un lit à la duchesse, à un chevet, de 6 pieds 6 pouces de large, 7 pieds 6 pouces de long, et de 13 pieds de hauteur de colonnes au chevet, l'impérial en voussures, orné d'une corniche en dedans, sculpté et doré, le dehors de l'impérial orné d'une riche corniche; taillée de divers ornements, surmonté de casques, têtes et dépouilles de lion, branches de lauriers et attributs militaires, enfants tenant des couronnes. Ledit impérial surmonté d'une voussure en dôme terminé par une couronne royale posée sur un carreau, le tout sculpté en bois et doré. La couchette ornée de soubassement en frise taillée d'ornements et têtes de lions, les pieds de devant ornés de haches d'armes et couronnes de laurier et griffes de lions, ceux du chevet à faisceaux de piques, le chantourné orné de boucliers et cornes d'abondance, fruits et fleurs, qui en font l'ornement, le tout sculpté et doré. »

2. Je tiens de M. le duc d'Aumale que le lit de Louis XIV a été reconstitué sur les indications personnelles du roi Louis-Philippe, qui croyait s'en rappeler les détails parce qu'il avait vu celui qui s'y trouvait avant la Révolution. Il avait même

Pour celui dont se servait Louis XIV, une peinture contemporaine nous le fait connaître et le montre à rideaux fermés. Elle représente Louis XIV instituant l'ordre militaire de Saint-Louis et, comme la scène se passe le 10 mai 1695, c'est par un anachronisme accepté du Roi que l'artiste l'a placée dans la chambre de 1701[1].

assisté dans cette chambre, comme prince du sang, à la réception par Louis XVI des députés aux Etats-Généraux. Il paraît, par l'inventaire de 1787, que les souvenirs de Louis-Philippe l'avaient assez mal servi. Du lit reconstitué la sculpture dorée est surtout fâcheuse ; car les tentures ont utilisé d'importants morceaux de tapissserie ancienne, de bon style Louis XIV, et qui proviendraient précisément de l'ancien lit de parade qui était dressé au Salon de Mercure. La description des tapisseries de ce lit célèbre a été écrite fort au long par le sieur de Soucy, à la louange de Simon Delobel, tapissier et valet de chambre du Roi, qui avait, dit l'auteur, « trouvé le secret de tromper agréablement les yeux, en faisant prendre pour ciselure ce qui est pure broderie. » Les fragments que nous avons sous les yeux ont évidemment le caractère des travaux de Delobel, non seulement par le style des rinceaux et ornements lamés d'or, mais encore par la nature et les naïfs arrangements des scènes, presque toutes mythologiques. Toutefois, il est assez difficile de reconnaître les compositions décrites, dont le Triomphe de Vénus était le motif général. Une seule correspondrait à la description de Soucy ; c'est, au milieu d'un paysage, le groupe de Mars et Vénus entourés d'amours. Une autre des grandes compositions représente le bain de Diane, entourée d'autres déesses, de nymphes, d'amours musiciens, etc. Les retombées de la housse montrent sur le devant, provenant de la même série mythologique, des scènes où figurent Apollon, Hébé servant Jupiter, Narcisse, et aussi divers jeux d'enfants ; les deux côtés sont constitués, semble-t-il, par deux dossiers de canapé Louis XIV, dont l'un montre un paysage avec des troupeaux, et l'autre Cérès présidant à la moisson. On devra étudier cet ensemble de morceaux précieux rapprochés artificiellement.

1. Ce petit tableau serait l'esquisse d'une des compositions commandées en 1710 en vue de continuer aux Gobelins la série des tapisseries de l'Histoire du Roi. Il faut l'attribuer au peintre Marot ; puisqu'il reçoit 200 livres d'acompte, comme ses confrères, le 22 janvier 1711, « sur un tableau représentant l'Ordre de

Derrière les nouveaux chevaliers agenouillés aux pieds du Roi se voient le balustre doré, le motif principal de la corniche, les deux tableaux de chaque côté de l'alcôve, et enfin le lit à baldaquin avec les rideaux fermés. Un lit semblable est indiqué dans une petite gravure de Cochin représentant la mort de Louis XIV. C'est de ces documents qu'il aurait fallu s'inspirer au temps de la création du Musée, pour reproduire le lit de parade disparu depuis la Révolution.

Revenons aux arrière-cabinets, qu'on appelle quelquefois plus spécialement le « petit appartement du Roi » et qui, sauf le Cabinet des Termes, ne subissent que des modifications sans importance dans le grand remaniement de 1701. C'est une des parties de Versailles les plus soignées, avec l'ameublement le plus exquis. On voit aussi, par la description générale qu'en fait Félibien, que Louis XIV aimait, dans son particulier, à s'entourer d'objets d'art et de raretés précieuses et qu'il savait s'y montrer le premier des « curieux » de son temps :

Combien d'autres ouvrages excellents des plus célèbres peintres ne voit-on point dans les Cabinets du même appartement, et dans une Petite Galerie, accompagnée de deux salons qui le terminent ! On ne peut aussi exprimer les meubles somptueux et les richesses presque infinies qui les remplissent ; car, sans parler des marbres antiques, des bronzes, des médailles modernes d'or et d'argent, des

Saint-Louis » (Comptes, t. V, 431). Notre gravure de la page 297 s'inspire de ce document.

médailles antiques de tous métaux, c'est là que l'on voit plus de vases précieux d'agathe, d'héliotrope, de cornaline, d'émeraudes et d'autres pierres d'Orient, des camaïeux d'un travail plus exquis et en plus grande quantité qu'il n'y en a dans tout le reste de l'Europe. Ainsi, l'on peut penser de quelle richesse sont tous les autres meubles, et avec quel art et quelle magnificence ces différents lieux, qu'il reste à parcourir dans le premier appartement du Roi et qui sont tous boisés de même que ceux qu'on a déjà considérés dans cet appartement, ont été embellis de dorures et de sculpture propres à renfermer plus précieusement les glaces de miroir et les tableaux qu'on y a placés de toutes parts.

Dans ces beaux cabinets, dont l'accès était libéralement permis aux amateurs, se trouvaient exposés le plus grand nombre des tableaux du Roi. Quelques-uns s'encastraient dans les boiseries; la plupart étaient simplement accrochés sur les tentures et changeaient de place à volonté. Un ordre du Roi, du 30 décembre 1701, se rapportant au cabinet en deux parties qu'on désignera plus loin, donne quelques détails sur la façon dont ces tableaux étaient exposés :

Changer les décorations des lambris d'appui des *Cabinets des tableaux*, joignant le *Cabinet ovale* du bout de la Petite Galerie, pour les diviser, suivant la distribution que Sa Majesté a réglée pour y placer lesdits tableaux, en observant que tous les pilastres se rapportent suivant les pilastres d'étoffe que l'on met à la tapisserie; et refaire les pilastres neufs et culs-de-lampes qu'il conviendra. Faire dix-sept grandes consoles très riches pour attacher sur la tapisserie entre les tableaux, et y poser des cristaux; les dorer d'or bruni et redorer les autres consoles qui sont à Versailles, qui se poseront avec. Faire des pilastres sur les deux faces des portes aux côtés de l'arcade qui sépare les deux cabinets, pour y placer, entre lesdits pilastres, du damas qui servira de fond à des tableaux que l'on y mettra. Oter seize tableaux du Cabinet des Curiosités pour placer dans ledit cabinet, et mettre à la place seize glaces de la grandeur des tableaux[1].

Comme il est ordinaire dans les collections des particuliers, aucun ordre méthodique n'était suivi pour présenter les tableaux du Roi. Les dimensions ou le sujet décidaient de leur emplacement dans tel ou tel cabinet. A l'origine, il semble qu'un essai de classement ait été tenté, dont on ne retrouve pas trace par la suite. On le peut déduire du récit plein d'enthousiasme que fait le bon Bourdelot de sa visite à Versailles, durant le carnaval de 1683 : « M. Bontemps, dit-il, qui est un de mes anciens amis, voulait que je visse tout. Il me fit conduire dans le Petit Appartement du Roi, où Sa Majesté se retire; il est pourtant grand, magnifique et somptueux. Chaque chambre a des originaux des plus fameux peintres d'Italie; la première est pour les tableaux de Raphaël, une autre pour ceux du Carrache, une suivante pour ceux des grands peintres de Lombardie. Ils sont, pour l'ordinaire, couverts de rideaux que l'on tira pour moi. On m'avait donné des gens habiles pour m'instruire de toutes choses.... J'étais presque toujours dans les acclamations et admirations. »

La collection de peinture de Louis XIV comprenait les tableaux anciens appartenant à la Couronne, et dont les plus fameux remontaient

1. Registre inédit des ordres du Roi à Mansart (Archives Nationales, O¹ 1809). Toutes les indications topographiques de cette époque doivent être suivies sur le plan de Demortain.

aux acquisitions de François Ier. Elle s'était accrue
par des achats nouveaux, décidés suivant les
goûts de l'époque; les qualités décoratives des
Vénitiens plaisaient au Grand Roi, qui possédait
nombre de leurs ouvrages, et il accordait une place
prépondérante aux toiles de l'École Bolonaise,
dont les imitations, à peine modifiées par le goût
français, s'étalaient, à Versailles même, aux plafonds des appartements royaux. La plupart des
peintures alors exposées dans les Cabinets du Roi
sont aujourd'hui au Louvre. Il serait intéressant de
nous figurer les pièces où elles étaient si dignement présentées sur des fonds de velours rouge.
Les principaux décorateurs pour le stuc et le bois
y furent, en 1683 et 1684, Mazeline travaillant avec
Jouvenet, et Caffiéri avec Briquet. Tous suivaient
le plus souvent, soit les dessins de Le Pautre, soit
ceux que leur fournissait, avec l'abondance du
génie le plus inventif, le célèbre Jean Bérain.
Bérain avait succédé à Henri de Gissey, en 1674,
comme dessinateur de la Chambre et du Cabinet
du Roi; beaucoup de meubles des maisons royales
avaient été dessinés par lui, et il était le grand
oracle en matière d'ornements. « On ne faisait rien
de bien, dit Mariette, en quelque genre de décoration que ce fût, si cela n'était dans sa manière ou
s'il n'en avait donné les dessins[1]. »

1. Nous ne connaissons de dessins anciens que ceux d'un des
arrière-cabinets, le Cabinet Ovale, et les seules parties de décoration que nous puissions désigner avec certitude, comme
conservées et utilisées dans les remaniements de Gabriel, sont
les encadrements sculptés, avec des aigles soutenant des guirlandes, placés aujourd'hui en dessus de porte dans l'Antichambre

Les cabinets intérieurs de Louis XIV se succèdent dans l'ordre suivant : Cabinet des Termes ou des Perruques (diminué en 1701), Cabinet du Billard (changé de destination en 1701), Antichambre du petit escalier, Cabinet des Tableaux divisé en deux parties, enfin Cabinet Ovale, donnant accès dans le premier salon de la Petite Galerie.

Le cabinet qui touche à la Chambre du Conseil et forme la première pièce des intérieurs du Roi « est entièrement revêtu de glaces dans les trémeaux entre les portes et les fenêtres, et il y a, de tous côtés, sur des consoles dorées, des vases et d'autres ouvrages encore plus précieux que ceux qu'on a vus dans la Chambre du Conseil. On le nomme le Cabinet des Termes, parce que vingt figures de jeunes enfants, en forme de termes qui soutiennent des festons dorés, ornent une manière d'attique élevé au-dessus de la corniche dans le même cabinet. Il reçoit son jour vers le septentrion par la petite cour de l'Appartement des Bains. » Une porte de glaces donne passage dans la Grande Galerie et une autre dans les garde-robes du Roi, qui s'ouvrent sur « les derrières », et sont « composées de plusieurs cabinets et d'une

des chiens de Louis XV (salle 128). Outre que le style de ces sculptures en révèle assez bien la date, il est intéressant de remarquer que le motif des aigles a été gravé par Le Pautre parmi les *Portes à placard et lambris dessinez par le s^r Mansart et nouvellement exécutez dans quelques maisons royales*; l'estampe le donne, avec une porte et une cheminée, comme exécuté dans la Salle du Billard à Versailles (salle 126); au dix-huitième siècle, on l'a transporté dans la pièce toute voisine où nous le retrouvons.

petite galerie, qu'on y a ajoutée nouvellement »,
en 1701. A cette date, le Cabinet des Termes a été
diminué, comme on l'a vu dans les ordres de
Mansart, pour agrandir le Cabinet du Conseil. Il
a reçu en dessus de porte des tableaux du Bassan,
enlevés de l'antichambre détruite. Ses portes et
sa cheminée ont été changées, le cintre a été
abaissé pour maintenir les proportions, et les
« termes », semble-t-il, ont dû disparaître. Au dix-
huitième siècle, et jusqu'à sa destruction en 1755,
il n'est plus désigné que comme Cabinet des Perruques. Les perruques royales y sont rangées dans
une armoire fermée de glaces. C'est là que les
prépare, avant le lever, le sieur Quentin, barbier,
ayant le soin des perruques. Le Roi en change
plusieurs fois par jour, quand il va à la messe,
quand il a dîné, au retour de la chasse ou de la
promenade.

Le cabinet suivant, que Louis XV élargira d'une
alcôve, pour en faire sa Chambre à coucher, sert
jusqu'en 1701 de cabinet du billard. Il est ensuite
dénommé « Cabinet des chiens du Roi ». Le seul
billard qu'on trouve à la fin du règne est celui du
Salon de Diane, où est le buste de Bernin ; mais
c'est ici que Louis XIV a joué le plus longtemps à
son jeu préféré, et que M. de Chamillart aurait
gagné, dit-on, en même temps que la bienveillance
du maître, le contrôle-général des finances et la
charge de secrétaire d'Etat de la guerre, à la veille
des affaires de la succession d'Espagne. La pièce
s'éclairait de deux côtés, sur la cour de Marbre et
la petite Cour des Bains. On y voyait les quatre

bordures rondes flanquées d'aigles au repos, qu'on utilisa au dix-huitième siècle dans la nouvelle Antichambre des chiens. Ces bordures contenaient alors les tableaux suivants : la *Samaritaine* du Guide, le *Mariage mystique de Sainte Catherine*, du Parmesan, et deux toiles de l'Albane, *Les Paysans métamorphosés en grenouilles* et *Adam et Eve chassés du Paradis terrestre*. Au-dessus de la cheminée, près de la porte du Cabinet des Termes, était un tableau de Le Brun considéré comme un des meilleurs, *Jésus attaché à la Croix*, et en face un tableau de Mignard, *Jésus portant sa Croix*; dans les trumeaux des fenêtres, deux œuvres de Poussin, *Moïse sur les eaux* et *Rébecca au puits*, furent remplacés en 1702 par des toiles de moindre dimension, commandées à Lafosse et à Coypel le jeune, qui traitèrent les mêmes sujets ; enfin deux tableaux de Le Brun, dans les autres trumeaux, complétaient une décoration, que l'aménagement de la Chambre à coucher de Louis XV a fait disparaître.

Saint-Simon regarde vivre la Cour et la famille royale dans les pièces qu'on vient de décrire et que le lecteur reconnaîtra maintenant dans ses récits. Elles sont toutes mentionnées dans le morceau de 1710, sur la « mécanique des après-soupers du Roi », où se trouve l'énumération des « grandes entrées du Cabinet » :

Le Roi, sortant de table, s'arrêtait moins d'un demi-quart-d'heure, le dos appuyé contre le balustre de sa *chambre*. Il trouvait là en cercle toutes les dames qui avaient été à son souper et qui venaient l'y attendre un

peu avant qu'il sortît de table, excepté les dames assises,
qui ne sortaient qu'après lui et qui, à la suite des princes
et princesses qui avaient soupé avec lui, venaient une à
une faire une révérence et achevaient de former le cercle
debout, où les autres dames avaient laissé un grand vide
pour elles, et tous les hommes derrière. Le Roi s'amusait
à remarquer les habits, les contenances et la grâce des
révérences, disait quelques mots aux princes et aux princesses qui avaient soupé avec lui, et qui formaient le
cercle auprès de lui des deux côtés, puis faisait la révérence aux dames à droite et à gauche, qu'il faisait encore
une fois ou deux en s'en allant avec une grâce et une
majesté non pareille, parlait quelquefois, mais fort rare-
ment, à quelqu'une en passant, entrait dans le *premier
Cabinet* [chambre du Conseil], où il s'arrêtait pour donner
l'ordre, et s'avançait dans le *second Cabinet* [cabinet des
Termes], les portes du premier au second demeurant
toutes ouvertes. Là, il se mettait dans un fauteuil ; Monsieur, quand il vivait, dans un autre ; Mme la duchesse de
Bourgogne, Madame, mais seulement depuis la mort de
Monsieur, Mme la duchesse de Berry après son mariage,
et les trois bâtardes, Mme du Maine, quand elle était à
Versailles, sur des tabourets, des deux côtés en retour ;
Monseigneur, Mgr le duc de Bourgogne, M. le duc de
Berry, M. le duc d'Orléans, les deux bâtards, feu Monsieur
le Duc, comme mari de Madame la Duchesse, quand il
vivait, et depuis les deux fils de M. du Maine, quand ils
furent un peu grands, et d'Antin, depuis qu'il eut les Bâtiments, tous debout. Et M. d'O, comme ayant été gouver-
neur de M. le comte de Toulouse, avec les quatre premiers
valets de chambre, Chamarande, qui en avait conservé les
entrées, les quatre premiers valets de garde-robe, les
premiers valets de chambre de Monseigneur et des deux
princes ses fils, le concierge de Versailles et les garçons
bleus étaient dans le *Cabinet des chiens*, qui flanquait celui
où était le Roi, la porte entre-deux toute ouverte, dans
laquelle les principaux se tenaient, dont quelques-uns
demeuraient dans le *premier Cabinet* avec les dames d'honneur des Princesses qui étaient avec le Roi, les deux
dames du palais de jour de Mme la duchesse de Bour-

gogne, les dames d'atours des filles de France. Ainsi, on voyait et on entendait de ce premier Cabinet et de celui des Chiens ce qui se disait et se faisait dans celui où était le Roi, qui, en y arrivant, y trouvait les princes et les princesses qui avaient cette entrée et qui ne mangeaient pas avec lui[1].

Le Cabinet des chiens (ancien Cabinet du Billard) est suivi d'une petite pièce éclairée par deux fenêtres sur la cour de Marbre et ornée de tableaux, parmi lesquels il n'y a pas moins de six Poussin ; elle « sert comme de vestibule à un escalier, par où le Roi descend de son appartement pour sortir du Château ». Cet escalier particulier du Roi, qui sera deux fois déplacé sous Louis XV, mais ne s'éloigna jamais beaucoup, a été construit sur la petite cour de l'appartement des Bains, probablement en 1692, année où le « nouveau bâtiment » fait dans cette cour est mentionné par les Comptes. C'est par le « petit escalier » que Louis XIV reçoit les personnes à qui il accorde une audience secrète, et les familiers de la Cour le désignent clairement, lorsqu'ils parlent des gens introduits chez le Roi « par les derrières ».

Du vestibule on entre dans un autre cabinet, aux lambris dorés et enrichis de glaces, « qu'une arcade et deux autres ouvertures moins grandes unissent à la dernière pièce de l'enfilade. Il n'y a même en

1. Saint-Simon, édition Boislisle, t. XIX, p. 73-75 (Dussieux a induit Boislisle en erreur pour sa note de la p. 75). Le souper de Louis XIV avait lieu à dix heures et se prolongeait quelquefois jusqu'à onze heures et demie, ce qui retardait beaucoup le cercle dans la Chambre du Roi et la réunion de famille dans le Cabinet des Termes.

réalité qu'une pièce unique portant, sur le plan de Demortain, qui est de la dernière année du règne, le nom de « Cabinet des Agates et Bijoux » ; elle est alors devenue une annexe du « Cabinet des Curiosités », dont on parlera plus loin. Mais, pendant fort longtemps, il y a eu surtout des tableaux exposés en grand nombre et quelquefois renouvelés. Louis XIV l'appelle lui-même le « Cabinet des Tableaux », et les ordres qu'il donne à Mansart pour en changer la décoration, le 30 décembre 1701, indique comment les peintures y sont alors présentées. Seize tableaux de dimensions diverses, et qui sont parmi les plus précieux du Roi, seront retirés du Cabinet des Curiosités pour être transportés dans celui-ci « suivant la distribution que Sa Majesté a réglée ». On les placera sur de larges fonds de damas, que sépareront des pilastres de menuiserie sculptée ; de riches consoles, attachées sur l'étoffe entre les tableaux, supporteront des cristaux.

Du Cabinet des Tableaux on passe « dans un Salon Ovale, tout doré et orné de pilastres et de quatre niches, où l'on a placé autant de groupes de bronze : deux, de l'Algarde, représentent l'un Junon et l'autre Jupiter, et les deux autres l'Enlèvement d'Orithie par Borée et l'Enlèvement de Proserpine par Pluton ». Cet arrangement a été fait probablement, vers 1700, et Félibien, qui le signale, oublie de dire que les deux derniers bronzes sont des réductions des groupes fameux de Marsy et de Girardon. Piganiol n'y a vu que des tableaux, parmi lesquels la *Sainte Cécile* de

Mignard, l'*Adoration des Rois* de Paul Véronèse, « des Joueurs de violon par le Giorgion, le portrait d'Henri III, par Janet », et celui d'Henri IV, par Porbus[1]. Dans le salon qui suit et qui est le premier de la Petite Galerie, on énumère divers tableaux du Titien, parmi lesquels « le portrait du fameux marquis du Guast », *Adam et Eve*, du Dominiquin, tableau sur cuivre « donné au Roi par feu Le Nôtre au mois de septembre de l'an 1693 », le *Marsyas* du Corrège, « une tête d'homme sur du papier collé sur bois, par Antoine More, le portrait d'Holbein, par lui-même, la Belle Ferronière, maîtresse de François Ier, par De Vinci, le portrait de Lise, femme d'un florentin nommé Gioconde », et d'autres œuvres de quelque renom.

Aucune description ne nous dit où se trouvaient à Versailles les manuscrits et les livres les plus précieux appartenant au Roi et qui, parmi ces collections réunies et présentées avec tant de soin, devaient évidemment avoir leur place. En 1684, les *Heures* d'Anne de Bretagne étaient reliées pour être mises au Cabinet des Curiosités, probablement avec d'autres volumes. Un ordre noté par Mansart, le 20 novembre 1701, nous apprend que les livres obtinrent alors une pièce particulière : « Sa Majesté a ordonné de faire, dans le renfoncement du cabinet carré joignant le Salon Ovale du

---

1. De ce cabinet, décrit par La Martinière, je crois avoir retrouvé la décoration dans des dessins, dont l'un, signé de Mansart, est daté du 3 mai 1692 (Archives nationales, O[1] 1771, 1773).

bout de la Petite Galerie, des armoires jusqu'à la hauteur d'appui, qui forment une table par dessus, dont tous les guichets seront à remplir de glace, pour voir au travers les livres rares de Sa Majesté, que l'on mettra dans ces armoires, et d'ajuster dans la partie renfoncée au-dessus desdites armoires des tablettes en trois parties par dégradations sur des plans différents, pour y poser plusieurs bijoux d'or, d'argent et de filigrane. » Le cabinet carré, où sont exposés dans des armoires basses les livres du Roi, apparaît en effet sur les anciens plans, avec son unique porte sur le Salon Ovale ; il occupe exactement l'espace où Louis XV fera faire son escalier intérieur.

Quant au fameux Cabinet des Curiosités ou des Raretés, qu'on appelle plus tard de préférence le « Cabinet des Médailles », il est situé hors des intérieurs et n'a qu'une entrée sur le Salon de l'Abondance. Le plafond de celui-ci, peint par Houasse, conservera de nos jours encore le souvenir des beaux objets qui l'avoisinaient et que le peintre s'est plu à y reproduire. La forme du Cabinet des Curiosités est celle d'un octogone un peu allongé et sa décoration extrêmement soignée est d'accord avec les merveilles qu'il abrite. Dans la petite coupole ovale, d'où pendent des festons de fleurs, est peint un groupe d'Amours, et de jeunes satyres en relief attachent le bout des guirlandes aux bordures de deux grandes glaces. Des enfants assis sur des trophées d'armes soutiennent des ovales bordés de fleurs, où sont peintes quatre figures féminines, Vénus ou la

Beauté, l'Abondance, la Magnificence et la Symétrie. Les miroirs partout répandus multiplient aux yeux les tables d'orfèvrerie dessinées par Le Pautre et les objets précieux qu'elles supportent[1]. L'entablement du plafond contient en sa frise cinquante niches de glace, remplies de vases d'agates ou de filigrane d'or. Le Hongre y a fait la plupart des sculptures ; il a pris part aux « ornements de bois, de stuc et de bronze d'or moulu qui en diversifient les beautés, soit pour le plafond, soit pour le gros cordon de fleurs, pour la corniche, pour les chambranles, tablettes, culs-de-lampe, soit pour les ornements des cheminées ; dans le même cabinet, il a fait tous les ornements du bureau, qui est de marqueterie et travaillé par un excellent ébéniste ».

Le bureau royal, exécuté en 1685 pour contenir les pierres gravées, est décoré de têtes de bronze doré fondues par un certain Nègre, qui vient de fondre également les draperies des bustes de porphyre des Salons de la Guerre et de la Paix. L'ébénisterie de ce meuble magnifique, aux tiroirs multipliés, a coûté 6.500 livres ; elle est de Jean Oppenordt, qui a fait aussi, pour serrer les curiosités du Roi, quatre cabinets de bois violet et douze autres cabinets de marqueterie, à raison de

---

1. Les ouvrages de marqueterie tiennent une grande place à ce moment et forment un chapitre spécial dans les Comptes. Voir sur ceux que nous indiquons, t. II, 458, 632, 774, 892, 999. Il faut noter le parquet, paiement du 16 juin 1686, « de 9.685 livres, 16 sols, 3 deniers, aux nommés Poitou, marqueteur, et Clérin, graveur, pour le parquet qu'ils ont fait, gravé et posé au Cabinet des Curiosités et à la Chambre bleue, au Château de Versailles ».

3oo livres l'un, ornés de figures d'enfants en forme de termes et spécialement réservés aux médailles[1]. Un rival d'Oppenordt, André-Charles Boulle, qui travaille alors en d'autres pièces du Château, paraît avoir eu peu de part dans le Cabinet des Curiosités. Le parquet, arrangé avec l'ameublement, est du sieur Philippe Poitou et se compose de compartiments de cuivre et d'étain[2].

Dans le lambris sont encastrés vingt-quatre tableaux de maîtres anciens, dont quatre grands, arrondis par le haut et placés aux côtés de la porte et de la fenêtre, sont « la Vierge en paysanne » de Raphaël (*La Belle Jardinière*), le *Tobie* d'André del Sarto, la *Sainte Famille* de Léonard de Vinci, et la *Madone* (dite de Fornoue) de Mantegna. « Sous ces tableaux fort bien conservés, quoique très anciens, il s'en trouve huit petits séparés par des glaces et par quatre tablettes chargées de vases précieux. » La disposition est la même pour les deux autres côtés de la pièce, où les quatre grands morceaux sont de Paul Véronèse. N'oublions pas que seize de ces peintures seront retirées en 1702, pour être mises dans le Cabinet des Tableaux et remplacées par des glaces. Sur les armoires placées au-dessous des tableaux ou des glaces, sont des marbres antiques de petites dimensions ou des statuettes d'argent. Les quatre faces les plus

1. La plupart de ces meubles ornent au Louvre la Galerie d'Apollon.

2. Pierre Le Pautre a fait graver un « Livre de tables qui sont dans les appartements du Roy, sur lesquelles sont posés les bijoux du Cabinet des Médailles » (Paris, chez Daigremont), cahier de six feuilles qui a été reproduit en 1904 (chez Foulard).

étroites de l'octogone du Cabinet sont occupées par des niches de glaces remplies de figures, bustes, vases et cassolettes, et plus de cent consoles appliquées sur les parois et couvertes de tablettes de maroquin soutiennent de tous côtés des ouvrages de jaspe, de cornaline, d'onyx, de chalcédoine, de prime d'émeraude, d'améthyste, « et de diverses autres pierres orientales », Félibien ne se lasse pas d'énumérer ces richesses :

Si l'on regarde la Nef du Roi sur le haut du chambranle de la cheminée, deux autres vases en forme de burettes qui l'accompagnent, et diverses figures d'or et d'argent, d'ambre et de corail, placés de côtés et d'autres, on verra que tous ces ouvrages sont couverts de perles, de diamants, de rubis, d'émeraudes, de saphirs, de turquoises, d'hyacinthes, de grenats, d'opales et de topazes. La Nef est toute d'or du poids de cent cinquante marcs, et ornée de sculptures et de ciselures excellentes.... Plus de trois cents tiroirs ou tablettes contenus dans ces cabinets les douze armoires de marqueterie, dans le bureau et sous un lit de repos placé vis-à-vis de la cheminée, servent à disposer par ordre toutes les médailles et les pierres gravées. C'est là que les savants admireront combien la magnificence de Sa Majesté a donné lieu de faire de nouveaux progrès et de nouvelles découvertes dans les plus doctes recherches. Il y a en or, en argent et en bronze tout ce qu'on peut voir à présent de plus belles médailles grecques. romaines, égyptiennes, hébraïques, syriaques, puniques, gauloises, gothiques, arabes et runiques.... Parmi une infinité de monnaies fabriquées par toutes les nations du monde, il s'en trouve une suite complète de nos Rois et de la Monarchie française depuis qu'elle a commencé à s'établir dans les Gaules.... On ne saurait aussi assez estimer les pierres gravées, dont le nombre n'est pas moins surprenant. Elles sont toutes richement enchâssées, mais admirables par l'excellence de leur travail, par leur antiquité et par les sujets illustres qu'elles représentent. Enfin, il n'appartenait qu'à un prince aussi magnifique que le Roi, et qui eût autant d'amour et de connaissance que Sa Majesté en a pour toutes les choses dignes de sa puissance, d'enrichir la France de semblables trésors.

C'est de 1685 à 1687 qu'on achève d'organiser à Versailles le Cabinet des Médailles. Il obtient à ce moment un chapitre spécial dans la comptabilité des Bâtiments, et la première année Louis XIV n'y dépense pas moins de 90.000 livres. On voit paraître sur les Comptes, parmi les plus anciennes acquisitions, l'agate fameuse représentant l'*Apothéose de Germanicus*, que le prieur et les religieux de l'abbaye de Saint-Evre à Toul ont apportée à Sa Majesté, dont ils ont reçu 7.000 livres pour payer les dettes de leur communauté. On trouve mentionnés les frais d'achat d'une foule de médailles anciennes et modernes, le remboursement fait aux personnes qui les ont acquises à l'étranger à l'intention du Roi, l'exécution par les meilleurs orfèvres-joailliers de Paris des bordures d'or pour les pierres gravées, les tablettes de maroquin ajustées par les gainiers, les livres et le papier fournis pour le travail quotidien [1].

Pendant qu'on arrange les précieuses collections, le Roi y passe presque chaque jour au sortir de la messe, disant qu'il y a « toujours quelque chose à apprendre ». Il fait dresser l'inventaire des médailles par le sieur Vincenot, à raison de

1. Le chapitre des Médailles, comprenant les pierres gravées et curiosités de tout genre acquises pour le Cabinet de Versailles, est de plus en plus important dans les Comptes, à partir de 1685 (T. II, 774, 1007, 1200; t. III, 122). Les moindres détails de la vie du Cabinet y sont marqués.

trois livres par jour ; elles sont dessinées par le sieur Morell, et leur explication historique est confiée aux lumières du sieur Oudinet, sous la direction de Rainssant, Garde des médailles de Sa Majesté. Dès cette époque, les érudits sont admis à profiter des trésors que le Roi a rassemblés. Telle est l'origine du Cabinet des Médailles de la Bibliothèque nationale de Paris, ancienne Bibliothèque du Roi, où Louis XV fit transférer en 1741 les séries réunies à Versailles, afin qu'il y eût meilleure commodité pour les étudier. ·

Avant de rendre à la science les services qu'elle en peut attendre, le Cabinet des Médailles commence par être tout autre chose qu'un lieu d'étude. A l'origine, le Roi y mène plus volontiers les dames que les savants. De curieux témoignages, qui n'ont jamais été cités sur les intérieurs de Versailles, en donnent les premières descriptions. Voici d'abord celle de Mlle de Scudéry, dans ses *Conversations nouvelles* écrites en 1683 :

Quand je vous aurai dit que ce cabinet est beau par lui-même et qu'il le deviendra encore davantage, qu'il est éclairé de lustres de cristal de roche admirables, qu'il y a des vases de même matière d'une excessive grandeur et d'une merveilleuse beauté, garnis d'or et de diamants ; des bustes et des figures antiques ; une Nef d'or garnie de diamants et de rubis ; des porcelaines de la Chine et du Japon de toutes les manières ; des vases de toutes les agates qui sont en toute la nature, comme des agatonices d'Orient et autres ; des vases d'émeraudes, de turquoises, de jade, de girasol, de jaspe d'Allemagne et d'Orient, de pierre d'étoile, de cornaline orientale, de crisolites ; de plusieurs figures grotesques de perles, d'émeraude, de rubis et d'agate ; — et que je vous aurai dit encore que

tout cela est entremêlé d'un grand nombre de belles filigranes d'or et d'argent, d'une grande quantité de vases de
conques de perles ; qu'il y a des tableaux excellents, des
glaces de miroirs en haut, et même des animaux antiques,
et mille autres belles choses que je ne puis pas nommer ;
— quand j'aurai même ajouté qu'il y a un vase de jaspe
d'une grandeur excessive, dont la figure est d'une espèce
d'ovale irrégulière qui servit au baptême de Charles-Quint,
qui est d'un prix inestimable ; que je vous aurai fait remarquer que ce vase sera plus estimé, dans deux mille ans,
d'avoir été dans le Cabinet de Louis Le Grand que d'avoir
servi à la cérémonie du baptême d'un si grand empereur ;
— après tout cela, Philémon, j'aurai plutôt fait de vous
assurer que tous les trésors de Crésus, les richesses
innombrables trouvées par Alexandre dans le camp de
Darius, et toute la magnificence du triomphe de Vespasien
et de Titus après la destruction de Jérusalem, ne pourraient
égaler ce que contient l'appartement de beau, de riche, de
rare et de précieux....

Ce fut également en l'année 1683 que Pierre
Bourdelot fit au Cabinet des Curiosités une visite,
qu'il a racontée dans son emphatique récit des fêtes
données à Versailles pendant le carnaval[1]. C'était
un érudit à la mode du temps, un « curieux »,
comme on disait alors, c'est-à-dire un amateur
plus enthousiaste que véritablement compétent.
Il nous conserve pourtant, au milieu d'un débor-
dement un peu naïf d'admirations, plus d'un détail
instructif :

Je ne pus résister au désir impatient qui m'emporta
encore vers le Cabinet du Roi, sur ce que le signor Touraude [*sic*, pour Tourolle] m'avait dit que, lorsque je vou-
drais, nous y serions enfermés tous deux, qu'il m'instruirait
de tout le détail ; c'est lui qui en est le directeur et qui a

1. Voir plus haut p. 267.

fait l'achat de toutes les pierres curieuses, desquelles il me devait dire le mérite et le prix.... Que je vis de sortes de pierres curieuses mises en œuvre ! des héliotropes, sardoines, onix, agates, des cornalines, toutes orientales. Il y en a de grosses de figure heureuse et d'autres bizarres, qu'on avait bien pratiquées pour les mettre en œuvre, dont on avait tiré des formes agréables ; quelquefois la variété des pierres qui s'étaient trouvées dans le bloc y avait servi, comme dans l'agatéonix, où les divers polis donnaient un œil et des grâces différentes. Quelle diversité capable de satisfaire les esprits les plus curieux !...

J'en parlerais un an entier ; et des figures de bronze et de marbre antiques et modernes, qui sont ma passion dominante, il y en a ici des plus rares ; quant aux peintures, il n'y en a point dans ce Cabinet qui soient au-dessous du Poussino, ni de gravures au-dessous de Parmesan. Je ne sais pourquoi je n'ai point encore parlé de cette pièce d'orfèvrerie, qui est une Nef d'or massif de cent cinquante marcs, qui coûte de façon vingt-quatre mille livres. Elle saute aux yeux en entrant. Que la forme en est galante ! la gravure, ciselure et les figurines qui lui servent d'ornement, quand on les regarde de près. On la voit sur le bord de la cheminée, auprès de laquelle est la chaise du Roi couverte d'un drap d'or fort épais d'une nouvelle fabrique ; cet or est frisé et rebrodé ; au fond des sièges, il y a des paysages en broderie si gais et d'une si belle disposition qu'il faut qu'ils aient été pris sur les dessins d'Albane.

J'étais ensorcelé de tout ce que je voyais et si fort attaché, que je ne me possédais pas. J'entendis bien des voix qui m'appelaient, je ne tournai pas la tête ; enfin, l'on me tira par le manteau : je m'aperçus que c'était M. le Duc qui véritablement y était venu en très bonne compagnie. Je vis avec lui un ange descendu du ciel ; c'est la princesse de Brunswick l'aînée, qui est belle comme un astre ; je courus vers elle et me réjouis de son arrivée. Mme la douairière d'Hanovre prit la parole et dit que j'étais bien distrait de ne regarder pas les passants.... Je m'efforçai de reconnaître cette faveur singulière, faisant de grandes révérences, usant de paroles soumises, quand j'entendis

une personne qui la tenait par la main, qui lui dit :
« C'est l'homme du monde de la meilleure compagnie et
le plus habile. » Je me relevai pour la voir, ne sachant à
qui j'avais cette nouvelle obligation ; elle avait une grâce
à parler douce et charmante, une taille, un bon air avec
de la dignité, elle était tout aimable ; je m'aperçus que
c'était l'illustre Mme de Maintenon. Quand je l'eus reconnue, je me sentis pénétré et ébloui de l'honneur qu'elle
m'avait fait.... Je fus désespéré de n'avoir pas un panégy-
rique tout prêt pour m'en servir en cette occasion ; elle vit
bien ma surprise ; elle me parut contente, s'attachant plus
à l'empressement que j'avais qu'à mes paroles, dont une
longue suite eût été inutile ; car ces dames sortaient du
Cabinet pour aller dans les Appartements.

Pour moi, je restai dans ce lieu d'où je n'avais pas la
force de sortir. M. Le Nôtre y survint par hasard ; c'est
un grand acteur en ces matières, il est curieux de l'antique
e si diletta di cose belle. La conversation se renforça ; on
fit récapitulation de tout ce qu'on avait dit ; on apporta
de grosses perles et des turquoises d'une figure extraordinaire, des hasards de la nature et mille singularités surprenantes. L'heure devenait indue ; je me récriais à tous
moments sur tant de belles choses ; M. Touraude me tira
par le manteau et me dit : « Ne vous épuisez pas d'admiration ; gardez-en, s'il vous plaît, en quantité ; vous aurez
de quoi les employer, quand vous verrez les pierreries du
Roi ; elles sont en si grand nombre, leur éclat est si vif et
elles remplissent l'esprit de l'image d'une si grande opu-
lence, que l'âme en demeure étonnée et pensive et les yeux
en sont éblouis. »

La Petite Galerie, qui termine sous Louis XIV
la suite des Cabinets du Roi, en forme la partie la
plus somptueuse. Elle est accompagnée, tout
comme la Grande, d'un salon à chaque bout, dont
le second a sa sortie sur le palier de l'Escalier
des Ambassadeurs, et elle occupe, dans toute sa
longueur, le dessus du vestibule de l'escalier.

Au moment où les travaux furent ordonnés, cet emplacement était celui de l'appartement de Mme de Montespan. Dangeau apprenait, le 5 décembre 1684, que le Roi prenait pour lui cet appartement, qu'il envoyait la marquise dans celui des Bains et voulait se faire peindre une galerie par Mignard. Peut-être le prétexte était-il bon pour éloigner de lui la favorite délaissée. Ce changement de logement, selon Saint-Simon, « fut le premier grand pas de sa disgrâce et de son éloignement ». Les travaux ne purent commencer avant le mois de mars 1685; Mme de Montespan donna en effet chez elle, le 21 février, une dernière fête, celle où l'appartement entier fut transformé en foire de Saint-Germain, avec des boutiques représentées « au naturel », des charlatans et marchands de tout genre et jusqu'à des compagnies de promeneurs. Au reste, «l'altière Vasthi » ressentit cruellement l'humiliation qui lui était faite; elle n'habita guère son nouvel appartement et vécut surtout au château de Clagny, bâti pour elle et ses enfants.

Mignard, cependant, se mettait à l'œuvre avec une ardeur que l'âge n'amoindrissait pas et que stimulait le désir de rivaliser avec Le Brun. Quand le Roi était venu voir à Saint-Cloud la délicieuse galerie d'Apollon, que l'artiste achevait pour Monsieur, il n'avait pu s'empêcher de dire à Madame : « Je souhaite fort que les peintures de ma galerie de Versailles répondent à la beauté de celles-ci[1] ».

1. *La Vie de Pierre Mignard, premier peintre du Roi*, par l'abbé de Monville, Paris, 1730, p. 121. A propos des peintures

A peine terminée la Galerie de Le Brun, Louvois, qui n'aimait pas le Premier Peintre, trop protégé de Colbert, avait obtenu pour Mignard la commande de la Petite Galerie. Il fallait aller vite, le maître étant pressé de voir l'œuvre nouvelle et de la montrer. Le plafond avança rapidement, tandis qu'on préparait pour la pièce un curieux parquet en marqueterie de bois précieux, ajusté par Oppenordt[1]. Louvois écrivait au peintre, du château de Chambord, le 15 septembre 1685 : « J'ai reçu votre billet du 12e de ce mois, par lequel j'ai été bien aise de voir que vous ayez été visiter les sculpteurs qui travaillent aux termes des Philosophes. Sa Majesté a vu aussi avec plaisir l'assurance que vous lui donnez d'avoir achevé la Petite Galerie dans le mois prochain. J'espère arriver à Versailles avant la fin de ce mois, et je ne doute point que je n'aie un grand plaisir à voir l'état où elle sera ». A son retour de Chambord et de Fontainebleau, qui fut le 14 novembre, Louis XIV trouva terminé le triple plafond de Mignard.

de Mignard à Versailles, l'auteur dit que « ce fut sa fille qui lui servit de modèle pour la Pandore ; et outre la princesse de Conti, qui voulut bien être peinte en Minerve, la beauté de Mlle d'Armagnac, les grâces de Mme de Monaco, les traits nobles et réguliers du feu comte de Charny, leur frère, offraient à Mignard la nature dans sa perfection ». Mignard reçut le premier acompte de ses plafonds, le 10 juin 1685 ; il fut payé de ses 33.000 livres en septembre de l'année suivante.

1. Tous les travaux de la Petite Galerie du Roi, dite aussi Galerie des Petits Appartements, sont à suivre dans les Comptes de 1685 et 1686. On y rencontre le parquet de marqueterie exécuté par Jean Oppenordt, dont il existe un dessin au Cabinet des Estampes. Le serrurier Ducatel y fait un poële de tôle, en même temps qu'il fournit au Château des « machines de chaleur ».

Les belles estampes de Gérard Audran, commandées par Louvois en 1686, conservent le souvenir de cette œuvre fameuse, que sacrifia Louis XV en détruisant la Petite Galerie avec l'Escalier des Ambassadeurs. Louis XIV y faisait célébrer les Arts et les Sciences, qu'il se flattait d'avoir protégés plus qu'aucun des rois ses prédécesseurs. Parmi les singulières descriptions versifiées des œuvres qui décoraient Versailles, le sieur Monicart personnifie la Petite Galerie et lui fait tenir le langage suivant :

Les autres lieux d'ici plus étendus que moi
    Sont de vrais temples de Mémoire,
Où sont gravés et peints les hauts faits et la gloire
    De mon Fondateur, de mon Roi.
Pour un autre sujet, Louis m'a fait construire,
Et l'ordre qu'à MIGNARD ce grand Prince a prescrit
    Est que son travail pût instruire
Des Arts, de la Science et des dons de l'esprit,
Qu'en l'âme des Héros l'étude fait reluire....

Cette pensée du monarque a été rendue assez clairement. Au centre du plafond, Apollon et Minerve, assis sur des nuages, ont entre eux un bel enfant nu, tenant une branche de lis, qui représente le Génie de la France; la déesse pose sur sa tête une couronne de laurier, tandis que le dieu distribue des présents aux Sciences et aux Arts; de petits génies, partout volant et sortant même de l'encadrement, ajoutent de la gaîté à l'allégorie mythologique; dans les airs, des figures féminines, qu'on nous dit être les Heures, jettent des fleurs. Deux compositions latérales ont pour

sujet, l'une la *Vigilance*, accompagnée de Mercure
comme du plus vigilant des dieux, l'autre la *Pré-
voyance*, ayant auprès d'elle un homme tenant un
cachet sur sa bouche et représentant le Secret. De
nobles figures de bronze sont assises sur les parties architecturales d'un décor harmonieusement
agencé; des femmes, dont l'attitude parfois rappelle les Victoires de Le Brun, personnifient la
Science, la Paix, la Justice, la Vertu héroïque, la
Renommée, l'Histoire, l'Éloquence, enfin la Perfection, « tenant un compas avec lequel elle trace
un cercle ». Six lunettes feintes encadrent des
groupes d'enfants symbolisant l'Amour, la Poésie,
la Musique, l'Astronomie, la Géométrie et la
Sculpture, et toute cette enfance, familière à l'aimable génie de Mignard, fait une des plus heureuses parties de sa composition.

Les plafonds des deux salons de la Petite Galerie ne sont connus que par les gravures plus que
médiocres de l'ouvrage de Monicart; c'est à peine
si l'on peut y suivre les descriptions des guides.
Le premier plafond représentait Prométhée em-
portant le feu du ciel et Minerve le couvrant de
son égide, tandis que Jupiter irrité prépare la
foudre. Le second s'inspirait de la légende de
Pandore; Jupiter, entre Vénus et Junon, et tout
l'Olympe admiraient la beauté parfaite de la jeune
fille dévoilée par Vulcain. Les contemporains ont
célébré la multiplicité des figures, l'extrême variété
des mouvements et des expressions. L'œuvre du
vieil artiste, pleine de fraîcheur et de force, sup-
portait sans désavantage le voisinage des tableaux

des plus grands maîtres, qui couvraient les murs
de la Petite Galerie et de ses salons. Mignard
reçut 33.000 livres du trésorier des Bâtiments, et
bientôt une récompense plus haute : le Roi le
nomma son Premier Peintre en 1690, à la mort
de Le Brun. Il put jouir quelque temps de ce
suprême honneur, puisqu'il ne mourut lui-même
qu'en 1695, âgé de quatre-vingt-quatre ans.

Par une disgràce insigne et bien rare dans
l'histoire des arts, l'œuvre décorative de Mignard
a disparu presque entièrement et, ne connaissant
plus de lui que le portraitiste, nous avons peine à
nous figurer qu'il ait pu être opposé à Le Brun
dans les grandes polémiques d'art du dix-septième
siècle. La Petite Galerie de Versailles n'a même
pas été conservée à notre étude, comme la galerie
de Saint-Cloud, par une transposition respec-
tueuse des tapissiers des Gobelins. Leur travail
permet seul d'évoquer la gràce du maître, sa légèreté, sa science sans pédanterie, et de comprendre
ce qu'apporte de neuf, en face de l'école régnante,
son pinceau lumineux et délicat. Ce n'est pas
qu'il ne soit, comme tous ses confrères d'alors,
abondamment nourri d'italianisme; celles même
de ses créations qui semblent le plus personnelles
révèlent des emprunts de détail à Rome et à
Bologne; mais il s'assimile ses modèles à merveille et met une ingéniosité incomparable à s'en
servir pour des fins nouvelles. Il ramène aussi
en ce siècle de pompe un goùt décoratif plus
souriant, plus libre et associé moins étroitement
aux apothéoses déclamatoires. Sans diminuer l'art

de Le Brun, on peut deviner que Mignard se montrait, en ses plafonds de Versailles, plus vivant et plus français que son illustre rival.

Un autre appartement a été constitué et décoré en même temps que celui du Roi et fait partie, comme celui-ci, des merveilles que l'étranger visite à Versailles. C'est celui de Monseigneur le Dauphin ou, comme on dit d'ordinaire, de « Monseigneur ». Louis XIV a tenu à entourer d'une somptuosité particulière l'héritier du trône, et lui a réservé, dans le nouveau Versailles, la partie du rez-de-chaussée qui fait exactement pendant à l'Appartement des Bains. C'est là que Monseigneur, à l'automne de 1684, trouve, comme le Roi, son installation achevée.

La principale entrée est dans la cour intérieure, que ne coupe point encore l'étroit corps de logis où seront plus tard les Cabinets de la Reine Marie Leczinska et aussi ceux de Marie-Antoinette. Ce petit bâtiment sera élevé seulement en 1699, pour faire un appartement de nuit au duc de Bourgogne, voisin de la chambre de la duchesse. Auparavant cette cour, qui figure aux plans de Le Vau, est assez ample pour offrir un accès convenable à l'appartement du Dauphin. Il a un autre accès par un vestibule à colonnes placé sous la Salle du grand-couvert de la Reine. Il comprend une antichambre (aujourd'hui salle 45), qui sort alors par un perron sur le jardin, la chambre du lit (formant aujourd'hui les petites salles 46 et 47), le grand cabinet, qui est la magnifique pièce d'angle à six fenêtres, au-dessous du Salon de la Paix, et qui formait trois pièces distinctes avant Monseigneur (salle 48), enfin deux autres cabinets (salles 49 et 50), dont le second a une sortie sur la Galerie Basse. Sur la cour intérieure, débouche un « petit degré noir, étroit et difficile », dont parle Saint-Simon ; c'est l'escalier à vis qu'on a cru du temps de Louis XIII ; à côté se trouve un étroit réduit, dit « le caveau », qui a un lit dans une alcôve et où Monseigneur couche souvent l'hiver.

Les cabinets du Grand Dauphin sont la partie la plus importante et la plus célébrée de son appartement. Ils ne le cèdent point aux Cabinets du Roi pour la beauté de l'ameublement et la richesse des objets qui, dans un moindre espace, s'y trouvent aussi abondamment accumulés. Louis XIV, faisant visiter Versailles au roi d'Angleterre, ne manque point de l'amener lui-même chez son fils[1]. Il n'est pas un guide qui ne parle de ces cabinets. Félibien y signale « un amas exquis de tout ce que l'on peut souhaiter de plus rare et de plus précieux, non seulement pour les meubles nécessaires, pour les tables, les cabinets, les porcelaines, les lustres et les girandoles ; mais encore pour les tableaux des plus excellents maîtres, pour les bronzes, pour les vases d'agate, pour les camaïeux et pour d'autres ouvrages et

---

1. Dangeau, t. II, p. 333 (18 févr. 1689). Un inventaire est décrit par M. Omont parmi les manuscrits de sir Thomas Philipps à Cheltenham (n° 825), qui porte en titre : « Agates, cristaux, porcelaines, bronzes et autres curiosités qui sont dans le Cabinet de Mgr le Dauphin à Versailles, inventoriés en 1689 ».

bijoux faits des métaux les plus précieux et les
pierres orientales ». Monicart exprime le même
enthousiasme, en des vers dont l'abondance ne lui
coûtait guère :

> Enfin tes yeux, Mortel, ont de quoi se repaître,
>   Puisque ce lieu leur fait paraître
> Les raretés ici tellement à foison,
> Qu'il semble dans le vrai que sous notre horizon
>   Le Soleil les aurait fait naître.
>   Hé ! qui ne le penserait pas,
>   Considérant ce gros amas
>   D'agates, d'onyx et d'opales,
>   De tant d'ouvrages, de bijoux,
>   Garnis et dessus et dessous
>   De ces pierres orientales
>   Que le gain attira chez nous.
>   Ces cabinets, ces porcelaines,
> Dont la fabrique vient des terres indiennes,
>   Ces girandoles de cristal,
> Ces lustres si pesants faits de pierre de roche,
> Ces curieux morceaux d'or, d'argent, de métal,
> Sont des pièces enfin dont rien ailleurs n'approche,
> Qu'on ne livre qu'aux mains d'un prince libéral
> Qui paie et récompense avec un cœur royal.

Pierre Mignard avait peint sur l'ordre du Roi,
aussitôt après la Petite Galerie, un important
plafond dans le grand cabinet de Monseigneur.
Il groupait une trentaine de figures autour du
Dauphin, en héros assis sur des nues, vêtu à la
romaine, appuyé d'une main sur son épée, de
l'autre sur son bouclier, et contemplant Apollon
dont les rayons tombaient sur lui, ce qui faisait
un assez clair symbole ; à ses côtés se tenaient
l'Honneur et la Valeur, tandis que la Justice, la
Paix, l'Abondance et la Richesse, groupées autour

d'Apollon répandaient sur le prince des fleurs, des fruits, des trésors. Hercule, le Temps, les Parques, d'autres figures encore, multipliaient, dans ce plafond assez bas, les raccourcis les plus difficiles. Il disparut en 1728, au cours de travaux de consolidation des parquets supérieurs et malgré les efforts tentés pour le conserver[1].

Monseigneur, que l'on a cru occupé uniquement à courre le cerf ou le sanglier, n'était pas étranger aux choses de l'art. Il avait aimé le dessin dans sa jeunesse et se plaisait à s'entourer de bons tableaux et d'objets rares. Il avait fait encastrer, au-dessus de la cheminée de sa chambre à coucher, le *Triomphe de Flore*, de Poussin, et on lui réserva toujours, pour orner ses cabinets dont il était fier, quelques bons morceaux de peinture. Son troisième cabinet surtout était l'objet de ses prédilections. Dangeau nous dit, le 14 juin 1684, qu'il « régla avec M. de Louvois tout ce qu'il fallait pour transporter en bas son cabinet de marqueterie et de glaces, qu'il avait en haut ». Ce cabinet, chef-d'œuvre d'André-Charles Boulle, avait donc été fait pour le précédent appartement du Dauphin, au premier étage de l'Aile du Midi. Louvois mettait ses soins à satisfaire Monseigneur, et lui écrivait de Versailles, le 8 novembre, afin de le préparer à trouver incomplète l'installation de ses cabinets :

1. La description de l'abbé de Monville peut être suivie sur une estampe de Gérard Audran. On a de Mignard, au Louvre, un grand portrait de Monseigneur, entouré de sa famille, dont une répétition plafonne aujourd'hui, d'une façon assez singulière, la sacristie de l'église Notre-Dame, à Versailles.

Pour satisfaire à l'ordre qu'il vous a plu me donner de vous rendre compte de l'état de votre appartement, j'aurai, Monseigneur, l'honneur de vous dire qu'après-demain le premier de vos cabinets sera achevé de parqueter, que l'on commencera aussitôt après à poser le lambris, qui est tout prêt, ce que le menuisier promet de faire en quatre jours, et que je crois qu'il ne manquera point de parachever en cinq jours. — A l'égard du cabinet de marqueterie, Goll serait en état de poser son parquet lundi, si Boulle avait achevé ses ouvrages, et ledit Goll l'aurait posé en deux ou trois jours, à la retenue d'une toise qu'il ne promet que de lundi ou de mardi en huit jours. Mais il n'y a point d'apparence que Boulle ait achevé son ouvrage pour ce temps-là. Et quoiqu'il promette toujours des merveilles, je ne crois point que l'on doive espérer qu'il ait achevé avant le 25° de ce mois. Je ne souffrirai point qu'il y perde de temps[1].

Monseigneur arriva à Versailles pour tomber malade. Il s'installa néanmoins dans ses nouvelles chambres et, dès que la fièvre l'eut quitté, il se fit donner sous ses fenêtres un spectacle de son goût : « Monseigneur, écrit Dangeau le 29 novembre, continua à se mieux porter, et fit faire dans le Parterre de l'Amour la curée du loup que les chiens avaient pris; il la voyait de son lit ». Au 17 janvier suivant, le chroniqueur reparle de l'appartement de Monseigneur, à propos d'un grand bal masqué donné chez le Roi et où l'affluence des masques avait forcé les barrières : « A dix heures, le Roi et la maison royale, et la troupe des masques de Mme la Dauphine, descen-

---

1. Archives historiques de la Guerre, vol. 719, fol. 248. Les détails donnés par Dangeau, Félibien, Piganiol et La Martinière, pour les Cabinets du Dauphin, ne concordent pas toujours clairement.

dirent dans l'appartement de Monseigneur, où l'on fut quelque temps dans son beau cabinet, *qui n'était achevé que de ce jour-là*, et ensuite il y eut un grand souper ». Le beau cabinet était la pièce décorée par Boulle.

On comprend sans peine que le fils de Louis XIV tînt à conserver chez lui son « cabinet de marqueterie » et à le faire rétablir par l'artiste dans son nouvel appartement. « C'est, dit Piganiol, le chef-d'œuvre de Boulle et de son art. » Félibien écrit assez confusément qu'il a, « de tous côtés et dans le plafond, des glaces de miroirs avec des compartiments de bordures sur un fond de marqueterie d'ébène. Le parquet est aussi fait de bois de rapport et embelli de divers ornements, entre autres des chiffres de Monseigneur et de Madame la Dauphine »[1]. Quand La Martinière rédigeait sa description de Versailles, au dix-huitième siècle, l'état ancien existait encore pour le Cabinet des glaces, « revêtu dans son pourtour de marqueterie bien dessinée et orné de glaces, avec de riches consoles disposées pour y placer des bronzes, des vases précieux et des porcelaines; le parquet est aussi de marqueterie, le tout par compartiments; il y a des glaces représentant ceux qui marchent, la tête en bas ».

La décoration du cabinet qui est aujourd'hui la salle 49 fait le sujet d'un tableau, peut-être unique en son genre, représentant Monseigneur assis dans son appartement, au milieu de ses objets d'art et

---

1. C'était, dit Félibien, « le troisième cabinet, qui a une issue dans la Galerie Basse » [donc la salle 5o].

de ses meubles préférés[1]. Devant lui se tiennent
debout un enfant d'une dizaine d'années, qui est
certainement le duc de Bourgogne, et un personnage qu'on peut croire le duc de Beauvilliers. Ces
figures sont aussi médiocrement exécutées que le
chien lévrier du premier plan; mais les accessoires,
en revanche, sont rigoureusement exacts. Les
meubles de Boulle y sont particulièrement mis en
évidence. Tout le fond de la pièce, à gauche, est
occupé par une bibliothèque basse, en retour
d'équerre, qui est un travail de cet artiste, ainsi
qu'une gaine élancée, relevée de bronzes dorés et
supportant une figure de bronze qu'on voit à
l'angle du tableau. Mais il faut surtout noter le
magnifique bureau devant lequel est assis le
prince. Le meuble, qu'on retrouve dans l'œuvre
gravé de Bérain, est recouvert d'écaille noire et
rouge, incrustée de cuivre et ornée de motifs de
bronze; il porte un encrier fleurdelisé, de même
exécution, et le tout paraît peint avec assez de
précision, pour qu'on puisse tenter de le reproduire à l'aide de cet unique renseignement. La

1. Nous l'avons acheté en 1898 pour le Musée de Versailles, à
la vente du baron Pichon, qui en avait parlé en 1856, à propos
de Boulle, dans les *Archives de l'Art français* (documents, t. IV,
p. 328, 403). La toile était en très mauvais état et la restauration
a fait apparaître la figure que nous croyons représenter le duc
de Beauvilliers. Par la précision des morceaux de décoration et
d'ameublement, c'est un document unique pour l'histoire des
appartements de Versailles. On en peut rapprocher, pour
quelques détails, tels que les bustes royaux, un tableau de
Largillierre de la collection Wallace, où sont groupés dans un
intérieur le Roi, Monseigneur, le duc de Bourgogne et son fils,
le duc de Bretagne (1707-1712), tenu en lisière par la vieille
maréchale de la Mothe-Houdancourt, gouvernante des Enfants
de France.

cheminée basse et l'encadrement de la glace, qui
la surmonte, semblent également faits d'après un
dessin de Bérain. Sur le marbre de la tablette
sont assises deux figures de captifs, sans doute de
bois doré, les mains attachées et portant sur la tête
des bras de bougies ; à mi-hauteur de l'encadrement se détachent deux Victoires ; celle de droite,
que présente la gravure de Bérain, tient une trompette et une palme ; l'autre élève une couronne.
Sur les murs, au-dessus de la bibliothèque et du
chambranle de la porte, sont fixés des tableaux
richement bordés. Divers bustes concourent à
l'embellissement de la pièce : deux en bronze,
posés sur la bibliothèque, ceux d'Henri IV et de
Louis XIII ; deux en marbre, Louis XIV, sur une
console de bois doré, et, selon toute apparence,
le Grand Dauphin lui-même, sur la cheminée.
Des vases d'argent et de porcelaine distribués çà et
là achèvent de nous faire connaître l'aspect d'un de
ces intérieurs de Versailles, dont nous n'avions
jusqu'à présent que des descriptions ; et le tableau
devient un des plus précieux à consulter sur la
décoration privée au dix-septième siècle.

De tels documents sont d'autant plus importants pour nous que rien n'a été conservé des
cabinets du Grand Dauphin, non plus que de ceux
de Louis XIV. Le duc de Bourgogne en prit
possession à la mort de son père : « M. le Dauphin, écrit Dangeau en septembre 1711, est présentement dans l'appartement de feu Monseigneur
et, du *caveau* où Monseigneur couchait, il en a fait
une bibliothèque. On a pris, pour la part qui

revient au roi d'Espagne des meubles de Monseigneur, plusieurs agates, cristaux et primes d'émeraudes, qui étaient dans le cabinet de Monseigneur; mais il y en avait tant que cela n'en est que mieux, car il y en avait trop ». L'appartement du rez-de-chaussée subit naturellement quelques changements pour le duc et la duchesse de Berry, qui y succédèrent au duc de Bourgogne, pour le Régent, qui y mourut (dans la salle 49), enfin pour M. le Duc, premier ministre du jeune Louis XV. Saint-Simon mentionne « l'appartement bas de Monseigneur, où M. le Duc d'Orléans était mort, et que M. le duc avait eu ensuite ». Plus tard, on y vit un instant, en 1728, le duc d'Orléans, puis le petit duc d'Anjou, qui y mourut dans sa troisième année, le Dauphin, jusqu'au moment de son mariage, enfin Mesdames Henriette et Adélaïde, qui le cédèrent définitivement à leur frère à l'occasion de son second mariage. L'appartement du Dauphin fut entièrement renouvelé en 1746 et 1747, et c'est alors qu'en disparurent les derniers vestiges du goût de Louis XIV et de Monseigneur.

CHAPITRE NEUVIÈME

LES DERNIERS TRAVAUX

LE 8 janvier 1699, Mansart fut nommé Surintendant des Bâtiments du Roi, à la place du marquis de Villacerf, neveu de Colbert, qui avait tenu la charge depuis la mort de Louvois et venait de remettre au Roi sa démission[1]. « Cet emploi, écrivait Dangeau, vaut plus de cinquante mille livres de rente et l'entière disposition de plusieurs petits emplois. Il donne un fort grand commerce avec le Roi et beaucoup d'occasions de faire plaisir aux courtisans dans toutes les maisons royales ». Le *Mercure* applaudit au choix du Premier Architecte : « Il saura par lui-même distinguer le mérite et ne sera pas obligé de s'en rapporter à d'autres pour la distribution des ouvrages…. Il y a même lieu de croire qu'il sait mieux de quoi chaque ouvrier est capable qu'ils ne le savent eux-

---

1. C'est à la date du 25 janvier que Mansart ouvre son « Registre des ordres du Roi » auquel j'ai fait de fréquents emprunts. On trouve dans le XIIIe volume du recueil de la *Commission des antiquités et des arts de Seine-et-Oise,* Versailles, 1893, le texte édité par E. Coüard d'un « Registre des ordres, commissions et certificats » donnés par Mansart, comme Surintendant, de 1699 à 1707.

mêmes. C'est ce qui a fait admirer le choix du
Roi, qui sait donner à chacun ce qui lui convient.
La plupart des personnes de distinction à la Cour
et à Paris, comme tout ce qu'il y a de plus illustre
dans les Arts, ont été voir M. Mansart, qui les a
reçus avec une modestie et une affabilité dont ils
ont été charmés. »

Saint-Simon devait tracer du nouveau Surintendant, quelques années plus tard, un portrait assez
différent : « C'était un grand homme bien fait,
d'un esprit agréable et de la lie du peuple, mais
de beaucoup d'esprit naturel, tout tourné à
l'adresse et à plaire.... Il était ignorant de son
métier ; De Cotte, son beau-frère, qu'il fit Premier
Architecte, n'en savait pas plus que lui. Ils tiraient
leurs plans, leurs dessins, leurs lumières, d'un
dessinateur des Bâtiments nommé L'Assurance,
qu'ils tenaient tant qu'ils pouvaient sous clef.
L'adresse de Mansart était d'engager le Roi, par
des riens en apparence, en des entreprises fortes
ou longues.... Il gagnait infiniment aux ouvrages,
aux marchés, et à tout ce qui se faisait dans les
Bâtiments, desquels il était absolument le maître,
et avec une telle autorité, qu'il n'y avait ouvrier,
entrepreneur, ni personne dans les Bâtiments,
qui eût osé parler, ni branler le moins du monde.
Comme il n'avait point de goût, ni le Roi non plus,
jamais il ne s'est rien exécuté de beau, ni même
de commode, avec des dépenses immenses. »

La malveillance de Saint-Simon pour Mansart
s'explique suffisamment par la « privance » qu'accordait le Roi à cet homme de rien ; la considéra-

tion qui en résultait pour celui-ci l'aidait à « subjuguer » les seigneurs, les princes du sang, les
ministres et jusqu'aux principaux valets de l'intérieur. « Avec ses plans, il s'était frayé l'entrée des
Cabinets, et à peu près de tous, et partout, et à
toutes les heures, même sans plans et sans avoir
rien à dire de son emploi ». Louis XIV témoignait
à Mansart trop clairement qu'il le tenait pour plus
précieux à son service que maint duc et pair, et
Saint-Simon ne pouvait admettre sans colère un
crédit dû surtout au mérite du nouveau surintendant, mérite constaté en ces termes par les lettres
de provision : « Vous avez donné des preuves
suffisantes... de l'expérience que vous vous êtes
acquise dans l'architecture par le grand nombre de
beaux ouvrages que vous avez conduits par nos
ordres dans nos châteaux et jardins de Versailles,
Trianon, Marly, Saint-Germain et Chambord, et
l'Hôtel-Royal des Invalides, et autres ouvrages
célèbres, dans lesquels tout ce qui a été fait avec
le plus de perfection, tant en architecture qu'en
canaux, fontaines, aqueducs, piédestaux, vases et
ornements de marbre et de bronze, a été exécuté
sur vos dessins ; ce qui vous a rendu le plus capable et le plus intelligent de tous ceux que nous
avons employés pour nos Bâtiments et vous a fait
rechercher pour tout ce qui a été entrepris de plus
grand en ce genre dans notre royaume ; nous
sommes persuadés que vous aurez la même capa-
cité et la fidélité et affection que nous pouvons
désirer pour l'économie et l'administration des
fonds que nous destinons en nos Bâtiments, de

sorte que nous espérons trouver en vous toutes les qualités nécessaires aux fonctions de cette charge[1]. »

Ce choix d'un homme intéresse grandement l'histoire de Versailles. Mansart, qui a eu déjà l'influence prépondérante dans les affaires des Bâtiments au temps de Villacerf, se trouve, à cinquante-trois ans, en disposer d'une façon presque absolue. Il a prié le Roi de lui laisser la charge de Premier Architecte, « comme étant celle par le moyen de laquelle il avait été assez heureux de rendre des services, qui lui avaient attiré une si haute récompense ». Une telle précaution est moins pour garder les dix-huit mille livres, que rapporte la charge, que pour s'assurer le gouvernement sans contrôle du grand service auquel il veut donner une impulsion nouvelle. Assuré de la collaboration étroite de son beau-frère Robert de Cotte, qui doit lui succéder à sa mort comme Premier Architecte, Mansart fait aussitôt augmenter les fonds des Bâtiments aux dépens de ceux de la Guerre et de la Marine. Des projets de toutes sortes s'établissent, flattant la passion du Roi que les circonstances ont quelque temps contenue. A Paris, où l'on ajourne encore l'idée d'achever le Louvre,

1. Les passages de Saint-Simon sur Mansart sont à chercher dans l'édition Boislisle, t. VI, p. 97; t. XVI, p. 37-49. Ajoutons un témoignage du marquis de Sourches : « Le même matin [7 janvier 1699], le Roi donna à Mansart la commission de Contrôleur général des Bâtiments; grande fortune pour lui, mais qu'il méritait par son habileté et par l'assiduité prodigieuse qu'il avait eue pour complaire au Roi, même dans les temps où sa mauvaise santé l'en devait dispenser » (*Mémoires*, t. VI, p. 107).

on s'occupe sans retard de l'Eglise des Invalides et du maître-autel de Notre-Dame. C'est aussi le moment où commence cette transformation complète et si coûteuse des jardins de Marly, qui va faire de cette résidence secondaire l'ensemble à la fois le plus exquis et le plus somptueux, et comme un Versailles en miniature.

Si l'on s'en tient à Versailles, on voit se marquer coup sur coup, par des desseins gigantesques et l'entreprise de travaux nouveaux, l'activité de la surintendance de Mansart. Les projets qui ne doivent pas se réaliser sont, pour les jardins, l'énorme installation d'un Mont Parnasse ou d'un Mont Olympe, et pour le Château, la construction de nouvelles façades sur les cours d'entrée, destinées à masquer ou détruire à la petite cour de Marbre jugée trop mesquine, l'établissement de gros pavillons entre les encoignures du corps du Château et les ailes, la couverture du Château tout entier en forme de combles, propre à augmenter le nombre des logements, enfin cette grande Salle de spectacle si longtemps en suspens et que Gabriel exécutera seulement à la fin du règne de Louis XV. Il faudrait pour remplir un tel programme des finances solides et une paix assurée. Seule parmi les conseillers du Roi, Mme de Maintenon a le courage de l'avertir des charges démesurées qui pèsent sur le peuple et qu'il est impossible d'aggraver ; et bientôt les guerres déplorables de la fin du règne, qu'allume la Succession d'Espagne, se chargent de réduire ou d'anéantir ces vastes pensées.

Les jardins de Versailles avaient atteint leur forme définitive vers 1686, après l'achèvement de l'Orangerie et du Parterre d'eau. La Colonnade était le dernier bosquet créé avant la guerre de la Ligue d'Augsbourg. Le Nôtre, fort âgé et ne travaillant plus, s'éteignait à Paris, le 13 septembre 1700; mais Mansart suffisait à tout. Alors qu'il parfaisait le jardin de Trianon et y construisait le somptueux « Buffet d'eau », il s'occupait aussi des jardins de Versailles. La guerre survint trop vite, il est vrai, pour qu'on y pût faire œuvre importante, et les modifications que nous allons dire ne changèrent rien d'essentiel aux grandes lignes d'autrefois.

Il ne restait qu'un massif disponible pour devenir un grand bosquet; c'était ce versant assez brusque des jardins au-dessous du Marais, à droite du parterre de Latone. On devait d'abord y placer des cascades, en aménageant les eaux dont on disposait à cette hauteur. Cette idée était si naturelle que, bien des années après, Hubert Robert fut chargé de dessiner, dans le bosquet qui occupe l'espace tout entier entre les allées, un rocher artificiel d'où s'échappent précisément les mêmes masses d'eau. Louis XIV avait depuis longtemps la pensée de les utiliser, puisqu'il fut voir, une après-dîner de janvier 1685, un grand modèle sculpté et peint de « nouvelles cascades ». Cette fontaine devait être « beaucoup plus magnifique que toutes celles qui étaient déjà faites »; mais, dit Dangeau, elle ne pouvait être achevée qu'en trois années « et Sa Majesté nous dit qu'elle coûterait trois millions ». L'unique dessin que nous ayons montre d'importantes colonnades, des fontaines, des statues représentant Apollon, les Muses et les habitants du Parnasse. Des travaux furent entrepris et la clairière ouverte dans le taillis; mais, peu après, on n'en parla plus et la difficulté des temps ne permit pas de les reprendre.

Le Roi, cependant, garde à cœur ce projet de grandes chutes d'eau dans son parc. Un des premiers ordres donnés à Mansart, en janvier 1699, s'y rapporte : « Penser à faire un dessin pour la place vide au derrière du Marais dans le jardin de Versailles, qu'on appelle la Sablonnière, où devait être le Parnasse dont il a été fait un modèle ». Mansart exécute le dessin demandé; mais les petites créations de Marly amusent le Roi davantage et, lorsqu'on pense à ce grand projet de Parnasse, il est sans doute trop tard pour s'y mettre et l'emplacement reste vacant. Sous Louis XV, après y avoir projeté des « Bains de Diane », on y tracera le joli Bosquet du Dauphin, pour l'amusement du jeune prince; on y élèvera un petit pavillon fermé et on y placera, pendant un temps, les deux statues allégoriques de Louis XV et de Marie Leczinska par les Coustou. Mais le bosquet sera assez vite abandonné à la destruction. Lorsque la reine Marie-Antoinette décide de mettre en cet endroit la grotte d'Hubert Robert pour abriter le groupe ancien d'*Apollon servi par les nymphes*, elle ne se doute pas qu'elle réalise, au moins en partie, l'idée oubliée du Grand Roi d'y faire jaillir des cascades du haut d'un grand rocher consacré aux Muses.

La suppression du Marais dans le massif à droite
de Latone fut décidée en l'année 1704. Le petit
bosquet qu'avait aimé entre tous Mme de Montespan n'eut point à changer de forme ; mais on
le consacra aux groupes de l'ancienne Grotte, qui
y furent alors transportés. Ces beaux marbres
se détérioraient dans le bas des jardins, bien que
le Roi eût ordonné pour les couvrir, en 1699, de
petits dômes « portés par des colonnes de fer ou
de bronze doré ». Le nom de *Bosquet des Bains
d'Apollon* passa du Bosquet des Dômes au Bosquet
du Marais, en même temps que les groupes de
Girardon, de Regnaudin et de Marsy. Dessins,
tableaux et gravures nous les montrent disposés
comme ils l'avaient été à l'origine, en leur destination première. Trois baldaquins de plomb doré les
abritent de la pluie et de la chute des feuilles ; à
chaque piédestal s'appuie un petit bassin semi-
circulaire[1] ; le bosquet est entouré d'une bordure
de gazon et d'un haut treillage. Les baldaquins
furent entièrement exécutés en plomb, avec de
fortes armatures de fer, et beaucoup d'artistes s'y
employèrent. Magnier et Lemoyne y firent chacun
pour 14.500 livres de sculpture, et Vinache fondit
cinq masques de bronze[2]. Lespingola, Hardy et

1. Le modèle en bois et en cire colorée, présenté à Louis XIV
pour le baldaquin central, a été gardé. Ce précieux objet est à
la conservation du Musée.

2. On trouve, au cours de 1705, parmi les paiements aux
« ouvriers à journées sous M. de Cotte », 4.153 livres « à ceux
qui ont travaillé au modèle de la balustrade des Bains d'Apollon »,
et 4.252 livres aux sculpteurs du modèle du bassin de la fontaine
des Dômes et de la fontaine de Trianon. En 1706 et 1707,
Armand et Montéant reçoivent 500 puis 1.800 livres « à compte

Poirier travaillèrent dans le bosquet à des ouvrages de marbre. Il n'est pas douteux que l'ensemble ne fût d'une extrême richesse et digne des groupes qu'on y devait longtemps admirer. Le 28 octobre 1705, Dangeau raconte que le Roi, en revenant de se promener à Sceaux avec la duchesse de Bourgogne, « alla dans ses jardins voir les embellissements qu'on a faits aux Bains d'Apollon, que l'on a couverts avec une magnificence extraordinaire ». Un tableau de J.-B. Martin représente cette promenade ; on y voit le Roi, à pied, ayant auprès de lui le duc d'Orléans et accompagné d'une suite nombreuse[1].

Vers le même temps, se transformèrent trois

du piédestal et du bassin qu'ils font pour le bosquet des Dômes » et des ornements qu'ils sculptent au bassin (Comptes, t. IV, 1188; t. V, 119, 124, 143). Les travaux d'art exécutés aux baldaquins des nouveaux Bains d'Apollon et dans le reste du bosquet sont indiqués par les Comptes, t. IV, 1160, 1181, 1185; t. V, 41, 143, 538. Les paiements à Lemoyne et à Magnier sont échelonnés de 1705 à 1707. Seize artistes ont travaillé aux deux petits baldaquins. Le grand a coûté 16.832 livres, en ouvrages d'architecture et de sculpture en plomb et étain, qu'ont exécutés « les nommés Le Moyne, Coustou le jeune, Grenier, Bourdier, Rousseau, Thierry, Mazière, Montéant, Armand, Dugoulon, Desjardins et Langlois », de 1705 à 1707.

1. La dernière commande de peinture sur Versailles faite sous Louis XIV, en 1713, comporte deux vues des jardins de Trianon, confiées à Châtelain, et trois tableaux de J.-B. Martin, destinés à augmenter la série réunie déjà à Trianon et payés en 1716 : « Au sieur Martin, peintre, parfait paiement de 3.150 livres, pour trois tableaux représentant les vues des bosquets des *Bains d'Apollon*, de l'*Obélisque* et du *Canal et Bassin d'Apollon*, qu'il a faits en 1713 et 1714 » (Comptes, t. V, 693, 872. Voir F. Engerand, *l. c.*, p. 85 et 293). Dans le recueil de Demortain, les nouveaux Bains d'Apollon et l'Obélisque sont gravés d'après le dessin fait « sur les lieux par P. Martin, peintre du Roi ». Les dessins des *Bains* et du *Bassin d'Apollon* sont dans les collections du Cabinet des Estampes.

autres bosquets. La Montagne d'eau disparut la première en 1704, avec ses rocailles et ses treillages, auxquels furent substituées des charmilles, et l'emplacement, ramené en partie à sa forme primitive, prit le nom d'*Etoile*, qu'il a gardé.

Comme pour les marbres des Bains d'Apollon, une nécessité de conservation détermina le changement des marbres de la Galerie d'eau, où tant d'antiques restaurés avaient été installés au temps de Colbert. Deux phrases de Dangeau en disent l'origine et l'achèvement : le 15 juillet 1704, « le Roi fait ôter toutes les statues qui étaient autour de la fontaine qu'on appelle la Galerie »; le dimanche 21 février 1706, « après le sermon, le Roi alla à Trianon et puis se promena ici, dans les jardins, et vit les nouvelles statues qu'il a fait mettre au bosquet qu'on appelle la Galerie des Antiques ». C'était l'arrangement de la *Salle des Marronniers,* que nous avons sous les yeux et qui a si médiocrement remplacé un des plus curieux bosquets de l'ancien Versailles.

La destruction de la Salle du Conseil fut suivie d'une création importante, tout au moins au point de vue hydraulique, et qui devait rappeler la Montagne d'eau, dont elle porta un instant le nom. Les travaux s'exécutèrent en 1706 : « Le Roi, dit Dangeau le 24 novembre, se promena l'après-dîner dans ses jardins et alla voir une parfaitement belle fontaine, qui est à l'endroit où était la petite île qu'on appelait la Salle du Conseil. » Le nom définitif de cette fontaine fut l'*Obélisque.* Elle devint promptement célèbre par la forme et le volume de son effet d'eau, qui était obtenu par une réunion de près de quatre cents ajustages de calibre différent et qui a été restauré heureusement de nos jours. Ce fut une des créations par lesquelles Louis XIV, au lendemain de Ramillies, chercha à distraire son esprit du désastre de ses armées.

L'année 1707, qui vit l'invasion de la Provence par le prince Eugène, fut marquée pour nos jardins par de menus changements. L'état dressé par Mansart des travaux de l'année, après avoir mentionné « l'achèvement de la Salle du Conseil pour en faire la nouvelle fontaine de la Montagne d'eau », fait figurer encore les ouvrages suivants : « Démolir l'estrade et canaux de marbre du milieu de la Salle de Bal [Rocailles]; ôter les petits bassins des cinq allées de l'Étoile et les remplacer par cinq piédestaux; démolir le mur de la chaussée de l'Ile Royale et y faire un glacis de gazon[1]. » Ces modifications s'expliquent toutes par des raisons d'économie ou des commodités d'entretien. Les petits murs et les margelles, en effet, se disjoignent et s'écroulent; les marbres se sont usés et on ne se soucie point de les remplacer; on conserve seulement les grandes lignes des bosquets les plus fameux, et cette année même, par exemple, le sculpteur Hardy, chargé d'entretenir les sculptures et rocailles des jardins de Versailles et de Marly, rétablit l'ensemble des rocailles de la Salle de Bal à l'occasion de l'aplanissement du sol dans ce bosquet.

---

1. Archives nationales, O¹ 1795.

La dernière œuvre d'art que le règne de Louis XIV installe dans les jardins rappelle toute une ancienne série demeurée close. C'est une fontaine ornée de plombs, comme au temps de Tubi et des Marsy, et où s'affirme, d'autre part, le goût persistant de Louis XIV pour l'enfance, qu'il demandait aux artistes de mettre partout. Dans l'enceinte du Théâtre d'eau, on a établi un bassin rond, décoré de huit petits enfants ; deux nagent sur la surface de l'eau, les autres jouent sur le terre-plein, d'où s'échappe une gerbe assez puissante. Nous apprenons la date de cet ouvrage par un paiement de 1.620 livres, fait en mars 1710 au sculpteur Hardy, « pour ses sculptures en plomb à la nouvelle fontaine du bosquet du Théâtre[1]. » Hardy, qui a travaillé souvent à Versailles comme à Marly, est un des auteurs de l'admirable frise des jeux d'enfants de l'Œil-de-Bœuf. Mais il n'a eu, dans notre fontaine, qu'une part singulière. La grâce des gestes enfantins, la souplesse des corps nageants, révèlent, en même temps qu'un art supérieur, un style un peu plus ancien. On a utilisé, en effet, les plombs charmants qui provenaient de la démoli-

---

1. Comptes, t. V, 321. Au cours de 1705, le sculpteur Hardy avait succédé à Claude Bertin, décédé, pour l'entretien des figures et ouvrages de sculpture des jardins de Versailles (t. V, 28, 75). Il était déjà chargé du même entretien pour Marly, où il exécutait en même temps de nombreux ouvrages originaux, notamment des groupes de plomb en collaboration avec Coustou et Lespingola. Il livre des travaux de marbre importants avec Jean Thierry. Les sculptures de plomb du « Buffet » de Trianon sont payées 7.918 livres à Hardy, Garnier et Le Lorrain (t. IV, 1072). Le même Hardy paraît avoir eu, à titre de rocailleur, l'entreprise de l'entretien des rocailles ; c'est un des artistes les plus occupés de la fin du règne.

tion du « Trianon de porcelaine », et le travail de Hardy a dû consister seulement à les réparer et à en imaginer le groupement ingénieux[1]. Heureux le promeneur qui sait découvrir l'Ile des Enfants dans le coin retiré où elle se cache!

Vers la fin du règne, les treillages de beaucoup de bosquets se trouvaient remplacés par des charmilles et les grilles des « fontaines renfermées » étaient supprimées, le Roi ayant décidé, dit Dangeau, « que tous les jardins et toutes les fontaines fussent pour le public ». Cette bonne grâce était assez mal récompensée. On voyait recommencer les déprédations, comme au temps de la grande affluence de visiteurs amenés par les premières années du séjour de la Cour. Dès 1685, Dangeau avait noté une nouvelle et significative décision : « Le Roi, ne pouvant plus se promener dans ses jardins sans être accablé par la multitude du peuple, qui venait de tous les côtés et surtout de Paris, ordonna aux gardes de n'y plus laisser entrer que les gens de la Cour et ceux qu'ils mèneraient avec eux; la canaille qui s'y promenait avait gâté beaucoup de statues et de vases. » Cette exclusion de la « canaille » explique comment,

1. Cette petite découverte est due à M. Robert Danis. Dans le plan général des jardins, dressé en 1714 pour le recueil de Demortain par le fontainier Girard, la nouvelle fontaine figure pour la première fois; elle s'appelle alors *Bassin de l'Ile des Enfants*, plus tard les *Enfants dorés*. Le nom de *Bassin d'Antin*, qui a prévalu, lui vient du successeur de Mansart à la Surintendance des Bâtiments; cet ouvrage fut, en effet, le premier que le duc d'Antin eut à présenter au Roi et il ne put manquer de s'en faire honneur.

dans les tableaux très fidèles qui représentent les promenades royales, la « roulette » de Sa Majesté n'est suivie que d'un petit nombre de courtisans; même lorsqu'une suite de chaises roulantes pour les dames forme un cortège derrière le Roi, le nombre des assistants n'est jamais assez grand pour gêner la vue ou embarrasser la marche. Il n'est pas moins curieux de constater que les foules populaires entraient librement chez le Roi, jusqu'à la date donnée par Dangeau, et que seuls les abus commis empêchèrent le public de continuer à jouir de cette commodité.

L'extrême libéralité de Louis XIV à l'égard de ses sujets s'explique par son goût de plus en plus grand pour Marly, dont les jardins, sans cesse travaillés et ornés sous ses yeux, remplaçaient pour sa promenade ceux de Versailles. Le libre accès de ceux-ci et l'enlèvement des grilles des bosquets eut, d'ailleurs, pour résultat de préparer cette ruine, qui, au milieu du dix-huitième siècle, devait inquiéter si grandement le service des Bâtiments du Roi. Les mutilations et les vols devinrent fréquents sur les fontaines, à cause de la multiplicité des menus ornements et des pièces faciles à détacher. En 1699, Mansart note en son journal que des malfaiteurs ont descellé et dérobé les trophées des pavillons des Dômes. Sous Louis XV, ces désordres continuèrent; Blondel raconte qu'on dut replacer les grilles en 1730 : « Il eût été à désirer qu'on eût pris plus tôt ce parti; bien des figures de marbre, mutilées aujourd'hui, auraient été conservées dans leur entier. D'ailleurs, celles de métal, les conduites de plomb, les robinets de cuivre, rien n'était en sûreté et, malgré l'attention des fontainiers à cet égard, il est arrivé plus d'une fois que plusieurs pièces d'eau rendaient imparfaitement leur effet, la plupart des tuyaux qui étaient à découvert ayant été enlevés la veille. » Ces mésaventures nous étonnent, quand nous pensons à la vie de Versailles, alors que le Château était habité, et au nombreux personnel qui exerçait la surveillance. Mais, au dix-huitième siècle autant que de nos jours, le public se considérait comme chez lui dans le parc et dans les jardins, et la grande liberté qu'il avait de s'en servir donnait lieu, de jour et de nuit, à des indiscrétions de tout genre.

Retenons, de la série d'ouvrages qui vient d'être mentionnée, une confirmation, pour la fin du règne, des remaniements perpétuels, dont tant d'exemples ont été apportés au cours de cette histoire et qui offrent le même spectacle dans les jardins de Marly. Ces changements multipliés justifient la boutade chagrine de la Palatine écrivant « qu'il n'y a pas d'endroit à Versailles qui n'ait été modifié dix fois, et souvent il arrive que c'est tant pis! » Saint-Simon dit aussi de nos jardins, avec son ordinaire vigueur : « Ce chef-d'œuvre ruineux, où les changements des bassins et des fontaines ont enterré tant d'or qui ne peut paraître.... » Toutes nos recherches n'ont fait que commenter et préciser ces fortes paroles.

Les travaux de cette dernière période dans le Château ne produisent qu'une œuvre capitale, la

Chapelle. Mais il faut rapporter à la première année de l'administration de Mansart deux constructions intérieures dont la date restait douteuse. Le 29 mars 1699, le surintendant note dans son journal d'ordres : « Le Roi a réglé de faire cette année le Bâtiment neuf dans la petite cour, pour la jonction des Petits Appartements avec les Grands Appartements, conformément au dessin qu'il a approuvé, dont la dépense montera à 30.000 livres ». On se met immédiatement à ce travail, dont il a été parlé à propos des intérieurs du Roi et qui coupe en deux la petite cour de droite du plan de Le Vau. Quelques mois après, un travail analogue est ordonné dans la cour de gauche : « Le 28 juillet, le Roi a réglé de faire dans la petite cour du Château, derrière l'appartement de Monseigneur, un bâtiment semblable à celui qui a été fait à la petite cour opposée, et de le mettre en état que Monseigneur le duc de Bourgogne y puisse loger au retour de Fontainebleau ». Les jours suivants, le Roi décide quelles sortes de lambris et quelles sculptures devront orner cet appartement de son petit-fils[1].

Le mariage du duc de Bourgogne avait été célébré à Versailles, le 11 décembre 1697; mais les époux ne furent réunis qu'en octobre 1699. La duchesse occupait déjà le grand appartement de la Reine, auquel trois ou quatre petits cabinets sur la cour

---

1. Archives nationales, O¹ 1795. La sculpture sur bois coûta 11.709 livres, suivant le mémoire de Taupin, Bellan, Dugoulon et Le Goupil. Ce sont les mêmes artistes qui travailleront, deux ans plus tard, dans l'appartement du Roi.

du Dauphin donnaient à peine les plus indispensables commodités. Le corps de logis, qui vint couper en deux cette ancienne cour, servit à faciliter au jeune prince le voisinage conjugal. Le journal de Dangeau explique ici le texte de Mansart : « On bâtit dans la petite cour de Monseigneur, écrit le marquis au 31 juillet, un logement où Monseigneur le duc de Bourgogne s'habillera le matin en sortant de chez Madame la duchesse de Bourgogne; on compte de les mettre ensemble au retour de Fontainebleau ». En octobre, Dangeau note l'utilisation de cet « appartement de nuit », et un récit inédit de la première nuit des époux, qu'a rédigé le baron de Breteuil, en précise l'emplacement, en contant comment « Monseigneur le duc de Bourgogne, qui soupa avec le Roi, s'alla d'abord après souper déshabiller dans son nouvel appartement, qu'on a bâti pour lui pendant le voyage de Fontainebleau, tenant d'un côté à l'antichambre du Roi [salle 121] et de l'autre au grand cabinet de l'appartement de Madame la duchesse [salle 116][1] ».

A la même époque, Mansart recevait l'ordre de s'occuper d'un « appartement de jour », installé à la place de celui qu'avait la maréchale de la Mothe, dans la Vieille Aile, entre la cour Royale et la

---

1. Bibliothèque de la ville de Rouen, manuscrit 3318 (*Mémoires du baron de Breteuil, introducteur des Ambassadeurs*, vol. II). Le narrateur ajoute : « Le Roi, qui leur avait dit [au duc et à la duchesse de Bourgogne] qu'il irait, par les derrières de leur appartement, les voir dans le lit, y arriva trop tard et n'entra point ». Ces « derrières » sont les passages qui donnent dans l'Œil-de-Bœuf. C'est là que la Dauphine de Bavière avait l'habitude de s'enfermer « dans de petits cabinets sans vue et sans air », dont parle Mme de Caylus.

cour des Princes, et dont l'entrée est du côté de l'appartement de Mme de Maintenon[1]. Il est douteux que le duc de Bourgogne y ait beaucoup vécu, car le salon d'entrée fut seul exécuté. Les chambres voisines de l'appartement de la duchesse paraissent avoir suffi à ses goûts modestes et à sa vie retirée. On trouve à la fin du règne cet appartement de jour occupé par les Enfants de France. Il est formé d'une quantité de petites chambres et possède une sortie sur le pavillon au bout de l'aile habitée par le duc d'Antin. C'est dans ces étroites pièces que le futur Louis XV passe sa première enfance; il y logera plus tard son précepteur, devenu le cardinal de Fleury. Quant au corps de logis, bàti pour l'appartement de nuit du « Dauphin Bourgogne », il restera inhabité après sa mort, jusqu'au moment où il sera adjoint aux Cabinets de la reine Marie Leczinska.

Aucun changement ne semble apporté aux intérieurs de Versailles pendant le cours de l'année 1700, entièrement employée à travailler à Trianon, où l'on remanie les appartements. Mais, en 1701, c'est l'appartement royal de Versailles qui change de forme; et telle est, comme nous l'avons vu, la

---

1. Voir le journal manuscrit de Mansart au 8 et au 19 août 1699, et celui du marquis de Sourches : « Le 8 [octobre 1699], le Roi distribua tous les appartements de Versailles qui étaient vacants. Il donna au duc de Bourgogne l'appartement qu'il lui avait fait bâtir exprès dans une des petites cours, duquel on entrait de plein-pied dans celui de la duchesse de Bourgogne, et il y ajouta l'appartement du cardinal de Fürstenberg et la moitié de celui de la maréchale de la Mothe. Il donna au duc d'Anjou l'ancien appartement du duc de Bourgogne, et au duc de Berry l'ancien appartement du duc d'Anjou.... » (*Mémoires*, t. VI, p. 190.)

date de la création de l'Œil-de-Bœuf, de l'aménagement de la Chambre définitive, du Cabinet du Conseil, du Cabinet des perruques, etc. C'est aussi celle de l'ouverture de l'arcade de l'Escalier de marbre. Une somptuosité nouvelle entoure la vie quotidienne du vieux Roi, aux derniers temps de son règne. Après ces améliorations, on ne pense plus qu'à l'achèvement de la Chapelle ; tous les efforts, toutes les ressources des fonds affectés au Château y concourent désormais.

Depuis de longues années, il était question de cette construction ; mais l'on s'était si bien habitué à se servir de la chapelle provisoire de 1682, celle dont la tribune s'ouvrait sur le Grand Appartement, qu'on pouvait penser que le Roi n'exécuterait pas son projet. Mme de Maintenon l'en eût plutôt détourné, et cela pour des raisons qui sont fort à son honneur et que rapporte ainsi un témoin véridique de sa vie, Mlle d'Aumale : « Elle a fait tout ce qu'elle a pu pour s'opposer à la chapelle magnifique que le Roi fit faire à Versailles, parce que la misère des peuples était grande dans ce temps-là et qu'elle croyait aussi que Versailles dans la suite ne serait plus le séjour de la Cour[1]. » Les charitables intentions de l'épouse du Grand

1. Comte d'Haussonville et G. Hanotaux, *Souvenirs sur Mme de Maintenon,* t. I, Paris [1902], p. 185. Voir aussi t. II, p. 247, et comparer le texte d'une lettre de Mme de Maintenon au cardinal de Noailles, du 19 juillet 1689, publiée par La Beaumelle, où on lit qu'elle « n'a pas plu [au Roi] dans une conversation sur les Bâtiments » et que « Marly sera bientôt un second Versailles ».

Roi se heurtèrent une fois de plus à l'habile ténacité de Mansart. Au reste, quelles qu'aient été alors les charges imposées au Trésor royal par la construction de cet édifice religieux, la postérité est portée à les oublier, pour admirer seulement l'œuvre d'art qui vint ajouter à Versailles une de ses parties les plus belles.

Dès la fin de 1698, au moment où Mansart va être appelé à la Surintendance, la construction de la Chapelle, commencée puis interrompue, est reprise sur un plan nouveau. Dangeau écrit, le 22 décembre : « Le Roi veut achever de bâtir la Grande Chapelle qui est ici, et on commencera lundi à mettre les ouvriers en besogne; on change quelque chose au premier dessein qu'on avait fait, et on abattra une partie de ce qu'il y avait de bâti[1] ». On sait les raisons et l'importance de ce changement : « Ce monument de la piété de Louis XIV fut d'abord élevé avec des massifs de pierre, pour être entièrement revêtu de marbre jusqu'à la voûte; on en avait fait une forte provision; les colonnes devaient être pareillement en marbre. Le Roi, au mois de mars 1699, fit réflexion qu'un bâtiment en marbre causerait une trop grande fraîcheur et une trop grande humidité; il fit démolir ce que l'on avait commencé,

---

1. L'état général des dépenses, que j'ai cité dans *La Chapelle royale de Versailles*, donne une date et des indications précises au chapitre de la maçonnerie : « Les fondations de ladite Chapelle, *faites dans l'année* 1689, montent à la somme de 19.175 livres 10 sols. Les murs et piliers au-dessus de ladite fondation, qui n'ont point servi *et qui ont été démolis*, montent à la somme de 31.680 livres. »

pour la construire dans l'état où on la voit aujour-
d'hui. On choisit pour cet effet la pierre de taille
la plus blanche et la plus pleine, afin d'en bien
traiter toute l'architecture et les ornements de
sculpture dont elle est si magnifiquement ornée.
Tout cet ouvrage est du dessin du grand Mansart[1] ».

Les provisions de matériaux arrivèrent en
masse, et s'entassèrent sur la grande place. On
trouve, en avril 1699, l'ordre suivant : « Le Roi a
ordonné de faire ranger les pierres, qui ont été
amenées pour la construction de la Chapelle, le
long de la chaussée de pavé de la grande place au
devant des Écuries, et de ne point décharger lesdites pierres au moins qu'à douze pieds du pavé
de ladite chaussée. » La somme de 66.000 livres

---

1. La Martinière, *Le grand dictionnaire géographique, historique
et critique*, t. VI, 2ᵉ partie, p. 122. On doit consulter encore sur
la Chapelle, outre la description de Blondel au tome IV de l'*Architecture françoise*, le recueil de treize planches gravées de
Demortain (Paris, 1714) et le texte de Piganiol, dont il existe un
tirage à part de 1711 (*Description de la Chapelle du Château de
Versailles et des œuvres de peinture et de sculpture, avec les
figures nécessaires*). Une étude du chanoine Davin établit avec
quelle précision l'art a été guidé par la théologie (*Le Château
de Versailles, coup d'œil sur les quatre règnes de l'ancienne
monarchie*, dans les *Nouvelles annales de philosophie catholique*,
t. VI (1883), p. 341, et t. VII, p. 122). On lira avec intérêt les
pages écrites sur le sujet par M. André Pératé, dans *La Quin-
zaine* du 1ᵉʳ décembre 1903, et le travail très complet de
M. L. Deshairs, *Documents inédits sur la Chapelle du Château
de Versailles*, dans la *Revue de l'histoire de Versailles* de 1905
et 1906; tirage à part, Versailles. 1906. Enfin j'ai publié, avec
une introduction historique, un recueil de planches aussi étendu
que possible, où l'on a cherché à réunir tout le détail décoratif
de l'édifice (*La Chapelle Royale de Versailles*, Versailles, 1912,
in-fol.). J'y ai édité la description officielle de Félibien restée
jusqu'à présent en manuscrit.

est payée, dès cette première année, aux entrepreneurs de maçonnerie, 122.000 l'année suivante. Les travaux sont régulièrement poussés ; en 1702, le gros œuvre est fini et l'on commence à sculpter les chapiteaux ; en 1704, les ornemanistes font les roses et modillons de la grande corniche intérieure et les gargouilles ; en 1705 sont entrepris les ornements de plomb pour le comble, qui sont dorés en 1707.

C'est en 1707 qu'apparaissent les grandes sculptures décoratives, qui revêtiront, au dedans comme au dehors, tout l'édifice. Ce sont d'abord les figures de saints posées sur la balustrade, qui sont exécutées en pierre d'Angy et de Tonnerre, puis les groupes d'enfants, portant les attributs du culte, qui surmontent l'extérieur des fenêtres, enfin les bas-reliefs et les « trophées d'églises » des deux étages intérieurs. La qualité de cette sculpture du dehors est fort diverse. L'imitation des médiocres élèves du grand Bernin est sensible dans les statues de trois mètres de haut qui couronnent le pourtour[1].

---

1. Il y en a vingt-huit, qu'on a payées 1.000 livres. Ce sont, à partir de l'entrée des jardins : saint Thomas et saint Jacques le Mineur, par Magnier, saint Jacques le Majeur et saint André par Théodon, saint Paul et saint Pierre par Poirier, saint Jacques et saint Augustin par Guillaume Coustou, saint Grégoire et saint Ambroise par Pierre Le Pautre, les quatre Évangélistes placés au chevet par Van Clève, saint Basile et saint Athanase par Poulletier, saint Chrysostome (ou saint Iréné,e d'après les Comptes) par Flament, saint Grégoire de Nazianze (ou saint Cyrille, d'après les Comptes) par Hurtrelle, saint Philippe et saint Barthélemy par Flament, saint Simon et Juda par Lemoyne, saint Barnabé par Bourdict, saint Mathias par Lapierre. Au-dessus de la partie en saillie, qui contient au rez-de-chaussée la chapelle dédiée à saint Louis, et à l'étage de la tribune la chapelle de la Vierge, sont quatre Vertus chrétiennes : la Foi, par Slodtz, la

Parmi les artistes nouveaux qu'on emploie, il faut remarquer le nom de Guillaume Coustou, « le petit Coustou », comme on dit alors, qui est revenu de Rome pour participer, à côté de son aîné, Nicolas, aux commandes royales. Guillaume a une part considérable aux travaux de la Chapelle. Aussi lui confie-t-on, sur le tympan de la façade visible des jardins, deux figures à demi couchées, en pierre, représentant la Foi et la Religion ; et aux deux extrémités de l'arête du comble, ornementée de plomb, sont posés deux groupes d'anges également de plomb, faits en commun en 1707 par Le Pautre et Guillaume Coustou[1]. Cette profusion de sculpture extérieure rappelle de façon assez inattendue un des principes de l'art religieux du moyen-âge. C'est à la même époque que se rattache le principe de construction du comble, dont la charpente savante n'est pas sans évoquer, pour la dernière fois peut-être, la « forêt » de nos églises gothiques.

L'architecture extérieure a été mainte fois critiquée, et Saint-Simon exprime son opinion avec

Justice par Granier, la Charité par Le Lorrain, la Religion par Barrois.

1. Les travaux de Guillaume Coustou sont rappelés dans sa vie écrite par l'abbé Gougenot et insérée aux *Mélanges de la Société des Bibliophiles français*, Paris, 1903. Nicolas Coustou est payé, en 1713, pour une figure de marbre de Jules César, destinée aux jardins de Versailles (Comptes, t. V, 695). — On a payé 19.657 livres à Coustou le jeune « pour la sculpture en pierre qu'il a faite à une des faces du salon haut de la Chapelle. Les deux groupes d'anges enfantins du comble de la Chapelle ont été payés 8.000 livres. Les autres ouvrages de plomb du comble et de la lanterne, dont les principaux sculpteurs sont Poulletier et Poirier, ont coûté 84.748 livres (Comptes, t. V, 412).

âpreté sur « cet horrible exhaussement par-dessus le Château », que Mansart n'aurait fait selon lui que « par artifice » et « pour forcer, par cette difformité, à élever tout le Château d'un étage ». « La Chapelle qui écrase le Château, répète-t-il ailleurs, parce que Mansart voulait engager le Roi à tout élever d'un étage, a de partout la triste représentation d'un immense catafalque ». Le comble de la Chapelle dépasse, en effet, sensiblement les toits de Versailles et se fût montré moins apparent avec de grands combles, dont Mansart projetait de revêtir le Château sur toute sa longueur; mais les lignes n'ont rien de disgracieux et elles étaient encore plus satisfaisantes, lorsqu'au milieu des plombs dorés, qui ornaient le faîte de la toiture, se dressait l'élégante lanterne, également dorée, qu'on fut obligé de détruire à la fin du règne de Louis XV. Au reste, la Chapelle n'a pas été construite pour l'effet du dehors, et c'est en la visitant qu'il convient de la juger.

L'intérieur de la Chapelle est d'une parfaite somptuosité décorative. Les délicates sculptures dont la blanche pierre est revêtue ne laissent point regretter qu'on ait renoncé à l'usage du marbre, que le Roi souhaita d'abord et qui se fût harmonisé plus richement avec les peintures des voûtes et les compartiments de couleur du pavé. Pour être plus rare, l'effet n'en est pas moins heureux. On entre dans un vaisseau clair, où la lumière pénètre largement par les vitraux et vient jouer sur les cannelures des légères colonnes et les reliefs

partout menagés dans la pierre. L'or, réservé aux
balustres des tribunes, conduit l'œil à deux bas-
reliefs dorés, qui avoisinent l'autel et en accompagnent la magnificence. L'excellence de la décoration sculpturale est telle qu'on oublie d'abord les
peintures et qu'on ne lève les yeux que plus tard,
après avoir admiré l'œuvre des ornemanistes et
des statuaires.

Deux grandes séries de sculptures sont à distinguer dans cet ensemble. Entre les archivoltes des
arcades de la nef, des anges tiennent les instruments de la Passion et d'autres emblèmes religieux;
c'est la partie la plus originale de la décoration
de la Chapelle et, malgré la variété des motifs,
l'unité du style indique bien à quel point les
traditions du temps de Le Brun se sont conservées. Chaque artiste a subordonné pleinement sa
manière personnelle à l'effet d'ensemble. Nous
avons d'anciennes attributions des importants bas-
reliefs, dont les auteurs sont, pour les anges de
droite, Bertrand, Dumont, Cornu, Le Lorrain,
Thierry, Poulletier, Guillaume Coustou; pour les
anges de gauche, Frémin, Lemoyne, Magnier,
Lapierre, Le Pautre, Poirier, Van Clève[1]. Les
« trophées d'église », d'un groupement si ingénieux, qui ornent de leurs reliefs à peine saillants

1. Les Comptes nomment Mazière parmi les auteurs des bas-
reliefs d'anges, et aussi Coustou l'aîné, qui fait « deux grands
bas-reliefs d'ange, deux bas-reliefs d'enfant et trophées d'église »,
et à qui paraît être réservé le pourtour du sanctuaire (t. V,
p. 318). On doit se fier aux attributions de l'état analysé par
M. Deshairs, qui donne notamment pour chacun des trophées
religieux des piliers les indications les plus précises.

les quatre faces des piliers des arcades, sont dus en grande partie aux mêmes artistes et à quelques autres, dont Vassé, Cayot et Dugoulon.

Les archivoltes des fenêtres hautes portent des figures de Vertus en haut-relief, assises deux par deux suivant une disposition berninesque. Ce sont, dans la tribune de droite : la Charité et la Religion, par Le Lorrain, le Secret et la Patience, par Bertrand, la Prudence et la Justice, par Poirier, l'Humilité et la Sagesse, par Lapierre, la Modération et la Mortification, par Frémin; dans la tribune du chevet : la Libéralité chrétienne et le Zèle, par Le Lorrain, la Clémence et la Miséricorde, par Slodtz; cachées par le buffet d'orgues, la Vigilance et la Persévérance, par Thierry; dans la tribune de gauche : l'Adoration et la Contemplation, par Magnier, la Piété et l'Obéissance, par Lemoyne, la Modestie et la Pureté, par Le Pautre, la Tempérance et la Force, par Poulletier, l'Espérance et la Foi, par Guillaume Coustou. La tribune du chevet ajoute à ses hauts-reliefs six grandes chutes de trophées d'église et six autres motifs de lauriers et de palmiers.

La tribune royale apparaît toute revêtue de sculpture. Au-dessus de la porte du Roi sont les Armes de France tenues par des anges, œuvre de Magnier, et, au-dessus des deux portes de côté aujourd'hui murées, de grands bas-reliefs de composition pittoresque montrent la *Présentation au Temple*, par Poirier, et *Jésus dans le Temple, instruisant les docteurs de la Loi*, par Guillaume

Coustou[1]. Aux entrepilastres de la tribune reparaissent les trophées d'église, des cassolettes et des vols de chérubins.

Le bronze participe à cette décoration. Le maître-autel, de marbre et bronze doré, est surmonté d'une « Gloire céleste » adorée par les anges, et le bas-relief du retable représente la scène suprême du drame de la Passion, *Jésus mort sur les genoux de la Vierge*. Toute cette sculpture est d'un seul maître, Van Clève[2]. Les anges des autels du Saint-Sacrement et de sainte Thérèse sont de Le Pautre; à l'autel dédié à saint Louis, tout le bronze est de Rousseau de Corbeil; à la chapelle de la Vierge et aux cinq petits autels des bas-côtés, c'est le travail de Vassé, Thierry, Cayot et Desjardins[3]. Ces autels appartiennent bien, par leur

1. Paiement à Magnier, à partir du 25 mars 1708, à Coustou le jeune, à partir du 3 septembre, à Poirier, à partir du 18 novembre. Les « six chutes d'ornements et les six chutes de trophées de musique la tribune de la Chapelle » sont payées en tout 4.920 livres à Dedieu, Montéant, Voiriot, Martin, Varin et Berchère (Comptes, t. V, 214, 216, 217, 527). En 1711, sont payés tous les comptes arriérés de la Chapelle; on trouve alors les listes complètes de sculpteurs et d'ornemanistes. D'énormes sommes ont été versées à quelques-uns, par exemple à Gaillard et à ses associés : 27.530 livres pour sculpture aux grands et petits arcs doubleaux, 43.840 livres pour sculpture aux trophées d'église des piliers, en 1708 et 1709.

2. Dans la liste des œuvres de Corneille Van Clève, jointe à sa vie par le comte de Caylus, après mention de *Cléopâtre* d'après l'antique, qui est dans les jardins, figure « le maître-autel de la Chapelle de Versailles » (*Mémoires inédits*, t. II, p. 78; cf. Comptes, t. V, p. 526, et Deshairs, *l. c.*, p. 32). On demande à Vassé, en 1711, le modèle d'un nouveau projet de tabernacle (Comptes, t. V, 533). Il n'y a aucune mention de G. Coustou, à qui a été attribué à tort le bas-relief de l'autel.

3. Ces détails sont établis par les paiements des années 1709 à 1710 (Comptes, t. V, 317, 411, 412, 527, 528, 532). Vinache et Desjardins, fondeurs, exécutent les balustres de bronze des tri-

construction, à l'époque Louis XIV; toutefois, les importants bas-reliefs de bronze qui les décorent y ont été ajoutés sous Louis XV; et ce sont les meilleurs artistes d'une autre génération, les Adam, Bouchardon, Michel-Ange Slodtz, qui viennent placer leurs ouvrages dans la Chapelle du Grand Roi pour achever d'en faire un admirable musée de sculpture française.

Les peintures de la Chapelle nous paraissent, à côté de l'œuvre des sculpteurs, d'un attrait bien secondaire. Le siècle qui les vit exécuter n'en jugeait point ainsi; et les guides étaient remplis de descriptions explicatives des sujets représentés sur les voûtes et qui semblaient intéresser beaucoup les visiteurs. Ce ne sont, à vrai dire, au point de vue de l'art, que des imitations assez brillantes des plafonds des grandes églises romaines du temps, alors fort admirées. La théologie, du moins, y trouve son compte; les artistes ont suivi à la lettre les indications qui leur ont été fournies, et l'on peut étudier sans y trouver rien à reprendre pour l'orthodoxie les vastes compositions où Lafosse a peint, dans la voûte du chevet, la *Résurrection de Jésus-Christ*, Jouvenet, au-dessus de la Tribune du Roi, la *Descente du Saint-Esprit sur les Apôtres*, et Antoine Coypel enfin, dans toute la longueur de la nef, la *Gloire du Père Éternel*. Le Père est représenté, au milieu de la cour céleste, pro-

bunes, et participent avec les sculpteurs Montéant, Villers et Thierry, aux balustrades des arcades du sanctuaire. Le sculpteur Rousseau, de Corbeil, est chargé annuellement de l'entretien et du nettoyage des ouvrages de sculpture de pierre et bronze de la Chapelle et de ses deux salons.

mettant d'envoyer son Fils pour racheter le
monde. Tout s'accorde à célébrer la Rédemption :
des groupes d'anges, détachés aux deux extrémités
de la composition, portent, les uns la Colonne sur
laquelle Jésus-Christ fut attaché, les autres la
Croix sur laquelle il est mort; aux pendentifs sont
représentés douze Prophètes, six de chaque côté,
avec une inscription tirée de l'Ancien Testament
qui annonce le Messie; dans les voussures des
fenêtres sont peints en bas-reliefs les quatre Évangélistes, qui racontent sa venue sur la terre, et aux
extrémités du plafond, deux figures royales, qui
symbolisent sa reconnaissance par les puissances
de ce monde; ce sont Charlemagne et saint Louis,
« à qui le royaume est redevable du grand prince
qui le gouverne aujourd'hui avec tant de piété et
tant de gloire ». On sait que la Chapelle de
Versailles est dédiée à saint Louis, patron de la
ville, et c'est ainsi que les traditions de la monarchie capétienne parviennent à se relier, dans une
grande invention picturale, aux plus augustes
mystères de la religion.

L'énorme travail de la voûte, dans lequel
Antoine Coypel fut aidé de Philippe Meusnier pour
les perspectives d'architecture, commença au mois
de novembre 1707 et fut achevé dans les premiers
mois de 1710[1]. Toutes les autres parties de la décoration se terminaient à la même époque; on posait

---

1. Comptes, t. V, 524. Les autres peintures de la Chapelle sont
celles de Bon Boulogne (saints dans les compartiments du plafond
des tribunes) et les tableaux d'autel de Silvestre et de Jouvenet.
Les « peintures des voûtes et tableaux d'autel » étaient prévues,
dans les dépenses, pour une somme de 103.000 livres.

le buffet d'orgues, où le roi David, jouant de la cithare, apparaissait entre des palmiers dans un bas-relief de bois doré[1]; on finissait la dorure des boiseries, des autels, des balustres; on mettait en place les serrures et les cuivres ciselés[2]. Les deux « salons de la Chapelle », au rez-de-chaussée et au premier étage, étaient également terminés; les portes dorées apparaissaient au milieu de la pierre blanche, faisant ressortir l'importance de leurs sculptures. Dans les moindres détails, qui restent aujourd'hui d'irréprochables modèles, s'attestait la perfection acquise au cours du règne par l'ensemble des corps de métier[3]. Le Roi pouvait être satisfait de tous les artistes qui avaient collaboré à l'œuvre et l'achevaient sous la direction de Robert de Cotte, successeur de Mansart depuis deux ans comme Premier Architecte.

Dangeau note que, le 25 avril 1710, le Roi après

1. Les orgues sont dues aux facteurs Robert Cliquot et Tribuot, qui sont payés l'un 11.120 livres, l'autre 6.080 livres. La décoraration du buffet est exécutée par une association des sculpteurs Le Goupil, Taupin, Bellan, Dugoulon, Diot et Delalande. La sculpture de la chaire est de Vassé (Comptes, t. V, 316, 411, 493). Rousseau, du Louvre, est payé pour trois bénitiers de marbre, Thévenot pour la sculpture de deux portes des escaliers et de celle de la sacristie.

2. C'est Julien Lochon qui a muni d'ouvrages de bronze doré les portes des confessionnaux et le buffet d'orgues, et Desjardins est le fondeur des belles boîtes de serrure des deux grandes portes de la tribune du Roi (T. V, 525, 530, 531).

3. Comptes, t. V, 525. J'ai analysé un état spécial des travaux de la Chapelle dressé à la veille de son achèvement. Le total des sommes déjà déboursées et de celles qui restent prévues monte à 2 millions 217.998 livres 10 sols (Cf. Saint-Simon, éd. Boislisle, t. XVI, p. 44, note). Ce chiffre fut dépassé; la récapitulation générale des dépenses les évalue à 2.582.525 livres 6 sols 6 deniers. Le tiers environ de cette somme a été employé à des travaux de sculpture.

la messe « entra dans la chapelle neuve et y fit
chanter un motet, pour voir l'effet qu'y ferait la
musique »; le 22 mai, il visita en détail la même
chapelle, « dont il examina le haut et le bas avec
beaucoup de soin », et y fit chanter un autre motet.
C'est la véritable date de l'achèvement des travaux.
Le matin du 5 juin, eut lieu la bénédiction de
l'édifice par le cardinal de Noailles, et les premiers
offices y furent célébrés. Le 7, « le Roi fit ses
dévotions dans la nouvelle chapelle; Madame la
duchesse de Bourgogne les y fit aussi. L'après-
dîner, ils descendirent en bas », c'est-à-dire dans le
chœur, « et y entendirent vêpres, quoiqu'il n'y eût
point d'évêque qui y officiât; et dans l'ancienne
chapelle, ils ne descendaient en bas que quand un
évêque officiait ». Le lendemain, jour de la Pentecôte, le Roi y conduisait pour la première fois la
procession des chevaliers du Saint-Esprit, et de
l'ancienne Chapelle, immédiatement abandonnée,
on ne conservait plus que la tribune pour servir de
passage.

Cette disposition doit se maintenir jusqu'à la
construction du Salon d'Hercule, prévu dans les
dépenses de Versailles dès l'année 1712, mais
entrepris seulement après la mort de Louis XIV.
Ce salon inaugure les travaux du règne de
Louis XV par une œuvre considérable, conforme
encore au style du grand siècle. Les artistes formés
au temps de Mansart y continuent leur activité :
Robert de Cotte en dessine le décor de marbre
et dirige l'ouvrage d'ensemble; Vassé modèle les
bronzes de la cheminée et les bordures des deux

tableaux de Paul Véronèse; François Le Moyne peint l'immense plafond de l'*Apothéose d'Hercule*, où l'on retrouve sans surprise la première idée de Charles Le Brun pour la Grande Galerie.

Ainsi fut construite, agrandie et décorée la plus fameuse de nos maisons royales. Au cours du demi-siècle que durèrent ces travaux, la France ne cessa point de se montrer fière de la somptueuse demeure qu'elle élevait pour son souverain. Louis XIV, de son côté, ouvrait largement à ses sujets le trésor d'art qu'il constituait et qu'il enrichissait sans cesse. Représentant naturel de la Nation, dont la gloire était liée à sa propre gloire, il se plaisait à en faire lui-même les honneurs aux princes étrangers et aux ambassadeurs, sachant bien qu'aucun spectacle ne leur pourrait donner une idée plus haute de la grandeur du royaume. Le récit de ces visites, qui se poursuivent jusqu'au déclin du long règne, nous montre le prestige qu'exerçait sur les esprits la création du Grand Roi; et l'attestent encore davantage les imitations de Versailles, qui remplirent alors l'Europe entière.

Ce prestige, de nos jours, s'est renouvelé et Versailles a repris, malgré la différence des temps, une part de son action sur les intelligences. Il sollicite l'étude, éveille les curiosités, inspire l'artiste et perfectionne l'artisan. Notre démocratie, mieux éclairée qu'autrefois sur les sources de la prospérité d'un pays, accepte avec reconnaissance ce legs monarchique, qui n'a pas coûté trop cher à la France, puisqu'après plus de deux siècles elle s'y

instruit encore et s'en laisse charmer. De tant d'œuvres de Louis XIV, la plus durablement féconde
est Versailles, qui reste l'expression complète et
puissante de cette magnifique impulsion donnée
aux arts nationaux. Nous n'y cherchons plus
sans doute tout ce qui séduisait nos pères ; mais
nous y trouvons, avec les modèles d'une esthétique rigoureuse et disciplinée, le témoignage
d'une race fortement douée et d'un génie destiné
pour un temps à l'éducation du monde.

FIN DU DEUXIÈME VOLUME

TABLE

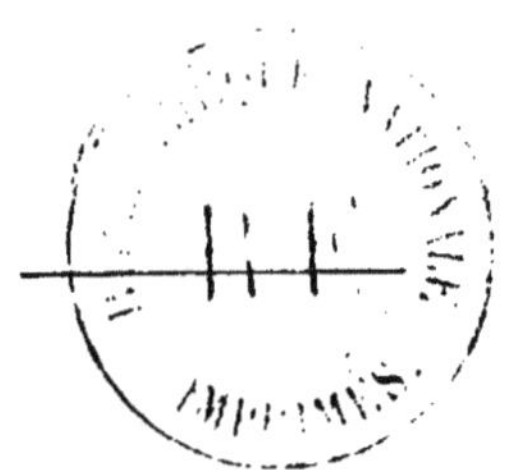

ACHEVÉ D'IMPRIMER
LE 25 OCTOBRE 1925
SUR LES PRESSES DE A. LAHURE
POUR
LOUIS CONARD, ÉDITEUR
A PARIS

RSAILLES ET LA COUR DE FRANCE

PAR

PIERRE DE NOLHAC

—

LA CRÉATION DE VERSAILLES

VERSAILLES RÉSIDENCE DE LOUIS XIV

VERSAILLES AU XVIIIe SIÈCLE

LOUIS XV ET MARIE LECZINSKA

LOUIS XV ET MADAME DE POMPADOUR

LA POLITIQUE A VERSAILLES

MARIE-ANTOINETTE DAUPHINE

LA REINE MARIE-ANTOINETTE

TRIANON

L'ART A VERSAILLES

—

10 volumes petit in-8.

Chaque volume, broché. . . . .   25 fr.
   —   demi-reliure chagrin amateur de
        Canape . . . .   75 fr.
   —   demi-reliure maroquin amateur de
        Canape. . . . .   165 fr.

*Il sera tiré de chacun de ces volumes 60 exemplaires numérotés
sur papier des Manufactures impériales du Japon.. . . . . 112 fr.*

Ces derniers exemplaires ne se vendront pas séparément.

pour Versailles, le plus triste de tous les lieux, sans vue, sans bois, sans eau, sans terre, parce que tout y est sable mouvant ou marécage, sans air par conséquent, qui n'y peut être bon.... » Il y a un évident parti pris dans ces critiques, malgré plusieurs observations justes et qui furent souvent répétées[1].

Le grand écrivain a mieux démêlé les causes visibles ou secrètes, qui firent « pour toujours tirer la Cour hors de Paris » et la tinrent sans interruption « à la campagne ». L'aversion que Louis XIV avait prise pour la grande ville depuis les troubles de sa minorité, « l'embarras des maîtresses et le danger de pousser de grands scandales

---

1. L'hostilité des courtisans contre Versailles, dont Saint-Simon se fait l'interprète, est confirmée à la date de 1681, peu avant l'installation de la Cour, par le témoignage de Primi Visconti : « On y travaille continuellement à des constructions et, comme on ignore l'architecture, on ne sait que faire et défaire, et par suite, à cause de ces grands remuements de terres, l'air y est mauvais. De plus, les eaux, qui sont putrides, infestent cet air, si bien qu'au mois d'août tous sont tombés malades, le Dauphin, la Dauphine, les courtisans, tous ceux qui s'y trouvaient, excepté le Roi et moi seul, je crois; cependant le Roi s'obstine à y demeurer. Personne n'ose parler de quitter ce lieu, car il l'aime comme son œuvre. Du reste ce pays est ingrat, il n'y a que des sables et des marais malsains, et le Roi, on peut le dire, y a fait venir les éléments qui d'abord n'y étaient pas, en y faisant transporter, planter ou venir bois, arbres et eau. Il suffit de vous dire que j'ai entendu Monsieur raconter que le Roi, jusqu'en l'an 1680, y avait dépensé cent millions de francs, et l'on ajoute qu'il n'y en a pas encore la dixième partie de faite. Pour entretenir seulement les jardins, les fontaines, un grand canal avec des vaisseaux, des galères et toutes espèces de navires, et un personnel nombreux et de toute sorte, il dépense un million par an; et que Versailles soit abandonné seulement deux ans, il n'en restera plus de vestiges » (*Mémoires sur la Cour de Louis XIV*, traduits de l'italien par Jean Lemoine, Paris, 1908, p. 261).

au milieu d'une capitale si peuplée et si remplie
de tant de différents esprits », « le goût de la promenade et de la chasse, bien plus commodes à la
campagne qu'à Paris, éloigné des forêts et stérile
en lieux de promenade, celui des bâtiments qui
vint après et peu à peu toujours croissant..., enfin
l'idée de se rendre plus vénérable en se dérobant
à la multitude et à l'habitude d'en être vu tous les
jours; toutes ces considérations fixèrent le Roi à
Saint-Germain bientôt après la mort de la Reine
sa mère. Ce fut là où il commença à attirer le
monde par les fêtes et les galanteries et à faire
sentir qu'il voulait être vu souvent. » Comment
Versailles supplanta Saint-Germain, c'est encore
Saint-Simon qui nous l'apprend, justifiant en peu
de phrases les remaniements successifs que nous
racontons. Le Roi y avait été d'abord retenu par
le plaisir des premiers séjours avec Mlle de la
Vallière :

Ces petites parties de Louis XIV y firent naître peu à
peu ces bâtiments immenses qu'il y a faits; et leur commodité pour une nombreuse Cour, si différente des logements de Saint-Germain, y transporta tout à fait sa demeure,
peu de temps avant la mort de la Reine. Il y fit des logements infinis, qu'on lui faisait sa cour de lui demander,
au lieu qu'à Saint-Germain presque tout le monde avait
l'incommodité d'être à la ville, et le peu qui était logé au
château y était étrangement à l'étroit. Les fêtes fréquentes,
les promenades particulières à Versailles, les voyages
furent des moyens que le Roi saisit pour distinguer et
pour mortifier, en nommant les personnes qui à chaque
fois devaient en être et pour tenir chacun assidu et attentif
à lui plaire. Il sentait qu'il n'avait pas à beaucoup près
assez de grâces à répandre pour faire un effet continuel :